Otto Betz · Der Leib als sichtbare Seele

Der Körper hat seine eigene Sprache,
mit der er auch Übersetzer unserer Gefühle ist.
Er macht Unsichtbares sichtbar – ohne Worte...
Der Körper ist gefühlsnah und sagt darum oft etwas
über emotionale Befindlichkeiten aus,
die dem Sprecher noch nicht zum Bewußtsein gekommen sind.

Ruth Cohn

Otto Betz

Der Leib
als sichtbare Seele

Kreuz Verlag

Alle in diesem Buch enthaltenen Angaben, Daten, Ergebnisse etc. wurden vom Autor nach bestem Wissen erstellt und von ihm und dem Verlag mit größtmöglicher Sorgfalt überprüft. Gleichwohl sind inhaltliche Fehler nicht vollständig auszuschließen. Daher erfolgen die Angaben etc. ohne jegliche Verpflichtung oder Garantie des Verlags oder des Autors. Beide übernehmen deshalb keinerlei Verantwortung und Haftung für etwaige inhaltliche Unrichtigkeiten.

Die Deutsche Bibliothek – CIP-Einheitsaufnahme

Betz, Otto:
Der Leib als sichtbare Seele / Otto Betz. – 1. Aufl. – Stuttgart: Kreuz-Verl., 1991
  (Buchreihe Symbole)
  ISBN 3-7831-1099-8

© by Dieter Breitsohl AG
Literarische Agentur Zürich 1991
Alle deutschsprachigen Rechte
beim Kreuz Verlag Stuttgart
1. Auflage
Kreuz Verlag Stuttgart 1991
Umschlaggestaltung: Hans Hug
Umschlagbild: Philipp Otto Runge »Der Morgen« I, 1808,
Foto: Elke Walford, Fotowerkstatt Hamburger Kunsthalle.
Gesamtherstellung: Wilhelm Röck, Weinsberg
ISBN 3 7831 1099 8

Inhalt

**Das Schöne ist verletzlich,
das Kostbare muß gehütet werden**

Vorwort

Es ist jetzt vierzig Jahre her, daß ich – als Student und junger Lehrer in München – einige Vorträge von Alfons Rosenberg über die »Symbolik der menschlichen Gestalt« hörte. Er machte uns aufmerksam auf die Bedeutung der aufrechten Gestalt, auf die Polarität des Körpers und auf die Kreuzstruktur im anatomischen Aufbau. Rosenberg wollte eine spirituelle Betrachtung der Sinne ermöglichen, vor allem das Auge, der »Stern der Erkenntnis«, war ihm dabei wichtig. Mir sind diese Vorträge unvergeßlich geblieben, und sie haben mich angeregt, diese symbolische Betrachtungsweise der leiblichen Gestalt weiter zu verfolgen. Rosenberg war es auch, der gerne auf das Wort Tertullians hinwies: »Caro cardo salutis« – das Fleisch ist der Dreh- und Angelpunkt des Heils. Vielleicht war es das jüdische Erbe Rosenbergs, das ihn antrieb, gegen einen verdünnten und verdürftigten Spiritualismus zu Felde zu ziehen und eine sinnenhaftere Verwurzelung des christlichen Glaubens anzustreben.

Ich denke mit besonderer Dankbarkeit an den 1985 gestorbenen Alfons Rosenberg, der mir – wie vielen anderen Menschen – eine Fülle von Anregungen geschenkt hat. Ohne den entscheidenden Impuls seiner Vorträge wäre dieses Buch nicht entstanden.

Thannhausen, 14. März 1991

Das Haus des Leibes

Man kann es nicht zu Ende bewundern,
wie der menschliche Leib möglich geworden ist:
wie eine solche ungeheure Vereinigung von lebenden
Wesen,
jedes abhängig und untertänig und doch in gewissem Sinne
wiederum befehlend und aus eigenem Willen handelnd,
als Ganzes leben, wachsen und eine Zeitlang
bestehen kann −:
und dies geschieht ersichtlich nicht durch das Bewußtsein!

Friedrich Nietzsche

Der Leib meldet sich zu Wort

»Der ganze Mensch ist Leib. Sein Leib ist ein Licht, und sein Auge korrespondiert mit der Sonne. Alles am Leibe atmet; unsre Lunge wird zum Partner der Welt. Der Mensch ist auch Magen, denn alle Dinge der Welt werden uns einverleibt«, so hat *Paracelsus*[1] sein Verständnis vom Menschen in der Welt gekennzeichnet. Er wollte Leib, Seele und Geist nicht streng voneinander getrennt wissen, weil die Eigenart des Menschen immer gerade als Miteinander und Ineinander der verschiedenen Kräfte beobachtet werden kann. »Der Leib, die Seel, der Geist, die machen *einen* Menschen. So die drei beieinander sind, so ist das Leben.« Wer das Geheimnis des Menschen kennenlernen will, der sollte sich nicht mit einer isolierten Psychologie befassen, sondern sollte aufmerksam werden für Vorgänge und Signale des Leibes. Allerdings genügt es nicht, einen Leichnam zu sezieren, den Knochenbau und die Muskulatur, die Nervenstränge und die Physiologie der Sinnesorgane zu studieren, erst im lebendigen Vollzug kommt zum Vorschein, was es um den Menschen ist. Sein Leib ist in dauernder Veränderung, immerzu wird etwas aufgebaut, etwas anderes abgebaut, das eine erstarkt und anderes erschlafft. Noch einmal soll Paracelsus das Wort haben: »Nichts darf feiern auf dieser Welt, in steter Übung müssen wir liegen. Denn nichts hat Gott schon vollendet auf seine Statt, in den Schlacken ist es verborgen, aber der Mensch wird es vollenden. Die Schöpfung ist noch nicht zu End, ehe denn der Mai der Natur anbricht und die güldene Welt.« Paracelsus hat schon ein erstaunlich evolutives Welt- und Menschenbild: Alles ist in Bewegung, kommt erst allmählich zu seiner wahren Gestalt. Nichts bleibt, wie es gegenwärtig ist, sondern macht Metamorphosen durch, als suche es nach einer gültigeren Ausformung.

Vom Leib ausgehen, ihn und seine Sprache ernst nehmen, das bedeutet gerade nicht, die geistige und seelische Dimension zu vernachlässigen, sondern sie in ihrer »Verleiblichung« wahrzunehmen. Wir sollten den Leib »als Leitfaden benutzen«, wie es *Friedrich Nietzsche* geraten hat. »Er ist das viel reichere Phänomen, welches deutlichere Beobachtung zuläßt. Der Glaube an den Leib ist besser festgestellt als der Glaube an den Geist.« Der Leib ist unsere Primärwelt, alle Erfahrungen, die wir machen, können wir nur dadurch machen, daß wir sie als Leibwesen aufnehmen. Dieser unmittelbare Erfahrungsbereich geht zwar über unseren Körper hinaus, muß aber immer wieder auf die Körperlichkeit bezogen werden. Wer sich um ein aufmerksames Leben bemüht, kommt nicht so schnell an das Ende von Entdeckungen. Immer wieder tauchen neue »Provinzen« und »Dimensionen« auf, die noch nicht entdeckt worden sind und den Raum unserer Lebenswelt erweitern.

Meinen Leib nehme ich gerade dadurch wahr, daß ich einen Raum für ihn brauche, daß ich an andere Körper stoße und mich von ihnen distanzieren kann. Ich lebe in einer körperlichen Welt und habe mit meiner Körperlichkeit darin meinen Platz gefunden. Auch wenn ich auf andere Menschen stoße, ihnen begegne, ist es ein Aufeinandertreffen von Leib zu Leib, wobei ich die Wahrnehmung durch die Augen und Ohren, den Geruch und das Gefühl zu den körperhaften Vorgängen rechne. Auf mich gerichtete Augen regen das »Augen-merk« bei mir selbst an, Bewegungen rufen ein Echo herauf, eine Stimme lockt meine eigene Stimme hervor.

Der Leib ist nicht unser Gefängnis (wie *Plato* in einem berühmten Sprachbild formulierte), sondern die körperliche Gestaltung unseres Wesens, die »haus«-gewordene Form unserer Person. In diesem Haus hat ungemein vieles seinen Platz, es ist so geräumig, daß wir die ganze Welt darin zu Gast laden können. »Durch die kleine Höhle, Ohr, und durch das, was nur Anschein einer Pforte ist, Auge, kommen zwei Wunderwelten von Licht und Schall, von Wort und Bildern in unsern Himmel von Gedanken und Kräften, die das wartende Meer desselben wunderbar durchweben, es erheben, scheiden und teilen, daß die äußere Hülle dieses Schatzes, und wäre sie auch zart wie eine Seifenblase, nimmer statt eines sicheren und ganzen Auslegers sein kann« (*J. G. Herder*[2]).

Weil unser Körper zunächst einmal »reagiert«, auf Reize antwortet, deshalb sind wir auf Stimuli angewiesen. Solche Impulse können von außen kommen, indem unsere Sinne uns die Informationen weiterleiten und wir entsprechend wirksam werden, sie kommen aber auch von innen, vor allem dann, wenn wir Hunger haben oder Durst, wenn wir Schmerzen

13

spüren oder Lustgefühle wahrnehmen. Die körperlichen Funktionen ereignen sich häufig allerdings so unauffällig, daß wir sie kaum zur Kenntnis nehmen, wir verlassen uns blindlings darauf, daß die Lungen den nötigen Atem (und mit ihm den Sauerstoff) aufnehmen, daß das Herz weiterschlägt, daß Magen und Darm ihre stetige Arbeit »leisten« und die nicht benötigten Reststoffe für den Ausstoß vorbereitet werden. Die ganzen Wachstums- und Erneuerungsprozesse in unserem Körper ereignen sich unbewußt, ohne daß wir sie dauernd kontrollieren müßten, so daß wir erst dann auf die inneren Organe aufmerksam werden, wenn sie erkranken, ihren »Dienst« verweigern und sich nachdrücklich bemerkbar machen.

Vielleicht ist es ein Symptom der Krise, daß heute so viele Menschen über den Leib nachdenken und die Körperlichkeit wieder ins Bewußtsein gehoben wird. Über den gesunden Körper denkt man üblicherweise nicht nach, zeigt er aber die Merkmale einer Erkrankung, dann muß er gründlicher untersucht werden, damit die Herde der Störung gefunden werden. Die Probleme, mit denen wir gegenwärtig zu tun haben, hängen wohl vor allem damit zusammen, daß viele Menschen ihren Leib als eine zu handhabende Maschine verstehen, die strapaziert und ausgenutzt werden kann und hie und da einen »Wartungsdienst« braucht, damit sie wieder funktioniert, ohne aufzumucken. Wird der Leib aber zur Leistungsmaschine, zum Konsumartikel, zum Lustproduzenten oder zum Demonstrationsobjekt, wobei die Einzelteile austauschbar und ersetzbar werden, dann muß er dagegen rebellieren. Es geschieht eine Erosion, ein Zerfall des komplizierten organischen Gebildes.

Das Gedächtnis des Leibes

Obwohl jeder einzelne seinen Leib als die individuelle Behausung empfindet, als den ureigenen Bereich, der ihn von allen anderen unterscheidet, ist er doch auch ein »sozialer Leib«, in dem unsere Herkunft eingraviert ist. Die genetische Bestimmung, die instinktiven Verhaltensmuster der Selbstbehauptung, des Schutzes, der Verteidigung, der Angstreaktion, all das und tausend andere Urerfahrungen unserer tierischen

und menschlichen Vorfahren haben sich in einem uns einge-
senkten Code niedergeschlagen. Wir müssen zwar im Laufe
unseres Lebens viel lernen, aber wir haben auch erstaunlich
viele Fähigkeiten mitbekommen, die sich dann einstellen,
wenn wir sie brauchen. Ein unterschwelliger kollektiver Er-
fahrungsschatz ist jedem einzelnen mitgegeben und kann im
Laufe unseres Lebens abgerufen werden.

Dazu gehören viele Gesten und Körperhaltungen, Bewegungen der Hände und Füße, Stellungen des Kopfes usw. Das
führt dazu, daß bestimmte Gebärden und ein gewisses Mienenspiel überall in der Welt verstanden werden können, ohne
daß man diese Körpersprache ausdrücklich lernen müßte.
Wenn ein begabter Pantomime auftritt, dann verstehen wir die
gespielten Szenen, auch wenn kein einziges Wort gesprochen
wird.

Wir haben also Anteil an einem kollektiven Leib, der als das
Produkt einer unübersehbar langen Geschichte verstanden
werden kann, unzählige Einzelerfahrungen haben sich gebün-
delt und verdichtet und stecken ansatzhaft in jedem von uns
drin. − Aber wir gravieren unserem Leib weitere Erfahrungen
in den individuellen Leib ein, der Leib wird zum anschauli-
chen »Tagebuch« dessen, was uns widerfahren ist. An den
Augen, der Stirn mit ihren Falten, an der Mundpartie, an unserer Haltung, am Spiel der Hände usw. läßt sich ablesen, wie
uns das Leben gezeichnet hat, ob wir aufgerichtet wurden oder
mürbe gemacht und zerbrochen sind. − Weil jeder von uns
seinen eigenen und unverwechselbaren Leib hat, seine persönliche Geschichte verinnerlicht und seinen Weg gesucht und gefunden hat, deshalb ist kein Leib mit einem anderen Leib völlig identisch, in seinem Leib erfährt jeder seine einmalige Person.

Die eigene Leibgeschichte hat aber immer auch ihre gesell-
schaftliche Verflochtenheit. Bevor wir unseren eigenen Leib
wirklich entdecken konnten, haben wir den Leib anderer
Menschen erfahren, vor allem den der Mutter. In der Anschauung, Beobachtung und im Vergleich mit den Leibern der
anderen haben wir dann die eigene Leibhaftigkeit kennengelernt. Und wir haben uns »verkörpert«, indem wir Rollen
übernommen haben: Uns wurden Kleider angezogen, wir ak-
zeptierten Verhaltensregeln, übten ein Mienenspiel ein. Viel-

leicht wurde uns auch eingeprägt, welche Körperteile »edel« und welche »unedel« seien, was wir von unserem Leib zeigen und was wir zu verstecken hätten. Auch die Freude über den Leib oder der Ekel an der Körperlichkeit werden einem Kind ja von seiner Umwelt vermittelt, nicht erst durch intentionale Erziehung, sondern schon durch die Art und Weise, wie die anderen Menschen mit ihrer eigenen Leiblichkeit umgehen.

Der Leib drängt zum Leibe, wir sind auf »Mit-leiblichkeit« angewiesen, als soziale Wesen leben wir von der »Zwischen-leiblichkeit«. Erst das Zusammenleben führt dazu, daß wir die eigene Leiblichkeit lustvoll entdecken. Weil uns eine Mutter gewärmt und gestreichelt hat, weil andere Menschen unser Auge und unser Ohr »geweckt« haben, kommen wir zum Sehen und Hören, können wir mit unserer aufnahmefähigen Haut reagieren. Und immer wieder sind wir darauf angewiesen, daß uns jemand anschaut, unsere Hand hält, uns wärmend und schützend beisteht, uns zuhört, uns durch seine Gesten tröstet. Aber wir brauchen auch den Widerstand, den kritischen Impuls, den Rippenstoß zur rechten Zeit, um aus gelegentlicher Schlafmützigkeit aufzuwachen. Bis zu unserem Tod sind wir auf diese »Konvivialität«, wie *Ivan Illich*[3] das nennt, angewiesen, auf Formen des Zusammenlebens, auf Gefährtenschaft (weil wir zusammen auf einer Fahrt sind und uns gegenseitig den Weg zeigen müssen), wir sind »Konsorten«, weil wir durch das Schicksal zusammengebunden worden sind.

Leib der Erde

Durch meinen Leib werde ich jeden Tag daran erinnert, daß ich zu dieser Erde gehöre, daß ich in meiner Körperlichkeit aus dem Erdenstoff genommen bin und jeden Tag auch die Früchte dieser Erde zu mir nehmen muß, wenn sich meine Kräfte erneuern sollen. Mein Körper hat eine Schwerkraft und zieht mich immer wieder auf den Boden. Ich weiß mich dieser Erde, dieser Schöpfung, zugehörig.

Weil ich denken kann und meine Gedanken springen und fliegen, habe ich den Eindruck, mein Leib sei nur mein Aus-

Farbtafel I: Albrecht Dürer »Adam und Eva«, 1507

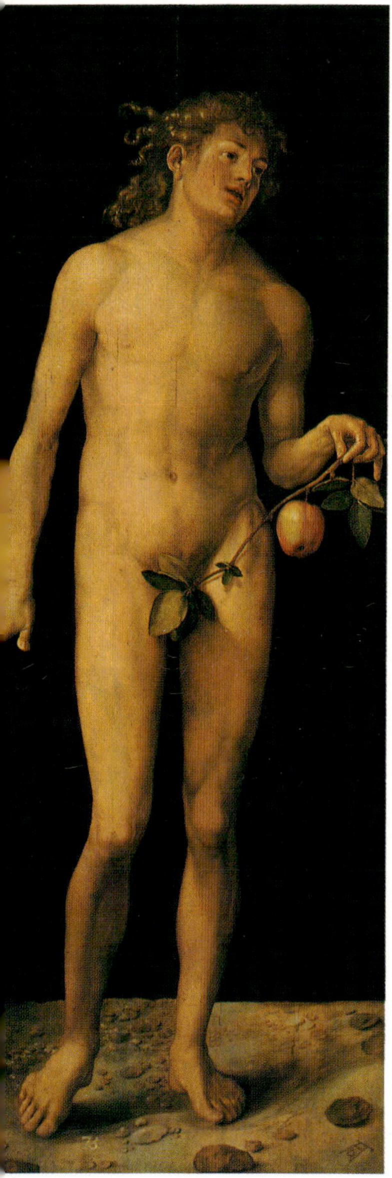

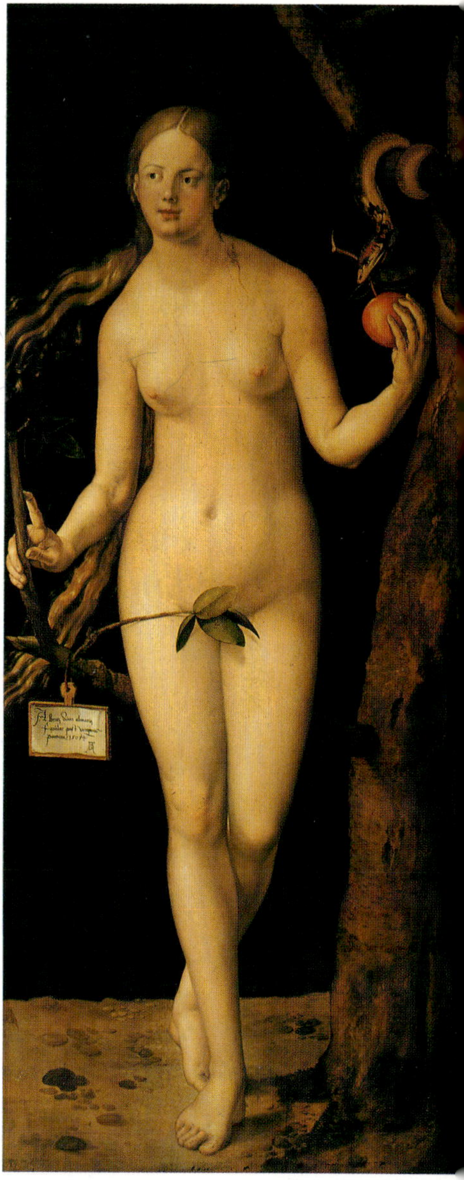

gangspunkt und Rückzugsort. Aber ich weiß, daß ich nur deshalb Gedankensprünge machen und mich in die entferntesten Fernen begeben kann, weil mir das Gehirn dazu die Möglichkeit bietet. Auch wenn die Geistesfunken meines Verstandes und die plötzlich einfallenden Ideen nicht einfach das berechenbare Ergebnis meines Gehirns sind, so sind sie doch von der Funktionstüchtigkeit der Nervenzellen und der Gehirnwindungen abhängig. Und selbst meine Empfindungen und Gefühle kann ich lokalisieren, ich weiß um die Wichtigkeit der Thymusdrüse[4] und anderer Organe, die dazu beitragen, daß ich der bin, als den ich mich empfinde.

Die Sinnesorgane setzen mich in die Lage, »alle Welt« in mich aufzunehmen. Mein Leib vergrößert sich auf die ganze Schöpfung hin, nicht im Sinne der räuberischen Aneignung, sondern der Zuordnung, der Verbundenheit und Anteilnahme. Weil ich selbst ein Teil der Welt bin, kann ich die Welt – wenigstens ansatzweise – verstehen. »Der Mensch ist eine kleine Welt, unser Körper Auszug alles Körperlichen, wie unsere Seele ein Reich geistiger Kräfte sein muß, die zu uns gelangen... Was wir nicht sind, können wir auch nicht erkennen und empfinden« *(Herder[5])*.

Daß die Welt im Kleinen (der Mikrokosmos) eine Spiegelung der Welt im Großen ist (des Makrokosmos), daß also eine Korrespondenz zwischen dem Weltganzen und dem unscheinbar Kleinen besteht, haben die Philosophen und Kosmologen immer angenommen. Plotin hat es so ausgedrückt: »Man muß das Sehende dem Gesehenen verwandt und ähnlich machen, wenn man sich auf die Schau richtet: kein Auge könnte je die Sonne sehen, wäre es nicht sonnenhaft.« Was wir also wahrnehmen und erkennen, muß schon spurenhaft in uns vorhanden sein. Das absolut Fremde und völlig Andersartige könnte gar nicht vernommen werden.

Im Mittelalter war es vor allem *Hildegard von Bingen,* die eine kosmisch bestimmte Anthropologie entwickelt hat. »Gott, der alles geschaffen, bildete den Menschen nach Seinem Bilde und Seiner Ähnlichkeit und zeichnete in ihm sowohl die höheren als auch die niederen Geschöpfe.«[6] In der Mitte der Schöpfung steht in Hildegards Weltverständnis der Mensch, alles ist auf ihn hingeordnet. »Mitten im Weltenbau steht der Mensch. Denn er ist bedeutender als alle übrigen Geschöpfe... An Statur ist er zwar klein, an Kraft seiner Seele jedoch gewaltig. Sein Haupt nach aufwärts gerichtet, die Füße auf festem Grund, vermag er sowohl die oberen als auch die unteren Dinge in Bewegung zu versetzen.«[7]

Aber auch *Jakob Böhme* ist überzeugt von der analogen Ähnlichkeit von Welt und Mensch, so daß man den Leib studieren muß, um die Schöpfung zu verstehen, und den Kosmos betrachten, um die leibliche Verfaßtheit des Menschen zu begreifen.»Der ganze Leib dieser Welt ist gleich wie ein menschlicher Leib, denn er ist in seinem äußersten Zirkel mit den Sternen oder den aufgegangenen Kräften der Natur umschlossen, und in dem Leibe regieren die sieben Geister der Natur, und das Herz stehet mitten inne.«[8]

Auch in der Goethezeit war es noch selbstverständlich, den Menschen als ein Kompendium der gesamten Schöpfung anzusehen. In einem Brief schrieb *Herder* an *Lavater:* »Der Mensch ist ein Inbegriff der ganzen Welt, der sichtbaren und unsichtbaren, selbst Gottes. Er könnte von keiner Eigenschaft, Geistes und Körpers im Universum einen Begriff, noch weniger ein Gefühl haben, wenn er nicht ein Analogon in sich besäße... Jeder Mensch hat die Unendlichkeit in sich, mit jeder seiner Kräfte, nur unter Hüllen, im dunkeln, schweren, vielleicht ängstlichen und mühsamen Schlafe.«[9]

Ringen um die Physiognomie

Wir haben eine wortgebundene Sprache, drücken uns »digital« aus, formulieren Sätze, die unseren Gedanken Ausdruck geben sollen, die Informationen enthalten und auf das intellektuelle Verständnis aus sind. Diese unsere Wortsprache wird aber ergänzt, akzentuiert und unterstrichen durch die analogen Signale, die unser Körper »spricht«. Das Mienenspiel unseres Gesichts, die Körperhaltung, die Gestikulation der Hände, die Eigenart unserer Stimme, sie tragen dazu bei, das gesprochene Wort zu intensivieren und mit Nachdruck zu versehen. Das gleiche Wortgefüge kann gelangweilt und unbeteiligt ausgesprochen werden und flehentlich gesteigert, pathetisch betont und ironisch gebrochen. Der Sprecher kann unbewegt dastehen, er kann aber auch das Gesagte durch eine Fülle von gestischen Mitteln steigern.

Wie »eindeutig« und nachvollziehbar sind aber nun die Gesten und Gebärden, wenn man vom gesprochenen Wort ab-
sieht? Zunächst einmal muß man konstatieren, daß es auch
körperliche Gesten gibt, die quer stehen zum ausgesprochenen Wort, die es geradezu ins Gegenteil verkehren. Die moderne Anthropologie und Kommunikationswissenschaft hat
nachzuweisen versucht, daß der körpersprachliche Ausdruck
gegenüber dem gesprochenen Wort häufig die größere Direkt-
heit und »Wahrhaftigkeit« hat. Offensichtlich können wir unsere Worte leichter kontrollieren als unsere Gestik. Aber auch
der Gesichtsausdruck und die Gebärde selbst können vieldeutig sein. Das Lächeln eines Menschen kann seine Güte und
Freundlichkeit ausdrücken, es kann aber auch ein Deckmantel
sein, damit die wahre Gesinnung nicht zum Vorschein kommt,
vielleicht ist es aber auch Ausdruck der Hilflosigkeit, oder es
wird dadurch nur eine abgrundtiefe Verzweiflung zugedeckt.

Gesten und Gebärden sind zunächst einmal Begleitmusik.
Die Signale des Körpers haben aber oft genug ein Eigenleben
und wollen für sich beachtet sein. In vielen Fällen wollen sie
nur aufmerksam machen, verdeutlichen, herausstreichen oder
relativieren, aber es gibt auch Situationen, wo das Wort keine
Chance mehr hat und nur noch die Zeichensprache symboli-
scher Gesten verwendet werden kann. Jeder von uns hat sich
wohl schon einmal mit einem Menschen unterhalten, der unsere Sprache nicht kannte und mit dem wir auf andere Weise
kommunizieren mußten. Und wer schon einmal den Taubstummen zugeschaut hat, wie intensiv und gebärdenreich ihre
Form der Verständigung vor sich geht, wird nicht leugnen können, daß es sich hier wirklich um eine Sprache handelt.

Über die Frage, wie eindeutig der Gesichtsausdruck und das
Mienenspiel eines Menschen gelesen werden kann, läßt sich
trefflich streiten. Schon 1585 hat *Montaigne* einen Essay über
die Physiognomie geschrieben, in dem er zunächst die landläu-
fige Meinung teilt: »Es gibt nichts Wahrscheinlicheres als die
Übereinstimmung und Beziehung zwischen Körper und
Geist.«[10] Aber er macht sich dann selbst den Einwand, daß er
sich an häufige Nichtübereinstimmung von Physiognomie und
Charakter erinnern könne. »Aus einem nicht allzu wohlgestalteten Antlitz kann ein Zug der Redlichkeit und Geradheit
sprechen, so wie ich umgekehrt zuweilen zwischen zwei schö-

19

nen Augen die Vorzeichen einer boshaften und gefährlichen Wesensart gelesen habe. Es gibt gewinnende Gesichtszüge; und umdrängt von siegreichen Feinden werdet ihr ohne Zögern unter unbekannten Menschen den einen vor dem anderen erwählen, dem ihr euch ergeben und euer Leben anvertrauen wollt, und dies nicht eigentlich in Ansehung der Schönheit.«[11]

Es gibt also eine intuitive Sicherheit im Lesen eines Gesichtsausdrucks, in der Beurteilung eines Menschen aufgrund seines Äußeren, will man aber diese Gesetzmäßigkeit systematisch erfassen, dann stellen sich sofort große Schwierigkeiten ein. Vieles können wir aus den Mienen und Bewegungen ablesen, aber die Intuition kann sich auch irren und falsche Schlüsse ziehen. Es kommt auf Nuancen an, ob wir sie aber treffsicher zu deuten imstande sind, bleibt fraglich. »Es gibt Schönheiten«, sagt Montaigne, »die nicht nur stolz, sondern schroff sind: es gibt andere, die sanft und, noch einen Schritt weiter, die süßlich sind. Daraus ihre künftigen Abenteuer vorherzusagen, das sind Dinge, die ich dahingestellt lasse.«[12]

In seinen »Physiognomischen Fragmenten« hat *Johann Caspar Lavater* den Versuch gemacht, eine zusammenhängende Lehre dieses Ansatzes zu entwerfen. »Was ist physiognomischer Sinn anderes als – in dem Leibe die Seele zu sehen«, das ist seine Initialidee. Unermüdlich hat er seine Einzelerfahrungen gesammelt, verglichen, Beziehungen hergestellt, Gemeinsamkeiten und Unterschiede konstatiert. Sein Interesse hat er unzweideutig so formuliert: »Physiognomik ist die Fertigkeit, durch das Äußerliche des Menschen sein Inneres zu erkennen. Dies Äußerliche und Innere stehen offenbar in einem genauen unmittelbaren Zusammenhange. Das Äußerliche ist nichts als die Endung des Innern – und das Innere eine unmittelbare Fortsetzung des Äußern.«[13]

Wie hat Lavater aber erklärt, daß sich in den Gesichtszügen so viel von den charakterlichen Besonderheiten eines Menschen niederschlagen könnte? Das Gesicht ist formbar, meint er, die Handlungsweise eines Menschen und seine Denkungsart führen zu einem bestimmten Ausdrucksverhalten, allmählich verfestigt sich das im Gesicht. »Ein jeder vielmals wiederholte Zug, eine jede oftmalige Lage, Veränderung des Gesichts macht endlich einen bleibenden Eindruck auf den weichen Teilen des Angesichts. Je stärker der Zug und je öfter er wiederholt wird, desto stärkern, unvertilgbarern Eindruck macht er.«[14]

Schon die Zeitgenossen Lavaters blieben gegenüber seinen Grundannahmen skeptisch, wenn sie auch bereit waren, ihm Materialien zu übersenden, und sich auf eine Korrespondenz mit ihm einließen. Ob aber das Unsichtbare wirklich so anschaulich sichtbar werden könne, blieb den meisten zweifelhaft. Auch *Goethe* konnte die Einsicht aussprechen: »Nichts ist drinnen, nichts ist draußen; denn was innen, das ist außen.« Den Systematisierungsversuchen Lavaters setzte er jedoch Widerstand entgegen.

Auch *Georg Christian Lichtenberg* ließ sich von der Welle der physiognomischen Studien des 18. Jahrhunderts mitreißen, ging aber seine eigenen und vorsichtigeren Wege. »Wir können gar nichts von der Seele sehen, wenn sie nicht in den Mienen sitzt.«[15] Das ist ein Satz, den könnte auch Lavater formuliert haben. Eine distanziertere Beobachtungsweise, mit Ironie gewürzt, kommt dann in dem Aphorismus zum Vorschein. »Es gibt Leute, die so fette Gesichter haben, daß sie unter dem Speck lachen können, daß der größte physiognomische Zauberer nichts davon gewahr wird, da wir armen winddürren Geschöpfe, denen die Seele unmittelbar unter der Epidermis sitzt, immer die Sprache sprechen, worin man nicht lügen kann.«[16] Lichtenberg hörte nicht auf, Menschen zu beobachten und sich seine Notizen zu machen, das Gesicht behielt für ihn seine bleibende Faszination: »Die unterhaltendste Fläche auf der Erde für uns ist die vom menschlichen Gesicht.«[17] Und trotzdem notierte er auch seine Einwände gegen diese Methode. »Wir haben eine deutliche Vorstellung vom menschlichen Gesicht, und das macht es so schwer, Physiognomik zu lehren; die Regeln enthalten immer nur Beziehungen einzelner Teile auf den Charakter... Ich habe immer gefunden, daß Leute von mittelmäßiger Weltkenntnis die sind, die sich am meisten von einer künstlichen Physiognomik versprechen. Leute von großer Weltkenntnis sind die besten Physiognomen und die, die am wenigsten von den Regeln erwarten.«[18] Oft läßt er sich eher vom Wortwitz und dem originellen Einfall leiten als von der physiognomischen Exaktheit. »Die klügsten Leute können solche dummen Gesichter machen, die hinlänglich beweisen, wie sehr alles pathognomisch ist.«[19] »Es gibt

Gesichter in der Welt, wider die man schlechterdings nicht Du sagen kann.«[20] Lichtenbergs Interesse galt nicht in erster Linie den gewissermaßen habituell gewordenen Gesichtszügen, sondern den aktuellen Formen des lebendigen Mienenspiels, er war also mehr an der Dynamik als an der Statistik interessiert. Für die Auswirkungen der Leiden, Enttäuschungen und Mißerfolge schlug er den Ausdruck »Pathognomik« vor.

Auch wenn es nie zu einer in sich stimmigen physiognomischen Lehre gekommen ist, das Interesse an der Gebärdensprache hat auch in der Folgezeit nicht nachgelassen, wenn auch die moderne Psychologie und Verhaltensforschung mit anderen Methoden arbeitet und andere Zugänge sucht. Die Gebärde als das Sichtbarwerden innerer Vorgänge und seelischer Gestimmtheiten hat ja einen befreienden Charakter. Was in uns verborgen ist, kann und darf nicht versteckt bleiben, sondern muß in die Sichtbarkeit treten und ausagiert werden. Wenn wir dazu keine Möglichkeit hätten, würden wir erdrückt und belastet. Zur seelischen Gesundheit gehört es also, sich gestische und mimische Möglichkeiten zu suchen und den Leib an den seelischen Vorgängen teilhaben zu lassen.

Am Leitfaden des Leibes

Ein antiker Mythos berichtet, Momos habe Zeus getadelt, weil er bei der Erschaffung des Menschen vergessen habe, ihm ein Fensterchen in der Brust einzufügen, damit man ihm ins Herz schauen und sehen könne, wie es mit ihm stünde. Nun, ein solches Fensterchen ist wohl unnötig, weil es genügend Zugänge gibt, die uns einen Blick ins Innere ermöglichen. Es kann uns nachdenklich stimmen, daß jede *Selbst*betrachtung immer nur bruchstückhaft gelingt, uns fehlt wohl die nötige Distanz, die eigene Wirklichkeit kritisch zu beurteilen, während andere uns aus dem Abstand beobachten können und auf Dinge aufmerksam werden, die uns – wegen des »blinden Flecks« – verborgen bleiben. »Ich glaube, daß die meisten Menschen besser von andern gekannt werden, als sie sich selbst kennen«, hat schon *Lichtenberg* gesagt[21]. In gruppendynamischen Seminaren hat sich deshalb die Übung herausgebildet, daß die Teilnehmer ihre Eindrücke, die sie voneinander gewinnen, austauschen, damit die »Fremdwahrnehmung« die jeweilige »Selbstwahrnehmung« ergänzen, erweitern und korrigieren kann. »Ich kenne alles, nur nicht mich«, hat schon der mittelalterliche Vagantensänger *François Villon* in einem seiner Lieder bekannt. Aber es bleibt die Frage offen, ob wir wirklich die uns verborgene Seite unseres Wesens kennenlernen wollen, vielleicht kommen dabei Seiten hervor, die uns peinlich erscheinen und die wir deshalb am liebsten gleich wieder verdrängen. *Lichtenberg,* der ein kühler Beobachter seiner selbst war, hat deshalb notiert: »Jeder Mensch hat auch eine moralische Backside, die er nicht ohne Not zeigt und die er so lange als möglich mit den Hosen des guten Anstandes zudeckt.«[22]

Die Frage ist es wert, aufgeworfen und beantwortet zu werden, ob nicht in der traditionellen Erziehung dem Leib und seiner Sprache ein viel zu geringes Augenmerk geschenkt wurde. Daß wir den Intellekt schulen, das Gedächtnis, das Denkvermögen, die Kombinationsgabe, das versteht sich von selbst. Der Leib dagegen sollte zwar »ertüchtigt« werden, im Biologieunterricht wird seine physiologische Besonderheit behandelt, aber ansonsten braucht man ihn nicht weiter aufmerksam zu betrachten. Vor über hundert Jahren hat *Friedrich Nietzsche* geschrieben: »Erst jetzt, wo man auch über alle geistigen Vorgänge sich am Leitfaden des Leibes zu unterrichten sucht..., kommt man von der Stelle.«[23] Ich frage mich, ob man diese Anregung wirklich aufgegriffen hat und von der Stelle gekommen ist. Die vielfachen Lernprozesse, die wir Menschen zu durchlaufen haben, sind ja nicht allein rationale Erkenntnisvorgänge, die sich im luftleeren Raum abspielen, sie ereignen sich in körperlichen Wesen und sie werden auch durch den Leib ermöglicht. Erst in der Gegenwart wird ernsthaft versucht, auf den Leib zu horchen, um die personalen Reifungsvorgänge wirklich zu fördern und nicht nur einen intellektuellen Überbau zu errichten. So hat *Ruth Cohn* auf die Verbindung der Gefühle mit der Leiberfahrung aufmerksam gemacht: »Der Körper hat seine eigene Sprache, mit der er auch Übersetzer unserer Gefühle ist. Er macht Unsichtbares sichtbar – ohne Worte... Der Körper ist gefühlsnah und sagt darum oft etwas über emotionale Befindlichkeiten aus, die dem Sprecher noch nicht zum Bewußtsein gekommen sind.«[24]

Jede reflektierte Erkenntnis der eigenen Existenz ist auch

eine körperliche Erfahrung. Da jeder einzelne die Mitte seiner eigenen Welt ist, von der her alles wahrgenommen, erkannt, angeeignet und zusammengefügt wird, drängt alles, was sich in uns ereignet und »bewegt«, auch zum Ausdruck. Und weil wir durch und durch Leib sind, deshalb sucht auch alles Erlebte seinen körperlichen »Platz«: wir spüren es auf der Haut, es fährt uns in die Brust, wir bewahren es im Herzen, verarbeiten es im Magen, es sträubt uns die Haare, es sitzt uns in den Fingerspitzen, es liegt uns auf der Zunge.

Auch hier ist es wieder so, daß wir die Symptome der Erkrankung deutlicher wahrnehmen als die Signale des gesunden Körpers. Erst wenn uns etwas schwer im Magen liegt − wie ein Stein −, wenn es uns den Hals zusammenzieht und wir nicht mehr alles schlucken können, wenn wir »die Nase voll haben« oder »aus der Haut fahren« wollen, uns »die Galle überläuft« und »der Kopf brummt, als wolle er zerspringen«, sind wir gezwungen, uns dem Leib zuzuwenden und dafür Sorge zu tragen, daß er wieder »heil« werden kann. Aber die schnell wirksamen Medikamente, die uns helfen, einen Schmerz zu übertäuben oder eine Symptomatik aufzuheben, verführen nur allzuhäufig dazu, daß wir im alten Schlendrian weiterleben und die kurzfristige Störung gleich wieder vergessen. Die Krankheit hatte uns warnen wollen, der Körper hat Notsignale ausgesandt, weil er nicht als Maschine mißbraucht werden wollte, sondern einen Anspruch auf Beachtung forderte. Wenn dieser Notruf unbeachtet bleibt oder überdeckt wird, ist zu erwarten, daß der Körper sich an anderer Stelle wieder zu Wort meldet − mit neuen Krankheiten, Schmerzen, Symptomen.

Die Liebe zum Leib

Der Leib verdient es, daß wir ihn lieben und uns an ihm erfreuen. Damit ist nicht eine narzißhafte Selbstverliebtheit gemeint, diese eitle Bewunderung der eigenen Schönheit, sondern die Anerkennung des »Wunders Leib«, die dankbare Haltung, die das Geschenk der leibhaften Existenz jeden Tag neu wahrnimmt.

Ausgerechnet das Christentum hat eine schwere Mitgift mit sich herumzuschleppen: Im Laufe seiner Geschichte kam es immer wieder zu einer Abwertung des Leibes, zu einer Leibverachtung, weil man meinte, der Leib sei das Einfallstor des Bösen und der Sünde, die Triebe wären vor allem Triebkräfte, die den Menschen nach unten ziehen und seinen Geist töteten. Askese wurde als »Abtötung« des Leibes verstanden. Der Geist sollte gleichsam aus seiner körperlichen Gestalt herausgeschält werden.

Das hebräische Denken, wie es sich im Alten Testament darstellt, kennt weder eine Leibabwertung noch gar eine Leibverachtung. Der Mensch wird immer als dieses leibhafte Lebewesen verstanden und kann geradezu austauschbar »Leib« oder »Seele« genannt werden.

»Meine Seele dürstet nach dir,
mein Leib verlangt nach dir,
wie dürres und dürstendes Land, das des Wassers entbehrt«,

Psalm 62. Im Psalm 84 wird der Mensch zum Lob Gottes aufgerufen:

»Mein Herz und mein Leib jauchzen ihm zu,
ihm, dem lebendigen Gott.«

Der ganze Mensch kann »lebendige Seele« genannt werden (Gen 2,7), seine »Beseeltheit« wird an seinem Atem erkennbar, aber auch am Herzschlag und am pulsierenden Blut. Und wenn einer »mit Haut und Haar« beteiligt ist, dann ist eben diese leib-seelische Ganzheit eingefordert. Der Glaube an Gott ist deshalb nicht eine Angelegenheit des Intellekts, der rationalen Zustimmung, sondern ein Vorgang, der gewissermaßen alle Fasern einbezieht. »Höre, Israel! Jahwe, unser Gott, Jahwe ist einzig. Darum sollst du den Herrn, deinen Gott, lieben mit ganzem Herzen, mit ganzer Seele und mit ganzer Kraft« (Deut 6,5).

Im Neuen Testament wird diese Stelle sogar noch erweitert: »Du sollst den Herrn, deinen Gott, lieben mit ganzem Herzen und ganzer Seele, mit all deinen Gedanken und all deiner Kraft« (Mk 12,30). Und auch die Freude an Gott und seinem Wohlwollen wirkt sich auf den ganzen Menschen aus: »Von Herzen will ich mich freuen über den Herrn. Meine Seele soll jubeln über meinen Gott« (Jes 61,10).

Es fällt auf, daß an vielen Stellen der Bibel nicht die Formel »Leib und Seele« steht, sondern »Herz und Seele«, wobei das

Herz als die »dynamische Mitte« des Menschen verstanden wird, in der die Einheit des beseelten Leibes zusammengefaßt ist.

Eine dualistische Interpretation der Welt führte später dazu, den Geistbereich als die wahrhaft »gute Schöpfung« anzusehen, während man die Materie, den irdischen Bereich, als dunkle Sphäre bezeichnete, entweder von einem Gegengott, dem Demiurg, geschaffen, oder durch Sünde von Schuld so verdorben, daß sie nun zu einem Tummelplatz der Dämonen geworden sei. Eine solche Auffassung führte dazu, den Menschen als das gespaltene Wesen zu betrachten, in dem ein gutes Prinzip (seine Geistseele) mit einem bösen Prinzip (seiner trieborientierten Körperlichkeit) kämpft. Bei einer solchen Betrachtungsweise kann man seinen Leib nicht lieben, man muß seinen Regungen mißtrauen, die Triebregungen bekämpfen und die Bedürfnisse so weit einschränken, daß das bessere Selbst, die geistige Dimension, sich um so freier entfalte.

Dualistische Systeme waren vor allem im alten Persien verbreitet (im Mazdaismus oder Parsismus), drangen aber über die Gnosis und den Manichäismus ins Mittelmeergebiet ein. Auch die platonische Weltsicht hat dualistische Züge. So braucht es nicht zu verwundern, daß eine gewisse Leibfeindlichkeit und eine Abwertung des Materiellen auch in die Frömmigkeit und die Theologie des jungen Christentums einbrach. Die strenge Askese des frühchristlichen Mönchtums mochte zunächst einmal mit der eschatologischen Grundstimmung im Christentum zusammenhängen (man erwartete in Kürze das Ende der alten Welt und das Heraufkommen des Reiches Gottes), aber bald schon mischten sich gnostische und manichäische Vorstellungen von der Minderwertigkeit des Körperlichen in die theologische Anthropologie. Die »offizielle« kirchliche Lehrmeinung hat zwar diese Abwertung des Materiellen immer zurückgewiesen, aber eine unterschwellige Grundstimmung ist (z. B. durch die Bevorzugung des »jungfräulichen Lebens« der unverheirateten Mönche und Nonnen, die man schon einem »engelhaften Stand« zuordnete) in der Kirchengeschichte immer virulent geblieben.

Es wirkt schon beinahe tragikomisch, daß ausgerechnet betont nichtchristliche Philosophen die Würde des Leibes in Erinnerung rufen mußten. So hat *Friedrich Nietzsche* immer wieder das Loblied auf den Leib angestimmt. »Gibt es eine gefährlichere Verirrung als die Verachtung des Leibes?« fragt er. »Als ob nicht mit ihr die ganze Geistigkeit verurteilt wäre zum Krankhaft-werden?« Das hochkomplizierte Zusammenwirken der verschiedenen Organe, der Nervenbahnen und des Zellenaufbaus riß ihn zum fassungslosen Staunen hin: »Man kann es nicht zu Ende bewundern, wie der menschliche Leib möglich geworden ist: wie eine solche ungeheure Vereinigung von lebenden Wesen, jedes abhängig und untertänig und doch in gewissem Sinne wiederum befehlend und aus eigenem Willen handelnd, als Ganzes leben, wachsen und eine Zeitlang bestehen kann −: und dies geschieht ersichtlich *nicht* durch das Bewußtsein!«[25] Nietzsche erhoffte eine Erneuerung des Menschen aus einer neuen Einstellung zum Leib. Einerseits schreibt er: »Von alters her lebt der Mensch in tiefer Unbekanntschaft mit seinem Leibe«, dann aber deutet er als ein wichtiges Programm an: »Wir müssen wieder gute Nachbarn der nächsten Dinge werden.« Und der Leib ist nun einmal das, was uns am allernächsten ist.

In seinem Zarathustra hat *Nietzsche* am schärfsten mit den Feinden des Leibes abgerechnet, da hat er geradezu pathetisch zu einer Hinwendung zur Leiblichkeit aufgerufen: »Den Verächtern des Leibes will ich mein Wort sagen. Nicht umlernen und umlehren sollen sie mir, sondern nur ihrem eigenen Leibe Lebewohl sagen − und also stumm werden... Leib bin ich ganz und gar, und nichts außerdem; und Seele ist nur ein Wort für ein Etwas am Leibe... Es ist mehr Vernunft in deinem Leibe, als in deiner besten Weisheit. Und wer weiß denn, wozu dein Leib gerade deine beste Weisheit nötig hat?... Untergehn will euer Selbst, und darum wurdet ihr zu Verächtern des Leibes! Denn nicht mehr vermögt ihr über euch hinaus zu schaffen. Und darum zürnt ihr nun dem Leben und der Erde. Ein ungewußter Neid ist im scheelen Blick eurer Verachtung.«[26]

Auch wenn uns *Nietzsches* Träume vom Übermenschen selbst wieder problematisch erscheinen, seine Entdeckung des Leibes bleibt für uns von Bedeutung.

Beseelter Leib – verleiblichte Seele

Die Frage nach dem Verhältnis von Seele und Leib gehört seit der Antike zu den Dauerthemen der abendländischen Geistesgeschichte, sie ist von Philosophen und Anthropologen, von Medizinern und Psychologen immer wieder aufgeworfen worden, und der Lösungsversuche sind Legion. In diesem Buch soll nur auf einige wenige Aspekte hingewiesen werden, wobei auf jede historische Einordnung und systematische Durchdringung verzichtet wird.

Der Ausgangspunkt unserer Überlegungen ist, daß der Mensch verleiblichte Seele und beseelter Leib ist. Schon die Frage, ob wir einen Leib »haben« oder Leib »sind«, kann unterschiedlich beantwortet werden. Der Leib ist nicht ein Objekt, das unserem »Ich« gegenübersteht, denn er ist ja die Voraussetzung dafür, daß ich »Ich« sagen kann. Aber es gibt auch Zustände, da fühle ich mich vom eigenen Leib distanziert und wundere mich über körperliche Vorgänge, als wären es nicht meine eigenen. Mit Recht hat *Karl Jaspers* in seiner Allgemeinen Psychopathologie darauf hingewiesen, daß der Körper der einzige Teil der Welt ist, »der zugleich von innen empfunden und – an seiner Oberfläche – wahrgenommen wird«. Wenn ich über meinen eigenen Leib nachsinne und ihn – objektivierend – betrachte und beobachte, dann höre ich nicht auf, Leib zu sein.

Die Seele können wir als »Lebensprinzip« bezeichnen, wobei diese Seele nicht als etwas verstanden werden soll, was sich hinter dem Leib versteckt, sondern was sich im Leib als erfahrbare Wirklichkeit ausdrückt. Die Seele macht sich im Leib offenbar. Der Mensch »erfährt sich nicht als einen Geist, der nebenbei ›auch‹ noch einen Leib hat, sondern als Person, die sich als geistige Person notwendig und immer auch als Leib und in Leiblichkeit vollzieht«, so charakterisiert *Karl Rahner*[27] die menschliche Personalität. Weil der Körper sich dauernd wandelt und seine materielle Substanz verändert, wobei der Mensch aber seine Identität durchhält und das Gefühl für die Einheit seiner Person nicht einbüßt, kann die Seele auch als die dynamische Mitte angesehen werden, die für die Ganzheit der menschlichen Existenz steht. Es muß »einen inneren Einheits- und Lebensgrund geben, eine Wesenswurzel, von dem

die teilhafte, gestufte und geordnete Organisation her ausgeht, in dem sie sich entfaltet und in den sie immer zurück-
geht. Es ist dies ohne Zweifel der Herz- und Wurzelgrund, die
Lebensmitte des *einen* Menschen, in dem er als Natur Einheit
und Dasein hat«, sagt *Gustav Siewerth*[28], wobei auffällt, daß er
den Ausdruck »Seele« als zu mißverständlich und vieldeutig
vermeidet und auf den biblischen Ausdruck »Herz« zurück-
greift und dieses als Wurzelgrund und Lebensmitte interpre-
tiert.

Die konventionelle Zuordnung von Leib und Seele litt dar-
unter, daß man nur dem Leib die unmittelbare Sichtbarkeit
und Erfahrbarkeit zuschrieb, während man sich die Seele als
unsichtbare Wirksamkeit dachte. Dagegen stellte *Romano
Guardini* seine These: »Wenn ich in das bewegte Antlitz eines
Menschen blicke, sehe ich darin das Verständnis, oder die Güte, oder den Zorn. Ich nehme nicht nur Hautverschiebungen
und Muskelbewegungen wahr, um dann mit meinem Denken
hinter ihnen entsprechende seelische Vorgänge anzunehmen,
sondern fasse geschehenden Ausdruck auf. ›Ausdruck‹ aber
bedeutet, daß das an sich Unanschauliche in die Anschaubar-
keit vorgetragen; das Eigentliche nicht nur signalisiert, sondern ins unmittelbar Gegebene übersetzt wird und nun eben
gesehen werden kann. Das Gleiche gilt für die Gebärde, für
die Gestalt, für die Handlung. Wo immer ich auf den Menschen blicke, sehe ich, mehr oder weniger klar, mehr oder weniger voll, seine Seele.«[29] So wird also die Seele nicht zu einem
deutlich abgrenzbaren Gegenüber zum Leib, sondern sie
macht gerade den Körper zum Leib, wobei sie auch auf den
Leib angewiesen ist, um ihre Wirksamkeit erfüllen zu können.
»Daß die Seele ›unsichtbar‹ sei, diese in allen Religionsstun-
den so verödend an das Kind herangebrachte Lehre, vergeht
sich an der Wahrheit, daß die ungeteilt-einige Seele ohne Vermittlung Form des Leibes sei und deshalb auch erscheinen
muß und gar nicht anders erscheinen kann als im Bild des
Menschen« *(Gustav Siewerth*[30]).

Am sinnvollsten kann man die leib-seelisch-geistige Einheit
des Menschen dadurch veranschaulichen, daß man nicht von
isolierbaren »Substanzen« spricht, die im Menschen zusammengefügt werden, sondern von unterschiedlichen Perspektiven, unter denen der eine Mensch betrachtet und beschrieben

werden kann. *Carl Friedrich von Weizsäcker* hat dazu folgendes gesagt: »Leib und Seele sind nicht zwei Substanzen, sondern eine. Sie sind der Mensch, der sich selbst in verschiedener Weise kennenlernt... Ich glaube, daß Leib und Seele nicht eine reine und ursprüngliche Zweiheit bilden. Sie scheinen mir eher eine von mehreren möglichen Spaltungen zu sein, die in der Wirklichkeit durch die Polarität eintreten, die ich ungenau den Gegensatz von Subjekt und Objekt genannt habe.«[31]

Nun gibt es in der Geschichte der christlichen Spiritualität nicht nur Leibverächter und nicht nur Anwälte eines körperfremden Spiritualismus. Auf eine große Gestalt soll wenigstens hingewiesen werden: *Hildegard von Bingen,* die von 1098 bis 1179 lebte und als Ordensfrau und Äbtissin auch eine große Menschenkennerin war. In ihrem Werk ist von einem dualistischen Ansatz nichts zu spüren, eine Abwertung des Leibes findet bei ihr keine Stütze, vielmehr entwickelt sie eine durchaus modern anmutende Anthropologie der gegenseitigen Angewiesenheit von Leib und Seele. »Wo Seele und Leib in rechter Übereinstimmung miteinander leben, da erreichen sie in einmütiger Freude den höchsten Lohn.«[32] Wenn man diesen Satz liest, hat man das Bild eines glücklichen Ehepaares vor sich: Beide Partner freuen sich übereinander, ergänzen sich und lassen für die jeweiligen Aufgaben genügend Raum. Die Seele hat – in Hildegards Verständnis – eine Brückenfunktion, sie kann sich ausstrecken und die Nähe Gottes verspüren, aber sie wohnt dem Leib ein, durchdringt und verlebendigt ihn. Es ist eine lustvolle Aufgabe der Seele, sich im Leibe auszudrücken und ihm die Gestalt zu ermöglichen, die ihm entspricht. »Die Seele ist die viriditas, die grüne Lebenskraft des Fleisches, da ja der Körper durch sie wächst und vorwärtskommt, wie die Erde durch die Feuchtigkeit fruchttragend ist... Von der Seele gehen Kräfte aus, um den Leib zu beleben, wie vom Wasser die Feuchtigkeit belebt wird, weswegen die Seele sich freut, mit dem Leibe zu wirken.«[33] Hildegards Philosophieren ist kein abstraktes Spekulieren, sondern ein sehr sinnenhaftes Begreifen von Vorgängen, die eben auch eine sinnliche Qualität haben. Besonders kühn mutet es an, daß sie nicht nur die Angewiesenheit des Fleisches auf die Seele, sondern auch die der Seele auf das Fleisch betont: »Die Seele unterstützt das

Fleisch, wie auch das Fleisch die Seele. Wird doch durch die Seele und durch das Fleisch ein jedes Werk ausgeführt.«[34] Hildegards Bilder sind konkret und ganz plastisch, sie wollen keine hohe Gelehrsamkeit vermitteln, sondern anschaulich vor Augen führen, wie sich das Zusammenwirken von Seele und Leib ereignet. »Die Seele ist ein vernünftiger Geist. In der Wohnung des Herzens ist ihre Weisheit zu Hause, mit der sie alles durchdenkt und anordnet, wie auch der Familienvater in seinem Hause seine Angelegenheiten in Ordnung hält.«[35] Wenn die Seele ihre »Arbeit« getan hat, wenn sie im Herzen Wohnung genommen hat und den ganzen Leib durchformt und wärmt, bewässert und tränkt, durchweht und im Feuer verwandelt und »kocht« (all das sind Bilder, die Hildegard verwendet), dann kann der Mensch wahrhaft aufstehen und Stand gewinnen, mitten in der Schöpfung, selbstbewußt und demütig zur gleichen Zeit, und er kann sein Werk in der Welt vollbringen.

»Der Mensch stand auf
entfacht vom Lebenshauch seiner Seele,
und kam zur Erkenntnis der gesamten Schöpfung.
In seiner Geistigkeit und mit herzlicher Liebe
schloß der Mensch alle Welt in seine Arme.«[36]

Lobpreis des Leibes

In jedem einzelnen Menschenleben muß die Würde des Körpers, die Herrlichkeit der leiblichen Gestalt, wieder neu entdeckt werden. Auch in jedem Jahrhundert und in jeder Generation kann sich diese Wiederentdeckung ereignen. Wohl sind es die Wissenschaftler, die Anatomen und Dermatologen, die Kardiologen und Chirurgen, denen neue Einsichten und Zugänge, neue Erklärungsversuche und Zusammenhänge aufgehen und die sie beschreiben. Und die Neurologen und Psychopathologen, die Psychosomatiker und Endokrinologen legen uns immer wieder faszinierende Ergebnisse ihrer Forschungen vor.

Aber vielleicht sind die Dichter und Schriftsteller noch kompetentere Sachwalter der Leiblichkeit, indem sie sich nicht nur auf Forschungen berufen, sondern auf Erfahrungen, indem sie nicht um genaue Begriffe bemüht sind, sondern um eine Bildsprache, die tiefer zu dringen vermag und größere Deutekraft hat.

Einer von den Dichtern, die den menschlichen Leib geradezu hymnisch gefeiert haben, war der amerikanische Lyriker *Walt Whitman*. In seinen »Grashalmen« wird deutlich, wie er immer wieder überwältigt wurde von der Schönheit und Kraft des Leibes und wie er diesem Entzücken Ausdruck geben wollte.

»Verlangte jemand, die Seele zu sehen?
So sieh deine eigne Gestalt und dein Antlitz, Menschen, Stoffe, Tiere, die Bäume, die fließenden Ströme, die Felsen, den Sand am Meer.
Sie alle enthalten geistige Freuden und geben sie hernach wieder frei; ...
Siehe, der Leib enthält und ist das Wesentliche, das Hauptanliegen, und enthält und ist die Seele;
Wer du auch seist, wie herrlich und göttlich ist dein Leib oder irgendein Teil von ihm!«[37]

Alles, was Whitman wahrnimmt, löst eine staunende Bewunderung aus, er muß stammelnd alles aufzählen, was es zu entdecken gibt, er fügt die einzelnen Beobachtungen wie Mosaiksteine zu einem Bild zusammen, das zu einem Loblied wird »aus den lebendigen Gedichten der Augen, Hände, Hüften und Brüste«. Und es ist nicht nur eine allgemeine Betonung leiblicher Vorzüge, die Einzelheiten müssen benannt werden, wobei der Hymnus auf den männlichen Körper anders ausfällt als der auf den Körper der Frau.

»Der Ausdruck eines wohlgestalteten Mannes erscheint nicht in seinem Antlitz allein,
Er ist auch in seinen Gliedern und Gelenken, ist geheimnisvoll in den Gelenken seiner Hüften und Hände,

Farbtafel II: Hildegard von Bingen »Der Kosmosmensch«
Liber divinorum operum.
Der »Kosmosmensch« nach der Vision Hildegards von Bingen, Miniatur
des 13. Jahrhunderts aus dem Codex Latinum der Bibliotheca governative
Lucca. Gott hat das ewige Wort »gesprochen« und durch dieses Wort »ist alles
geworden« (Joh 1,3). In der Mitte der personhaft geschauten Schöpfung
steht der Mensch, auf ihn wirkt alles ein, er ist die eigentliche Frucht
der Welt.

Er ist in seinem Gang, der Haltung seines Halses, der Bie-
gung seiner Lenden und Knie, Kleidung verbirgt ihn nicht,
Seine starke, süße Wesenheit dringt durch Kattun und
Tuch,
Ihn vorbeigehn zu sehn, gibt so viel wie das beste Gedicht,
vielleicht mehr,
Du verweilst, seinen Rücken zu sehn, seinen Nacken und
Schultern.«[38]

Und der Hymnus auf die Frau in ihrer Leiblichkeit wird geradezu ein liturgischer Gesang, eine Leiblitanei, eine Feier des
Fleisches:

»Dies ist die weibliche Gestalt,
ein göttlicher Nimbus haucht von ihr aus von Kopf bis Fuß,
Sie zieht an mit heißer, unwiderstehlicher Anziehungskraft,
Ich werde eingesogen von ihrem Atem, als wäre ich nur ein
hilfloser Dunst, alles versinkt außer mir und ihr...
Wilde Fühlfäden, unbändige Blitze zucken aus ihr, das Wi-
derspiel auch unbändig,
Haar, Busen, Hüften, Biegung der Beine, lässiges Sinken
der Hände ganz gelöst, die meinigen auch gelöst,
Ebbe, gestachelt von Flut, und Flut, gestachelt von Ebbe,
Liebesfleisch, schwellend und lustvoll schmerzend...«[39]

In einer Flut von Assoziationen und aufgespeicherten Erinnerungen wird der Leib in seiner Schönheit, seinem Wechsel-
spiel, seinen Funktionen und Wirkungen eingefangen:

»Der Schoß, die Brüste, Brustwarzen, Brustmilch, Tränen,
Lachen, Weinen, Liebesblicke, Unruhe und Schwellen der
Liebe,
Die Stimmen, Lautgebung, Sprache, Flüstern und Rufen,
Speise, Trank, Pulsschlag, Verdauung, Schweiß, Schlaf,
Gehen und Schwimmen,
Tragkraft der Hüften, Springen, Lehnen, Umfassen, Arm-
beugen und -spannen,
Das immer wechselnde Spiel der Züge um Mund und
Augen,
Die Haut, das sonnengebräunte Dunkel, Sommersprossen
und Haar,

Die seltsame Sympathie, die man spürt, wenn man das
nackte Fleisch des Körpers mit der Hand fühlt,
Die kreisenden Ströme des Atems und das Atmen aus und
ein,
Die Schönheit der Lenden und tiefer der Hüften und tiefer
hinab zu den Knien...
O ich sage, dies sind nicht die Teile und Gedichte des Leibes allein, sondern der Seele,
O nun sage ich, sie sind die Seele!«[40]

Hätten wir die Dichter nicht, was wüßten wir wirklich von
unserem Leib? Helfen sie uns nicht, die Wirklichkeit ernst zu
nehmen, sie zu benennen vom Scheitel und von den Fingerspitzen bis zu den Fußsohlen?

Dankbarkeit macht sehfähig

Nun könnte der Einwand heraufkommen, all das wäre ja
ein heidnischer Leibkult, der sich völlig auf eine weltimma-
nente Sicht des menschlichen Körpers beschränke, ohne auf
seine Transparenz zu achten. Wie gut, daß es in den biblischen Schriften dieses hochpoetische »Lied der Lieder« gibt,
das Hohelied mit seinen unübertrefflichen Strophen von
der Anziehungskraft der Liebenden, vom Lobgesang der Leiber.

»Wie schön sind deine Schritte in den Schuhen,
du Fürstentochter.
Die Rundung deiner Hüften
ist gleich Spangen,
Hände eines Künstlers fertigten sie.
Dein Schoß ist ein runder Becher,
dem nimmer Getränk mangelt,
dein Bauch ist ein Weizenhaufen,
von Lilien umsteckt.
Deine zwei Brüste
sind wie zwei Rehe,
Rehzwillinge.
Dein Hals ist wie ein Elfenbeinturm...,
deine Nase ist wie ein Turm des Libanon,
der nach Damaskus blickt...

34

Wie schön und lieblich bist du,
du Liebe in Wonne.
Dein Wuchs ähnelt einer Palme
und deine Brüste Trauben.
Ich dachte: ich will auf die Palme steigen
und ihre Zweige ergreifen,
und deine Brüste werden wie die Trauben des Weinstocks
sein
und der Duft deines Atems wie Äpfel. –
Und dein Gaumen wie guter Wein,
der meinem Liebsten glatt einströmt
und des Schläfers Lippen reden macht.
Mein Freund ist mein,
und nach mir geht sein Verlangen« (Hl 7, 2–11)[41].

Die Bibel selbst leitet uns an, den Leib zu entdecken, wir werden aufgefordert, seine Herrlichkeiten wahrzunehmen und zu preisen. Wir haben wahrhaft einen Nachholbedarf in diesem Fach, um die alten Klischees loszuwerden und uns in einer neuen Dankbarkeit einzuüben, die alle Geschenke zur Kenntnis nimmt, die uns gewährt werden. Ist es nicht eine bodenlose Undankbarkeit, wenn wir – wie geblendet – am erstaunlichsten Kunstwerk auf dieser Erde vorübergehen, ohne es wirklich zu beachten?

Zu den Dichtern, die das religiöse Geheimnis der Leiberfahrung geahnt haben, gehört *Novalis* (1772–1801). Er spricht von der heiligen, unerschöpflichen Hieroglyphe jeder Menschengestalt, wobei er ausdrücklich nicht nur die »schönen«, weil wohlgestalten Menschen einbezieht, sondern darauf hinweist, »recht häßliche Menschen können unendlich schön sein«[42]. Er hat die Menschen und ihre Leiber nicht nur beobachtet, um sie einzuordnen und zu klassifizieren, sondern glaubte, »Offenbarungsmomente« bei ihnen feststellen zu können. Er hat aber auch gesehen, daß nur ein liebender Blick die Geheimnisse eines Menschen wahrnehmen kann. Die Liebe soll unsere Sehfähigkeit zutage fördern, damit wir nicht bei einzelnen Objekten stehenbleiben, sondern den großen Zusammenhang der gesamten Schöpfung erahnen. »Was man liebt, findet man überall und sieht überall Ähnlichkeiten. Je größer die Liebe, desto weiter und mannigfaltiger diese ähnliche Welt. Meine Geliebte ist die Abbreviatur (Abkürzung) des Universums, das Universum die Elongatur (die Erweiterung) meiner Geliebten.« Erst wer Liebe erfahren hat, bekommt offene Augen, schaut tiefer und sieht die große Verflochtenheit der ganzen Welt.

Vielleicht der schönste Text, den Novalis über die Heiligkeit des Leibes geschrieben hat, lautet: »Es gibt nur *einen* Tempel in der Welt, und das ist der menschliche Körper. Nichts ist heiliger als diese hohe Gestalt. Das Bücken vor Menschen ist eine Huldigung dieser Offenbarung im Fleisch. – Man berührt den Himmel, wenn man einen Menschenleib betastet.«[43] Hier kennzeichnet er den Leib tatsächlich als einen Offenbarungsort. Das Geheimnis Gottes kann nicht im luftleeren Raum erfahren werden, nicht in einer weltflüchtigen Versenkung, sondern gerade in der Hinwendung zu der leibhaften Menschengestalt, weil da die Spuren des Schöpfergottes am ehesten zu entdecken sind.

Die theologisch anspruchsvollste Aussage über den Leib ist ja die Hoffnung auf einen Vollendungsleib, auf eine Leibgestalt der Auferstehung, einen geistdurchwirkten Leib, der viel gültiger und durchscheinender das personale Wesen des Menschen ausdrücken kann. Paulus hat dieser Hoffnung so Ausdruck gegeben: »Das Vergängliche muß die Unvergänglichkeit, das Sterbliche die Unsterblichkeit anziehen« (1 Kor 15, 53). Paulus versagt es sich, eine beschreibende Aussage über diese Leibhoffnung zu machen, er spricht nur von einem »soma pneumatikon«, einem geistdurchwirkten Leib, der auferweckt würde. – Ein großer Dichter unseres Jahrhunderts, *Paul Claudel,* hat in einer seiner Oden diese Hoffnung als Bitte ausgesprochen:

»Äußere endlich
Alle die Sonne in mir und den Fassungsraum für Dein Licht, damit ich Dich schaue
Nicht mehr mit Augen allein, sondern mit dem ganzen Körper und meiner Substanz und der Summe meiner strahlenden, hallenden Zahl!«[44]

Er hofft also, eine ungleich fassungsreichere Leiblichkeit zu bekommen, Sinne, die nicht gleich wieder erblinden bei einer überstarken Helligkeit. Auch er erhofft übrigens – wie Novalis – eine »Bereitung seines Leibes« durch die Liebesbegegnung mit einer Frau. Der »konkrete« Gott gibt sich nicht abstrakt zu erkennen, sondern gewährt uns oft überraschende Mittler.

»Den einen genügt die Intelligenz. Geist spricht rein zum Geiste.
Die andern aber müssen, ganz langsam, auch das Fleisch heiligen und bekehren. Und welches Fleisch vermag mächtiger zum Manne zu sprechen als die Frau?«[45]

Das Mittelalter sprach von einer Bekehrung vom Fleisch, von den Lüsten und Verführungen des Fleisches. Ob wir heute nicht eher einer Bekehrung zum Fleisch bedürfen? Es geht nicht um eine Überbetonung des Körpers, des Fleisches, der Sexualität, in dem isolierten Sinn, wie das gegenwärtig oft geschieht. Es geht vielmehr darum, dem Fleisch wieder seinen Platz einzuräumen, den es von der Schöpfungsordnung zugewiesen bekam. Es geht um das Fleisch, das nach dem Geist ruft, und um den Geist, der nach dem Fleisch verlangt.

Auf den Leib hören

Zu den entscheidenden Einsichten unseres Jahrhunderts gehört es sicher, daß wir durch die sorgsamere Beobachtung des Leibes angeleitet werden, auch unsere seelische Befindlichkeit zu verbessern. Die Lebensgeschichte jedes Menschen ist seinem Körper eingeschrieben. Immerzu sendet der Leib seine Signale aus, es fragt sich nur, ob wir sie entziffern können. »Ich sehe über die Irrtümer und Mißverständnisse, die mir auf den Leib, ja auf die Haut geschrieben sind, hinweg«, schreibt *Ursula Adam.* »Ich habe das, was da geschrieben steht, nicht lesen gelernt. Lesen habe ich nur in Büchern gelernt, nicht auf der Haut, nicht in den Gesten, nicht in den Augen.«[46] Die Körpertherapien, die im Laufe der letzten Jahrzehnte entwickelt wurden, wollen uns anleiten, diese Schriften zu lesen. Dazu ist eine Voraussetzung, daß wir dem Körper nicht mehr als fordernder Befehlshaber gegenüberstehen und ihn zum Dienen zwingen, sondern einfühlsam uns ihm einwohnen. Solange es heißt: »Das Ich steht seinem Körper befehlend und als Nutzer gegenüber«[47], so lange wird sich der malträtierte Leib auch zur Wehr setzen und gegen seine Ausnutzung revoltieren.

Unsere Lebensweise scheint es mit sich zu bringen, daß wir zunehmend unsere Leiblichkeit »vergessen«. Natürlich werden wir durch Hunger und Durst an die leiblichen Bedürfnisse erinnert, vollziehen wir die eingeschliffenen Rituale der Säuberung, schützen uns gegen Kälte usw., aber alles geschieht im Grunde nur, damit der »Motor« wieder arbeitet, die Organe funktionieren und wir ansonsten von unserem Körper nicht weiter »gestört« werden. Die Leibvergessenheit kann aber zu gesundheitlichen Zusammenbrüchen führen, die mit dem Leib auch die seelische Befindlichkeit zerstören. Der psychotische Mensch hat seine Verbundenheit mit dem Körper eingebüßt. Die Signale aus dem eigenen Körper werden nicht mehr als etwas aufgefaßt, was zur eigenen Person gehört, sondern werden als fremde und unbekannte Eingriffe erlebt[48]. Mit den körperlichen Reaktionen werden auch die aufsteigenden Gefühle abgeblockt, ein Wall von Abwehrmechanismen muß aufgebaut werden, damit das brüchige Gebilde des Ich nicht zusammenbricht.

Charakteristisch für die mangelnde Verleiblichung eines Menschen ist die Starre und Unbeweglichkeit seines Körpers. Der Blick wirkt unlebendig und unbeteiligt, das Lächeln maskenhaft und künstlich. Nie kommt eine spontane Gefühlsbewegung auf, oft läßt sich eine Diskrepanz zwischen dem Kopf und dem übrigen Körper feststellen. Wenn versucht wird, den Körper »unter Kontrolle« zu halten, dann führt das nicht selten zu Verkrampfungen: Da werden die Schultern hochgezogen und versteift, da wird die Kehle verengt, so daß das Atmen schwerfällt, da sinkt der Brustkorb ein und wird der Bauch eingezogen, da werden die Fäuste geballt, um die Widerstandskraft zu mobilisieren und die Verletzlichkeit zu überdecken[49].

Wer seinen Körper aufgibt, ihm kein Recht einräumt und ihn nicht »zu Wort« kommen läßt, der hemmt damit auch sein seelisches Leben, es kann sich nicht entfalten, weil es sich nicht »ausdrücken« kann. Ein bestimmtes Vorverständnis von der menschlichen Existenz sorgt dafür, daß immer eine vorgefertigte Maskerade aufrechterhalten bleibt und die Maske nicht abgenommen wird. Wer als Kind seinen eigenen Körper nicht lustvoll erleben konnte (oder durfte), der entwickelte ein Lebensgefühl, das nicht aus der Leiblichkeit gespeist ist. Insbesondere die Geschlechtlichkeit mit ihren Gefühlen und Empfindungen muß angenommen und bejaht werden, damit der Körper sich so entfalten kann, daß er zum Ausdrucksorgan der Person wird.

Die Wahrnehmungsfähigkeit des Leibes ermöglicht auch das Verspüren von Gefühlen, ihre Lokalisierung im Körper. So kann sich Traurigkeit in der Brust manifestieren, im gestörten Atem, Unsicherheit und Ängstlichkeit in den Händen, die sich anklammern wollen und nicht loslassen, Wut in den zugekniffenen Augen oder in den geballten Händen, der heruntergeschluckte Grimm im verkniffenen Gesichtsausdruck oder in der Verkrampfung der Körperhaltung. Wer gegen seine Gefühle ankämpfen muß, verkrampft seine Muskeln und erstarrt.

Viele dieser Symbole sind so eingeschliffen und von Kindesbeinen an verinnerlicht, daß wir sie überhaupt nicht mehr merken. Aus eigenem Bemühen und willentlicher Anstrengung können sie dann auch nicht mehr abgelegt und überwunden werden, sondern nur in einem therapeutischen Prozeß. Aber in anderen Fällen hilft es schon, daß wir uns bemühen, den Körper intensiver zu durchleben und auf seine besondere Sprache zu achten. Wenn ein Mensch in »gutem Kontakt« mit seinem Körper ist, dann lernt er auch, auf seine Bekundungen zu achten. Es sind ja nicht nur die Schmerzen und die körperlichen Revolten, die bedeutsam sind, sondern auch die Schlafstörungen, die Weigerung, vernünftig zu essen, oder die Neigung, viel zuviel in sich hineinzuschlingen. Von der Beobachtung solcher Symptome zu einer Veränderung der Lebensweise ist es allerdings ein weiter Schritt. Aber es ist schon viel, wenn wir die körperlichen Signale nicht mehr einfach ignorieren oder absichtlich unterdrücken.

Kein System reicht aus

Dieses Buch ist kein Nachschlagewerk für Körpertherapien, sondern will aufmerksam machen auf die symbolische Sprache des Leibes. Von Dürer wird das Wort überliefert: »Der Mensch ist inwendig voll Figur.« Und wenn unsere Innenwelt auch nicht exakt meßbar ist und nicht systematisiert werden kann, es gibt doch genug zu entdecken.

Wenn es auch Menschen gibt, deren Gebärdensprache verkümmert ist und deren Mienenspiel wenig Nuancen hat, so ist doch mit unserer Leiblichkeit immer eine Form der Sichtbarmachung innerer Vorgänge verbunden. Selbst das Versteckspiel und die versuchte Täuschung drücken noch so viel aus, daß der Körper sich gleichsam »verrät«.

Von einem Symbol sprechen wir dann, wenn man von einem Gegenstand auf anderes schließen kann, wenn also das »Ding« plötzlich nicht nur für sich steht, sondern über sich hinausweist und einen größeren Bedeutungshorizont eröffnet. *Carl Gustav Carus,* der als einer der ersten gründlicher über die Leibsymbolik nachgedacht hat, schrieb: »Im höchsten Sinne streben wir jetzt eigentlich dahin, die Welt überhaupt als das Symbol des höchsten ewigen Mysteriums der Gottheit, und den Menschen als das Symbol der göttlichen Idee der Seele anschauen und verstehen zu lernen, und indem... hier... unermeßliche und unendliche Aufgaben sich herausstellen, zieht die Symbolik eigentlich *das ganze Gebiet des Kosmos* einerseits, wie andererseits *das Gebiet der Morphologie und Physiologie* in ihren Bereich.«[50]

Bei aller naturwissenschaftlichen Sorgfalt geht Carus doch mit einer großen Ehrfurcht an sein Thema heran, man spürt noch die theologischen Prämissen seines Leibverständnisses. Übrigens wies er schon auf die nötige Unterscheidung von »Konstitution« und »Temperament« hin. Die Konstitution des Menschen wird »wesentlich durch Zeichen am Stamme und an dessen Gliedmaßen sich kenntlich machen, während wir finden werden, daß die Symbolik der Temperamente stets mehr den Zügen des Antlitzes, und die der geistigen Anlagen hauptsächlich dem Baue des Schädels zu entnehmen sein werden«. Körperbau, Schädelform und Gesichtszüge, darauf wollte Carus insbesondere achten, er warnte aber auch vor der Überschätzung der Merkmale: »Man fordere nicht überall und unbedingt sichere Anzeigen seelischen Seins aus körperlicher Bildung!«[51]

Wir kommen also bei der Beobachtung der großen und der kleinen Welt nicht zu eindeutigen und endgültigen Ergebnissen. Der Makrokosmos bleibt ebenso wie der Mikrokosmos ein Feld unserer bewundernden Betrachtung, wir nähern uns den Phänomenen an, machen Beobachtungen, stellen Hypothesen auf, müssen sie korrigieren und schließlich alles wieder offen lassen. Schon Goethe erkannte: »Der Mensch muß bei dem Glauben verharren, daß das Unbegreifliche begreiflich sei; er würde sonst nicht forschen... Man bedenkt niemals genug, daß eine Sprache eigentlich nur bildlich sei und die Gegenstände niemals unmittelbar, sondern nur im Widerschein ausdrücke.«[52] Das gilt auch für die Ausdrucksformen des Leibes, die wir nicht als feste Regeln und unumstößliche Normen begreifen dürfen. Obwohl *C. G. Carus* sich so intensiv mit der Symbolik der menschlichen Gestalt befaßt hat, sagt er: »Der organische Bau des Menschen ist etwas so Incommensurables, etwas so in seiner ganzen Tiefe Unfaßbares, er enthält neben der großen Macht des Rationalen so viel ganz unerläßliches Irrationales, daß nie das Wägen, Messen und Zählen allein ausreichen kann, zum Verständnis desselben zu gelangen.«[53] — Inzwischen sind die Beobachtungskriterien und die Meßverfahren intensiv verfeinert worden, aber es ist weiter der Respekt vor der Eigenart des anderen nötig, damit er nicht in Rubriken gesperrt und in Systeme eingefügt wird, sondern ihm der Freiheitsraum der Person zugestanden wird.

Entdeckerfreude

Vielleicht sollte der Leib nicht in erster Linie ein Objekt unserer wissenschaftlichen Untersuchung sein, sondern der Ort unmittelbarer Erfahrung. Dazu gehört eine gewisse spielerische Leichtigkeit; schließlich ist es lustvoll, die Möglichkeiten seines Körpers zu erproben, das Leibgefühl stimmt uns freudig, wenn wir nicht gerade von Krankheiten geplagt sind.

»Mein Körper ist ein schutzlos Ding,
wie gut, daß er mich hat.
Ich hülle ihn in Tuch und Garn
und mach ihn täglich satt«,

heißt es in einem ironischen Gedicht von *Robert Gernhardt*[54]. Hoffentlich fragt der Dichter auch, wer es ist, der seinen Leib kleidet und sättigt, denn dieses imaginäre »Ich« ist ja gerade das leibhafte Subjekt, der scheinbare Altruismus nichts weiter als eine durchaus zu verantwortende Selbstliebe.

Vergessen sollten wir nie, daß wir den Mitmenschen brauchen, das Gegenüber, den Partner oder auch den Rivalen, um uns selbst besser kennenzulernen. Der zustimmende oder kritische Blick des anderen sagt uns oft mehr über uns selbst als der Blick in den Spiegel. Wir brauchen die Herausforderung, damit die eigenen Kräfte mobilisiert werden. Ein bißchen Theater ist wohl auch immer dabei, wie gerne schlüpfen wir in Rollen, damit wir etwas ansehnlicher erscheinen. »Laß mich scheinen, bis ich bin«, heißt es in einem Goethegedicht: Vielleicht entdeckt der eine oder andere erst im Rollenspiel seine Möglichkeiten und seine Talente.

Aber es ist doch wohl so, daß wir erst als Liebende den Leib, seine Schönheit und seine verborgenen Kräfte entdekken. Da ist es nicht der eigene Leib, der uns entzückt, sondern der Leib unseres Partners. Ganze Welten erschließen sich – und wir brauchen nicht unseren Verstand einzusetzen, sondern können uns einfach in dieses Geschehen hineingeben.

»nur du, nur ich und du, versunken
ins tiefe All, ins tiefe Meer,
darein sind wir verloren,
drin sterben wir und werden neugeboren«
(*Hermann Hesse*[55]).

Trotz der ironischen Brechungen und dem doppelbödigen Humor ist es Heinrich Heine in seinem Gedicht »Das Hohelied« besonders originell gelungen, der Körpersprache der Liebenden Ausdruck zu geben.

»Des Weibes Leib ist ein Gedicht,
Das Gott der Herr geschrieben
Ins große Stammbuch der Natur,
Als ihn der Geist getrieben.

Ja günstig war die Stunde ihm,
Der Gott war hochbegeistert;
Er hat den spröden, rebellischen Stoff
Ganz künstlerisch bemeistert.

Fürwahr, der Leib des Weibes ist
Das Hohelied der Lieder;

Gar wunderbare Strophen sind
Die schlanken weißen Glieder.

O welche göttliche Idee
Ist dieser Hals, der blanke,
Worauf sich wiegt der kleine Kopf,
Der lockige Hauptgedanke!

Der Brüstchen Rosenknospen sind
Epigrammatisch gefeilet;
Unsäglich entzückend ist die Zäsur,
Die streng den Busen teilet.

Den plastischen Schöpfer offenbart
Der Hüften Parallele;
Der Zwischensatz mit dem Feigenblatt
Ist auch eine schöne Stelle.

Das ist kein abstraktes Begriffspoem!
Das Lied hat Fleisch und Rippen,
Hat Hand und Fuß; es lacht und küßt
Mit schöngereimten Lippen.

Hier atmet wahre Poesie!
Anmut in jeder Wendung!
Und auf der Stirne trägt das Lied
Den Stempel der Vollendung.

Lobsingen will ich dir, o Herr,
Und dich im Staub anbeten!
Wir sind nur Stümper gegen dich,
Den himmlischen Poeten.

Versenken will ich mich, o Herr,
In deines Liedes Prächten;
Ich widme seinem Studium
Den Tag mitsamt den Nächten.

Ja, Tag und Nacht studier ich dran,
Will keine Zeit verlieren;
Die Beine werden mir so dünn –
Das kommt vom vielen Studieren.«[56]

Was den Menschen zusammenhält

Man hat zu allen Zeiten gesagt und wiederholt,
man solle trachten, sich selber zu kennen.
Dies ist eine seltsame Forderung, der bis jetzt niemand
genüget hat
und der eigentlich auch niemand genügen soll...
Von sich selber weiß er bloß, wenn er genießt oder leidet,
und so wird er auch bloß durch Leiden oder Freuden
über sich belehrt, was er zu suchen oder zu meiden hat.
Übrigens aber ist der Mensch ein dunkeles Wesen,
er weiß nicht woher er kommt, noch wohin er geht,
er weiß wenig von der Welt und am wenigsten von sich
selber.

Johann Wolfgang Goethe am 10. April 1829
im Gespräch mit Eckermann

Die Haut

Selten machen wir uns klar, daß die Haut unser größtes Sinnesorgan ist, rechnet man die Gesamtfläche zusammen, so kommt man auf etwa 2 qm. Die Haut hat eine doppelte Funktion: Einerseits ist sie das umhüllende und abgrenzende Organ, sie faßt unseren ganzen Körper zusammen und grenzt ihn von der Umwelt und anderen Lebewesen ab; andererseits ist die Haut aber auch die Berührungsfläche von »Innenleben« und Außenwelt, sie ist sensibel und fängt die vielfachen Impulse der Umgebung auf, verarbeitet sie, stößt manches ab, schützt den Organismus dadurch, läßt anderes hindurch und reicht es weiter. Ein wahres Wunderwerk ist die Haut, ungemein vielseitig, jedem Menschen ideal angemessen und trotzdem elastisch, sie läßt uns Platz, weil sie dehnbar ist, und sie ist anpassungsfähig für die verschiedensten Funktionen.

Eine dieser Funktionen ist die Regulierung der Wärme, die Haut sorgt für einigermaßen gleiche Temperatur. Die Blutgefäße bestimmen wesentlich die Hauttemperatur. Durch die Poren wird Wasser abgegeben, der verdunstende Schweiß bewirkt einen dunstigen Feuchtigkeitsmantel, was zu einem Kalorienverlust und zur Abkühlung führt. Die regulierende Durchblutung der Haut bewahrt sowohl vor Überhitzung wie vor Unterkühlung. Daneben haben natürlich auch die Haare, die große Teile der Haut mehr oder weniger ausgeprägt bedecken, eine schützende Funktion. Wird die Haut intensiver durchblutet, dann führt das zu einer Rötung, so daß man sagen kann, die Haut erglühe, sie blühe auf.

Es ist bewundernswert, wie sich die Haut erneuern kann. Ihre verschiedenen Häute, die Oberhaut (Epidermis) und die Lederhaut (Corium) ruhen auf der Unterhaut (Subcutis) und bilden dennoch eine Einheit. Man unterscheidet auch Ektoderm (die Ebene der Kontaktaufnahme mit der Außenwelt), Mesoderm (die Ebene des Kontakts mit den anderen Organen des Leibes, die Verbindung mit dem zentralen Nervensystem und dem vegetativen Nervensystem) und Endoderm (die tiefe Verflechtung mit dem Gesamtkörper). Mit intuitiver Treffsicherheit hat Novalis gesagt: »Der Sitz der Seele ist da, wo sich Innenwelt und Außenwelt berühren.«

Zum Leben gehört beides: es muß sich abgrenzen können,

und es muß sich offenhalten, es muß seine Eigenständigkeit bewahren, darf sich aber nicht abkapseln. Unsere Haut ermöglicht uns diese Balance zwischen Distanzierung und Verbundenheit. *Goethe,* der ja ein sorgsamer Naturbetrachter war, hat die Besonderheit der Haut sehr genau gekennzeichnet: »Diese Hülle mag nun als Rinde, Haut oder Schale erscheinen: alles, was zum Leben hervortreten, alles, was lebendig wirken soll, muß eingehüllt sein. Und so gehört auch alles, was nach außen gekehrt ist, nach und nach frühzeitig dem Tode, der Verwesung an. Die Rinde der Bäume, die Häute der Insekten, die Haare und Federn der Tiere, selbst die Oberhaut des Menschen sind ewig sich absondernde, abgestoßene, dem Unleben hingegebene Hüllen, hinter denen immer neue Hüllen sich bilden, unter welchen sodann, oberflächlicher oder tiefer, das Leben sein schaffendes Gewebe hervorbringt.«[57]

Im konkreten Einzelfall wirkt die menschliche Haut sehr unterschiedlich, sie kann glatt und weich erscheinen, aber auch faltig und welk, gespannt und spannungsarm, streng und weich. Die Schicksale und Lebensläufe hinterlassen Spuren; von Ausgeglichenheit bis zur Unordnung, von Altersweisheit bis zur Resignation, von Quicklebendigkeit bis zur Abgespanntheit oder zur satten Selbstzufriedenheit kann die Haut ein sprechender Ausdruck sein, Freude und Leid, Lust und Schmerz haben sich eingraviert.

Die Haut ist auch das Medium seelischer Vorgänge. Es gibt empfindliche Menschen, die gefühlvoll reagieren, es gibt reizbare und übersensible, aber auch stumpfe, dickfellige, die sich kaum anrühren lassen. Wir können den »Mimosen« begegnen und den Lederhäutigen, die möglichst nichts durchlassen wollen, weder von außen noch von innen. Einer ist anschmiegsam und sucht die Wärme des anderen Menschen, ein anderer ist berührungsscheu und meidet jeden Hautkontakt. Die Haut bringt es an den Tag, ob einer vor Erregung erhitzt ist, ob heiße Liebe ihn erfaßt hat, ob er blaß wird vor Neid, grün vor Haß, rot vor Wut, bleich vor Schrecken. Ob nun Liebe oder Zorn sichtbar werden, Güte, Unsicherheit oder Ängstlichkeit, immer ist die Haut der Spiegel des inneren Lebens und Erlebens. Allerdings üben sich manche Menschen in einem Gleichmut, der die Gefühle möglichst verborgen hält. Man sagt, daß viele ostasiatische Völker in dieser Kunst sehr bewandert seien. So kann also die Haut auch zu einem Vorhang werden, der die inneren Vorgänge abschirmt und maskiert. Ob dieses Versteckspiel gelingt, ist eine andere Sache, immerhin gibt es auch Gerissenheit und raffinierte Schläue. Nietzsche glaubt, daß es die Eitelkeit sei, die den Menschen dazu treibe, eine andere Haut zu zeigen, als sie ihm eigentlich gemäß ist. »Wie die Knochen, Fleischstücke, Eingeweide und Blutgefäße mit einer Haut umschlossen sind, die den Anblick des Menschen erträglich macht, so werden die Regungen und Leidenschaften der Seele durch die Eitelkeit umhüllt: sie ist die Haut der Seele.«[58]

Aber halten wir uns doch eher an das, was die Haut zeigt, und nicht an das, was sie versteckt. Nach unserem Sprachgebrauch steht die Haut oft genug für den ganzen Menschen. Können wir einen Menschen gut leiden, dann nennen wir ihn »eine gute Haut«, und wir lieben ihn wohl auch »mit Haut und Haar«. Und wenn einer zu uns steht durch dick und dünn, dann ist er »eine treue Haut« oder »eine anständige Haut«. Wenn mir etwas »unter die Haut geht«, dann bleibt es nicht an der Oberfläche hängen, sondern bewegt mich in meinem Innern. Gerate ich in Gefahr, dann hoffe ich, »mit heiler Haut davonzukommen«, um – wenn ich auch sonst alles verlieren mag – wenigstens »meine Haut zu retten«. Der ist arm dran, der nur noch »seine Haut zu Markte tragen« kann oder immer wieder »seine Haut aufs Spiel setzt«. Hat einer sein Spiel verloren, dann wird ihm »die Haut über den Kopf gezogen«. Bedauern wir einen anderen Menschen, dann möchten wir »nicht in seiner Haut stecken«. Aber wir selbst möchten ja oft genug selbst »aus der Haut fahren«, um ein anderer zu werden und in eine andere Haut zu schlüpfen. Aber die Erfahrung lehrt, daß keiner »aus seiner Haut heraus kann«, es kommt also darauf an, sich mit seiner eigenen Haut anzufreunden. Vielleicht hilft es uns, manchmal »auf der faulen Haut« zu liegen, müßig zu gehen und mit uns selbst vorlieb zu nehmen.

Wir wissen heute, wie empfindlich unsere Haut ist: Sie kann allergisch reagieren, möchte zwar Sonne haben, aber nicht zuviel, soll abgehärtet werden, braucht aber Pflege, um ihre vielfältigen Aufgaben erfüllen zu können. Wie oft quälen uns Hautausschläge und Entzündungen, die Haut juckt und reagiert überempfindlich. Schnell kann aus unserer schönen und anziehenden Oberfläche ein krankes und abstoßendes Organ werden, das geradezu Ekel erregt.

Am wohligsten spüren wir unsere Haut, wenn sie von einem lieben Menschen zärtlich gestreichelt wird. Dann merken wir erst so richtig, daß die Haut nicht ein Körperteil neben anderen ist, sondern mit allen Teilen unseres Leibes in Verbindung steht. Im Grunde wird also nicht die Haut, sondern der ganze Mensch gestreichelt, die Haut ist das Einfallstor für die Zärtlichkeit, sie kann jede Nuance aufnehmen und weiterleiten. Vielleicht ist der Mangel an Zärtlichkeit schuld an vielen Erkrankungen der Haut. Wird sie vernachlässigt, dann kann die Haut nicht immun werden gegen die Krankheitskeime und die Belastung, die Schmerzen dringen tiefer ein und machen den Menschen verletzbarer.

Im Matthäusevangelium wird die Szene erzählt, daß ein Aussätziger, ein Kranker mit einer schrecklich verwundeten Haut, Jesus anruft:»Herr, wenn du willst, kannst du mich rein machen!« Und dann berichtet der Evangelist weiter, daß Jesus zu dem Kranken hinging, seine Hand ausstreckte und ihn anrührte, dann sagte er ihm:»Ich will es, werde rein!« (Mt 8,2f.). Mir scheint es bedeutsam, daß gerade hier nicht von einer »Fernheilung« berichtet wird, sondern daß die Geste der Zuwendung und Berührung eigens betont wird.

Die Knochen

In der Phase des embryonalen Wachstums hat das ungeborene Kind zunächst noch keine Knochen, sondern Knorpel, die aber allmählich zu Knochen »umgebaut« werden. Sie sind zusammengesetzt aus dem Kalk (Kalziumphosphat) und einer Klebesubstanz (Kollagen). In den längeren Röhrenknochen befindet sich das fettige Knochenmark. – Die komplizierte Architektur unseres Knochengerüstes mit seinen stützenden und tragenden Skulpturen ermöglicht uns das Stehen und die vielfältigen Bewegungen. Wir bekommen den nötigen Halt verliehen und erlangen Gelenkigkeit und Belastbarkeit.

Allerdings ist unser Knochengerüst ein »passiver Bewegungsapparat«. Mit den Knochen alleine könnten wir nichts anfangen, wenn nicht Muskeln und Sehnen dazukämen und

Nervenbahnen, die uns erst die Beweglichkeit vermitteln. Aber auch die Muskeln könnten ohne die stützenden Funktionen der Knochen nichts bewirken, weil unser Leib dann eine formlose Masse bliebe. Die Knochigkeit unseres Leibes führt dazu, daß wir eine größere Erdenschwere bekommen und die Massigkeit zunimmt, so ergibt sich dieses charakteristische Gebilde von Festigkeit und Eleganz, von Kraft und Anmut, von Aktivität und Beständigkeit. Alle unsere Weichteile sind am knöchernen Gerüst aufgehängt und werden von ihm getragen und gestützt. Die Muskeln und Sehnen und Bänder machen aus dem zunächst schwerfälligen Knochengerüst dieses bewegliche Gebilde und − bei entsprechendem Training − ein graziles Geschöpf. Dazu kommt, daß unsere Knochen zwar brechen können, daß sie aber eine verblüffende Fähigkeit zur Heilung besitzen. Der Bruchspalt wird durch das neuwachsende Knochengewebe zusammengefügt und überbrückt.

Die Knochen stehen für das Dauerhafte und Stabile unserer Leibesgestalt, für das sichere In-sich-stehen-Können, für die Belastbarkeit und die Widerstandskraft. Andererseits fällt uns bei den Knochen auch die Schwerfälligkeit und massige Trägheit ein. Wenn wir an einem Menschen seine Robustheit bewundern oder uns über seine unbewegliche Knorrigkeit ärgern, dann hängt das mit der Eigenart seiner Knochen zusammen. Umgekehrt konstatieren wir bei manchen Menschen eine mangelnde Festigkeit, als habe er kein stabiles Knochengerüst, er wirkt kraft- und saftlos, »hängt« eher herum anstatt zu stehen, es fehlt ihm offenbar der wirkliche Halt.

Die Knochen des jungen Menschen sind biegsam und elastisch, je älter ein Mensch wird, desto bruchgefährdeter werden sie. »Die alten Knochen wollen nicht mehr«, heißt es in unserer Sprache, auch wenn einer »seine Knochen zusammenreißt«, also um Haltung bemüht ist. Das »Mark in den Knochen« gilt als Inbegriff der inneren Kraft, wenn ihm allerdings »das Mark aus den Knochen gesaugt« wurde, hat er keine Erneuerungskraft. − Ein Schreck kann uns »in die Knochen fahren«, dann sind wir sogar dort getroffen, wo wir gewöhnlich am meisten Widerstand leisten können. Werden wir durch harte Aufgaben schwer belastet, dann müssen wir eine »Knochenarbeit« anpacken, das mag dazu führen, daß einem Menschen die Muskeln schwinden, so daß er »nur noch aus Haut und Knochen« besteht.

Weil unser Knochengerüst so stabil und dauerhaft ist, kann es auch für den »harten Kern« des Menschen stehen, der sich nicht dauernd wandelt, sondern auf lange Zeit durchgehalten wird. *Franz Kafka* mühte sich um eine Sprache, die nicht nur das Oberflächliche mitteilt, sondern auch zum Ausdruck der Tiefenschichten wird: »Ich suche immerzu etwas Nicht-Mit-

Auguste Rodin »Das eherne Zeitalter«

teilbares mitzuteilen, etwas Unerklärliches zu erklären, von etwas zu erzählen, was ich in den Knochen habe und was in diesen Knochen erlebt werden kann.« Hier werden die Knochen zum wahren Geheimnisträger des Menschen, wie in dem Grimmschen Märchen vom singenden Knochen (KHM 28), wo der zur Flöte gewordene Knochen eines ermordeten Menschen von alleine zu singen beginnt und das Verbrechen aufdeckt. Vielleicht hat auch *Goethe* etwas von dieser Bedeutung der Knochen geahnt, als er am 14. November 1781 in einem Brief an Lavater schrieb:»Ich behandle die Knochen als einen Text, woran sich alles Leben und alles Menschliche anhängen läßt.«

Im Volksglauben hat sich die Vorstellung gehalten, daß die Knochen der Sitz der Kraft (oder sogar der Sitz der Seele) seien. Man sammelte die Knochen der Verstorbenen sorgsam und vergrub sie, weil man annahm, daß nur dann eine Verwandlung oder Auferstehung der Toten möglich sei, wenn kein Knochen verlorenginge.

In der germanischen Mythologie wird berichtet, daß der Gott Thor von zwei Böcken begleitet war, die an jedem Abend geschlachtet, gesotten und verspeist wurden. Die Knochen aber mußten sorgsam verwahrt werden, denn am nächsten Morgen machte Thor sie wieder zu lebenden Böcken und nahm sie erneut mit.

In dem Märchen »Von dem Machandelboom« (KHM 47) wird erzählt, daß Marleenken die Knochen seines toten Brüderchens sammelt, in ein seiden Tuch bindet und unter den Machandelbaum legt. Da erhebt sich ein Nebel und ein brennendes Feuer, und aus dem Feuer fliegt ein schöner Vogel heraus, der schließlich wieder seine Ursprungsgestalt zurückbekommt.

Wenigstens hingewiesen werden soll noch auf den Brauch in der katholischen Kirche, die Reliquien der Heiligen (vor allem die Knochen) sorgsam zu verwahren und feierlich beizusetzen. Diese Reliquien werden verehrt, weil man in ihnen die besonderen Gefäße der göttlichen Gnade sieht. In der griechisch- und russisch-orthodoxen Kirche war es sogar üblich, in die Farben, mit denen die Ikonen gemalt wurden, Partikel von Reliquien zu mischen, damit in den Bildern die Heiligen mit Elementen ihrer Leiblichkeit anwesend seien.

Muskeln und Sehnen

Mit unseren Muskeln haben wir einen aktiven Bewegungsapparat bekommen, der zum Teil ohne Einfluß unseres Wil-
lens arbeitet, zum Teil vom Willen gesteuert wird. Durch einen bestimmten Reiz wird der Muskel zusammengezogen und
setzt etwas in Bewegung: er kann ziehen, nicht schieben. Weil
es aber gewöhnlich Muskelpaare gibt, kann der eine Muskel
die eine Bewegungsrichtung beeinflussen, der Gegenspieler
beherrscht die Gegenrichtung. Bewegung steht also in Spannung zur Gegenbewegung, und die eine Kraft wird durch den
Widerstand der anderen kontrolliert.

Bei unseren Bewegungen ist es selten ein einzelner Muskel,
der daran beteiligt ist, meist ist es eine ganze Muskelgruppe,
die einen »Verbund« bildet und in ihrem Zusammenspiel Erstaunliches leistet. Eine Bewegungseinheit ist ein komplexer
Vorgang, der oft den ganzen Körper einbezieht. Wohl gibt es
Vorgänge, die nur einen Teilbereich des Körpers betreffen,
aber in vielen Fällen ist eine Kettenreaktion zu beobachten,
die den ganzen Leib durchzieht. Wenn man einen Sprinter beobachtet oder einen Schwimmer, dann kann man dieses Inein-
andergreifen der Muskeln erkennen. Aber auch ein Geiger
oder Klavierspieler wird nicht allein mit seinen Fingern spielen, sondern wird den ganzen Körper einsetzen. Ist ein Muskel
bei seinen Bewegungen müde geworden, dann kann auch ein
ausgeruhterer einspringen und die Bewegung fortführen.

Das Zusammenwirken von Muskeln und Sehnen hat nicht
nur bei den elementaren leiblichen Vollzügen des Gehens, des
Atmens, des Nahrungsaufnehmens und -verdauens usw. seine
Bedeutung, sondern auch im pantomimischen Ausdruck und
im Mienenspiel. Die verschiedenen Körperteile haben ihre je
eigene »Sprachform«, wobei verschiedene Menschen auch ihre jeweils bevorzugten Körperzonen wählen. Der eine drückt
sich mehr durch sein Auge und seine Gesichtspartie aus, der
andere vermittelt charakteristische Impulse durch seine
Mundpartie oder durch das Spiel seiner Hände. So wird auch
eine individuell geprägte Muskulatur ausgebildet. Auf jeden
Fall lösen auch Freude und Leid, Jubel und Trauer, Widerstand und Ergebung je eigentümliche Muskelbewegungen aus.

Unser Knochengerüst ist von uns kaum beeinflußbar, die

Muskulatur dagegen kann durch Übung und Training besser beherrscht werden und an Effizienz gewinnen. Wer Muskeln und Sehnen vernachlässigt, läßt seine Möglichkeiten brach liegen und verliert seine Beweglichkeit. Der Mensch ist ein Handelnder, der selbst aktiv werden muß, sich zusammennimmt, sich kontrolliert und seine Möglichkeiten einübt. Sehnige Menschen haben straffe Sehnen und weniger ausgeprägte Muskeln, andere haben fleischigere Muskeln, oder die Fettpolster lassen die Muskeln kaum hervortreten. Eine zügige Muskulatur und ausdauernde Sehnenstränge lassen einen Menschen erkennen, der eine gestraffte Haltung hat, der zäh und ausdauernd ist und von seinem Körper einiges verlangen kann. Schwache Sehnen und Bänder deuten auf Haltungsschwäche und lassen schnelle Ermüdung erwarten.

Aber die Muskeln und Sehnen verraten nicht nur körperliches Training, sondern immer auch geistige Einstellungen und seelische Grundhaltungen. Keleman berichtet von einem Klienten,»der sich Zeitverschwendung nicht gestatten konnte. Sein Körper wirkte äußerst beengt; seine Wirbelsäule war stocksteif; er hatte einen ebenso steifen, dicken Hals, einen angespannten, grimmigen Gesichtsausdruck und eine völlig verkrampfte Muskulatur«[59]. In seinem Leib kam zum Vorschein, daß er sich permanent unter Druck setzte, sich nie Zeit ließ, nie bei einer Tätigkeit geruhsam verharren konnte. Erst als er lernte, seine eigene Verkrampftheit zu spüren, konnte er auch seine verdrängten Ängste wahrnehmen. Nun konnten sich die Zwänge lösen und die verkrampften Muskeln lockern: er konnte angstfrei *in* seiner Zeit sein.

Beobachten wir eine Gruppe von Menschen, dann können wir schnell ganz unterschiedliche Körperhaltungen unterscheiden: Da gibt es den beherrschten Typ, dessen Bewegungen gezügelt und gehalten sind, den undifferenzierten Typ, der grob und mit derben Bewegungen daherkommt, unbeherrscht und schlacksig oder launig und sprunghaft. Es gibt aber auch die natürliche Anmut mit einer ungekünstelten Eleganz und die einstudierte Pose mit bewußter Selbstkontrolle. Die Muskelbewegungen können sich organisch in das Ganze einer Person einfügen oder sich selbständig machen und unharmonisch wirken. Wer ungehemmt und unbeherrscht ist, möchte seinen Bewegungsimpulsen sofort folgen und wird deshalb auch Wut

und Ärger, Zorn und sonstige Emotionen unmittelbar aus-
agieren. Ein anderer beherrscht seine Affekte, gerät dafür
aber in die Gefahr, sich so zu hemmen, daß er die Gabe spon-
taner Äußerung einbüßt. Das kann so weit gehen, daß sich die
unterdrückten Gefühle stauen und zu einer Verspannung und
Verkrampfung der Muskulatur führen. Letztlich machen sich
angestaute Kräfte auf irgendeine Weise Luft, und wenn kein
äußeres Objekt angegriffen werden kann, dann wird die eigene Person zum Opfer der Aggression.

Muskeln müssen tätig sein, sie wollen angestrengt werden
und ihre Kräfte erproben. Mit der Ermüdung verbunden ist
aber meist auch ein leiblich-seelisches Wohlbehagen. An die
Grenze seiner Leistungsfähigkeit zu gelangen und mit einem
gewissen Staunen die eigene Belastbarkeit zu konstatieren, ist
eine lustvolle Erfahrung. Eine lange Bergtour oder eine stun-
denlange Wanderung im strömenden Regen läßt die eigene
Körperlichkeit ganz neu erleben.

Starke Muskeln sind der Ausdruck großer Kraft. Der Mus-
kelprotz macht schon deshalb auf sich aufmerksam, weil er seine Muskeln »spielen« läßt. Das Body-Building konnte sich
wohl deshalb so stark verbreiten, weil es mit der extensiven
Entfaltung des Muskelapparats eine geradezu angsterregende
Massierung der Körpergestalt hervorbringt. Vermutlich erhofft man sich dabei mehr »Gewicht« und Einfluß: Die Blicke
werden magisch angezogen, und dem Kraftbolzen wird Respekt gezollt. Umgekehrt ist der Mensch mit den schlaffen
Muskeln leicht das Objekt der Verachtung, oder er wird zur
Zielscheibe ironischer Bemerkungen.

Die Nerven

Unser Körper ist insgesamt schon ein hochkomplizierter Organismus, aber das Nervensystem übertrifft das sonstige Zusammenspiel der verschiedenen Systeme noch beträchtlich.
Zunächst hört sich das alles ganz einfach an: Nervenzellen
durchziehen den ganzen Körper, sie bilden ein differenziertes
»Leitungssystem«, das Reize wie Informationen weiterreicht.
Eine einzelne Nervenzelle ist ein kugeliges Gebilde mit Satelli-
ten; diese Sensoren können Nachrichten aufnehmen und wei-

terleiten. Die »Kabel« dieses Systems bestehen aus Neuriten, das sind Faserbündel, die den Körper durchziehen und jeweils an einem Muskel enden, wo sie ihre Impulse wie winzige Stromstöße weitergeben. Diese Impulse werden aber nun durch Drüsen ausgelöst, die einen chemischen Stoff absondern (Acetylcholin).

Die Hauptlinie der Nervenbahnen verläuft über das Rükkenmark, um sich in alle Körperteile zu verzweigen. Da wir die Nerven nicht von unserem Willen und dem Intellekt beeinflussen können, spricht man vom vegetativen Nervensystem, das sein Zentrum im Hirnstamm hat und ein autonomes System darstellt. Noch komplizierter wird es, weil sich dieses vegetative Nervensystem in zwei Teilsysteme gliedert, den Sympathikus und den Parasympathikus. Während der sympathische Reiz anregend ist, also zur Tätigkeit und zum Wirken treibt, ist der parasympathische Reiz eher hemmend, die Tätigkeit wird gebremst und angehalten. Die beiden Nervensysteme halten sich im Gleichgewicht, beide sind sie nötig, damit nicht entweder die Tätigkeit oder die Ruhe zu dominant wird.

Nun kann man beobachten, daß manche Menschen zur Aufregung und zur Überaktivität neigen, es sind die Sympathikotoniker. Andere haben eine ruhigere Art, bleiben gelassen, neigen aber vielleicht zur Depression, es sind die Vagotoniker (der Vagus ist ein »vagabundierender« Nerv des parasympathischen Systems). Beide Systeme sind aber in jedem Menschen vorhanden und bewirken das Spannungsfeld in unserem Leben, ohne das wir gar nicht existieren könnten.

In den Nervenzellen befinden sich kleine Körnchen, Eiweißstoffe und Nukleinsäuren, die für die Funktionstüchtigkeit der Nerven notwendig sind, es ist die »Nervennahrung«. Wenn wir erschöpft sind und übermüdet, reizbar und unausgeglichen, dann liegt das an einem Mangel an dieser Substanz (»Nißlsche Schollen« wird sie genannt). Schon ausreichender Schlaf kann dazu beitragen, dieses Defizit auszugleichen und die Nerven wieder zu stärken. Das russische Märchen kennt den Spruch: »Der Morgen ist klüger als der Abend«; dahinter mag die Erfahrung der größeren Ausgeglichenheit und klugen Nüchternheit nach einer gut durchgeschlafenen Nacht stehen.

In unserer Alltagssprache beziehen wir uns häufig auf unsere Nerven. Da geht uns ein unsympathischer Mensch durch sein Geschwätz »auf die Nerven«, wir werden beim Warten »nervös« oder haben den Eindruck, daß jemand mit seinem Wort »genau den Nerv getroffen« hat. Gehen wir mit anderen Menschen um, dann teilen wir sie vielleicht in solche ein, die feinnervig sind, die so sensibel sind, daß wir sie als »übernervös« einstufen, während wir von anderen den Eindruck haben, die hätten »Nerven wie Drahtseile«. Lust und Unlust, starke Erregung oder Gemütsruhe, Angstgefühle und die Neigung, sich durch Aggressionen Luft zu machen, hängen stark mit der Reizung der Nerven zusammen. Es gibt allergische Reaktionen, die der Situation nicht immer angepaßt sind; manche Menschen kommen uns vor wie »Nervenbündel«, sie neigen dazu, übertrieben zu reagieren. Aber es gibt schließlich auch andere, die so »die Ruhe weg« haben, daß sie manchmal einen kräftigen Adrenalinstoß nötig hätten. Adrenalin ist ein Hormon, das die Nebennieren produzieren, es reguliert Herztätigkeit und Blutdruck und sorgt dafür, daß der Sympathikus angeregt wird.

Ob wir nun ein »gesundes Nervenkostüm« haben oder ob der Sympathikus leicht erregbar ist, zu unserem Tonus (der Grundspannung unseres Leibes) gehört das permanente Zusammenspiel der beiden Systeme, die es uns ermöglichen, sowohl aufnahmefähig als auch reaktionsschnell zu sein.

Leben heißt In-Spannung-Sein

Leben ist Wandlung: man ist in jedem Augenblick
etwas anderes, als man jetzt war,
ist also niemals endgültig man selbst.

Ortega y Gasset

Leben heißt sich wandeln;
und vollkommen sein heißt
sich oft gewandelt haben.

John Henry Newman

Paarigkeit und Polarität

In unserem Leib spielt die Dopplung, die Paarigkeit von Organen und Körperteilen, eine erstaunliche Rolle. Wir haben zwei Beine und Füße, zwei Arme und Hände, zwei Augen und zwei Ohren, zwei Nasenflügel und Nasenlöcher, zwei Schultern und zwei Gesäßbacken, zwei Lungenflügel und zwei Nieren. Diese Verdopplung ist nicht ein luxurierendes Übermaß der Natur, sondern eine sehr sinnvolle Veranlagung, weil die beiden Teilorgane sich ergänzen und hilfreich beistehen, eigentlich bilden sie erst im Miteinander und Zusammen das Ganze. Das Zusammenwirken der beiden Beine ermöglicht uns die Gehbewegung, unsere Hände arbeiten mit einer solchen »Behendigkeit« und Genauigkeit zusammen, daß sie in diesem Miteinander unsere »Handlungsfähigkeit« ausmachen. Die beiden Ohren vermitteln uns ein räumliches Klangbild, und die beiden Augen befähigen uns zur räumlichen Wahrnehmung. »So ist der Mensch glücklich zu preisen, welcher ein Auge hat, denn was ist der Mensch, wenn er kein Auge hätte! Aber schöner und besser als ein Auge sind zwei, und zwei hat Gott dem Menschen gegeben, und halbblind ist und bleibt der immer, der nur eines hat«, so sagt es Jeremias Gotthelf.

Es ist also anzunehmen, daß die Zweiheit vieler Organe nicht einfach eine Verdopplung beinhaltet, sondern auch eine Aufgabenverteilung. Besonders anschaulich wird das durch die Erkenntnisse der modernen Hirnforschung. Die linke Gehirnhälfte ermöglicht uns vor allem die sprachliche Kommunikation, während uns die rechte Hemisphäre die räumliche Wahrnehmung und die konkreten Handlungsprozesse möglich macht. Weil es aber zwischen den beiden Hälften einen Nervenfaserstrang gibt, den »Balken«, stehen beide Hemisphären in einem ununterbrochenen Austausch, in einer fruchtbaren Wechselbeziehung. Zwar hat jede Gehirnhälfte eine Vielzahl von Aufgaben und Möglichkeiten, aber eine Spezifizierung ist doch feststellbar. Die Arm- und Beinbewegung wird offensichtlich von beiden Hirnhälften gesteuert, aber die Fingerbeweglichkeit wird von der Hemisphäre gelenkt, die der entsprechenden Hand gegenüberliegt, die linke Hirnhälfte dirigiert die Finger der rechten Hand.

Unser Schönheitsempfinden ist von einem Gefühl der Sym-

metrie bestimmt – und symmetrisch ist auch unser Körper gebaut. Es ist aber keine mechanische Symmetrie, die spiegel-
bildlich identische Hälften ergäbe, vielmehr gibt es Nuancen
in jeder Hälfte, jeder Teil hat eine individuelle Besonderheit.
Wenn man z. B. die linke Gesichtshälfte eines Menschen
durch Spiegelung ergänzt, kommt ein »anderes Gesicht« heraus als bei der gleichen Prozedur mit der rechten Gesichtshälfte. Wo Leben ist, herrscht auch eine gewisse Asymmetrie, weil
das Dasein von einer spannungsgeladenen Polarität lebt. Die
rechte und die linke Seite sind zwar in ihrem Wert gleichran-
gig, aber sie drücken andere Bereiche aus.

Unsere Sprache kennt allerdings eine Bevorzugung der
»Rechten«: rechts ist richtig, Fehler müssen »«berichtigt« werden. Was links ist, ist verkehrt, ist von der »rechten Meinung«
abgeirrt. Wer »linkisch« ist, wirkt unbeholfen und täppisch.
Manches muß »links liegen gelassen« werden. »Sinister« heißt
nicht nur links, sondern auch ungeschickt. – Auch in der Reli-
gionsgeschichte wirkt sich die »Rollenverteilung« von rechts
und links aus: Beim Orakel weisen die von rechts kommenden
Vögel auf Hoffnungsvolles hin, die von links kommenden auf
herannahendes Unheil. Die rechte Seite hat man dem Licht
zugedacht, die linke der Finsternis.

Aber es gibt auch eine andere Betrachtungsweise: Auf der
linken Körperseite liegt das Herz, mit dem Herzen verbindet
sich der Gefühlsbereich, die Emotionalität. So läßt sich die
Linke mit den (mehr unbewußten) Kräften des Gemüts verbinden, die Rechte mit den Kräften des Intellekts und des Wil-
lens. Der antike und der mittelalterliche Kämpfer hatte das
Schwert in der rechten Hand, mit der linken hielt er den
Schild, mit dem er sich schützte und den Angriff abwehrte. –
Wenn man die rechte Seite dem Mann zuwies, die linke der
Frau, dann stand die Vorstellung dahinter, daß vom Mann eher
die aktive Tätigkeit erwartet wurde, das willensstarke Wirken,
von der Frau mehr die bewahrende und schützende Tätigkeit.
Wir werden uns heute mit einer so pauschalen Rollenverteilung
nicht mehr abfinden, sondern darauf hinweisen, daß auch der
Mann eine linke Seite hat und die Frau eine rechte.

In der christlichen Ikonographie kann man übrigens die beiden Seiten und ihre symbolische Wertigkeit an den Bildern der
Verkündigung an Maria beobachten. In den allermeisten Dar-

stellungen dieses Motivs kommt der Engel von links, während Maria auf der rechten Bildseite steht, sitzt oder kniet. Hier ist die Linke offensichtlich der Bereich des Geheimnisses, der Vorbehaltenheit Gottes. Aus dieser uns nicht zugänglichen Sphäre kommt der göttliche Bote mit seiner Nachricht vom anbrechenden Heil. In unserer Psyche entspricht diesem Bereich das Unbewußte, während die Rechte dem Bewußten entspricht.

Auch die Situierung unserer inneren Organe mag von daher gesehen eine Bedeutung haben. *Victor Poucel* vermutet: »Die Leber, ganz und gar ein Organ der Rechten, ist ein kräftiges Organ. Die große, geschwungene Linie des Magens, der der Linken zugeordnet ist, zeigt das Interesse, das diese dem Nahrungsaustausch entgegenbringt. Auf ihre Seite weist auch die Spitze des Herzens. Genußsüchtig und gefühlvoll, ist die Linke anscheinend besonders rezeptiv.«[60]

Die Zweiseitigkeit gehört zu unserem Wesen, sie mag manchmal auch als Zwiespältigkeit erlebt werden, weil sich die Pole nicht leicht in ihrem Spannungsfeld verständigen können. Es ist gar nicht so einfach, die Pole unseres Daseins in ein ausgependeltes Gleichgewicht zu bringen, damit keine Seite vernachlässigt wird und wir in Dissymmetrie geraten. Der Triebbereich und der Geistbereich, Instinkt und Wille, Rationalität und Gefühl, das Bewußtsein und das Unbewußte, Aktivität und Rezeptivität, sie lassen sich nicht so einfach ausbalancieren. Spannungseinheiten bedürfen einer Mitte. Über die Mitte »als Herzpunkt des Lebens« hat Romano Guardini immer wieder nachgedacht, sie ist der Beziehungspunkt der lebendigen Gestalt, von dort geht die Bewegung aus, dorthin schwingt sie zurück. Durch die Berufung auf eine Mitte bekommt das Leben seine Verläßlichkeit und wird zur geordneten Ganzheit. Aber die Mitte ist nichts Starres, sondern »etwas Schwebendes«, sie ist geheimnisvoll und entzieht sich der Definition. Nur in den ausgependelten Gegensätzen kann sich diese Mitte fruchtbar erweisen.

Vieles spricht dafür, daß unsere rechte Körperhälfte und vor allem der rechte Arm und die rechte Hand bei sehr vielen Menschen die aggressivere Seite sind, wo das Durchsetzungsvermögen herrscht und der Behauptungswille. Die linke Seite mit der linken Hand ist eher Ausdruck des Empfangens, des

Fühlens. Die robuste Rechte muß die zartere und zerbrechlichere Linke beschützen. Es scheint schwer zu sein, ein ausgewogenes Verhältnis zwischen den beiden Seiten herzustellen, oft will eine Hälfte sich stärker durchsetzen, was dazu führen kann, daß der ganze Körper eine Schwerpunktverschiebung erfährt und eine falsche Körperhaltung zu chronischen Muskelverspannungen tendiert.

So halten uns die entgegengesetzten Pole in Spannung, und die Paarigkeit unserer Organe und unserer Körperhälften macht uns darauf aufmerksam, daß wir immerzu um das homöostatische Gleichgewicht bemüht sein müssen.

Spannung und Entspannung

Wo Leben ist, da herrscht auch eine Spannung. Das Lebendige muß sich behaupten, muß sich verändern können, sonst erstarrt alles und wird vom Tod überfallen. Wer flexibel ist, kann auf sich ändernde Situationen angemessen reagieren; Beweglichkeit ist ein Zeichen des Lebens, während Verhärtung und Erstarrung Anzeichen des Todes sind. Das hat schon Lao-tse in seinem Tao-te-king ausgesprochen:

»Wenn der Mensch geboren wird, ist er weich und schwach.
Wenn er stirbt, ist er fest und stark.
Wahrhaftig: Das Feste, Starke ist des Todes Begleiter,
Das Weiche, Schwache des Lebens Begleiter.«[61]

Die körperliche Spannung, die wir dauernd spüren, wird »Tonus« genannt. Im Wachzustand und bei körperlicher wie geistiger Arbeit ist die Spannung ausgeprägter, im Schlaf läßt die Spannung nach (ebenso bei einer Ohnmacht), aber ganz endet sie erst mit dem Tod.

»Es kommt auf einen ausgewogenen Wechsel zwischen Spannung und Entspannung an, vergleichbar dem natürlichen Wechsel zwischen Tag und Nacht. Unser Leben wäre irreal, wenn wir in permanenter Entspannung lebten – außerdem ist Aufregung etwas durchaus Positives, Angenehmes«, sagt Gerda Boyesen[62]. Der aufsteigenden Energiebewegung entspricht eine absteigende, harmonisierende. Durch die Selbstregulierung der Kräfte kann eine Harmonie im Körper erreicht werden.

Überforderung, Überanstrengung, aber auch Enttäuschung und Entmutigung können zu einem herabgesetzten Tonus führen. Dann sinkt die Lust, eine Arbeit anzupacken, jede Anstrengung wird als mühsam und ärgerlich empfunden. Hier läßt sich mit besonderer Deutlichkeit die Wechselwirkung von seelischer Verfassung und körperlicher Spannkraft beobachten. Geht uns die seelische Lockerheit verloren, ist uns die innere Beweglichkeit abhanden gekommen, dann wirkt sich das schnell auf den Tonus aus, wir fühlen uns abgespannt, träge, übermüdet, erschöpft. Die innere Sperre führt zur Spannungslosigkeit. Sind wir aber bereit, uns wirklich zu engagieren, dann kann das schnell den Tonus straffen und für das Tun locker und gelöst machen, so daß wir nicht nur die Arbeit ausführen können, sondern unsere Frische lange erhalten bleibt. Die Einstellung bestimmt sehr weitgehend unsere natürliche Beweglichkeit und macht uns auch sehr unterschiedlich belastbar. Die Spannung mobilisiert unsere Spann-Kraft, wobei die Energien von Seele und Leib auf die Realisierung von Aufgaben und das Erreichen von Zielen gerichtet sind. Bei einem Spannungsabfall erschlaffen die Muskeln, die Motorik wird gelähmt. Wenn die Anspannung vergeblich war und wir ein Gefühl der Enttäuschung nicht unterdrücken können, kann die Spannkraft sehr plötzlich zusammenfallen: die Energien werden demobilisiert.

Ganz anders geht die Lösung einer Spannung nach einer gelungenen Anstrengung vor sich: Erleichtert seufzen wir auf, als hätten wir eine Last abgeworfen, die Muskeln lösen sich, die Müdigkeit macht sich wohlig bemerkbar[63]. Wir können die Phase der Aktivität und Konzentration beenden und eine Phase der Passivität genießen. Jetzt können auch wieder andere Reize aufgenommen und beachtet werden, die bisher nicht beachtet werden konnten oder durften, z. B. hören wir mit anderen Ohren Musik.

Hat allerdings eine Daueranstrengung zu einem permanenten Streß geführt, dann ist ein Druck zustande gekommen, der nicht mehr so leicht durch Entspannung aufgefangen werden

Farbtafel III: Gustav Klimt »Adam und Eva«, 1917–18

kann. Die Muskeln versteifen sich, und der Wechsel von Spannung und Lösung funktioniert nicht mehr, die zentrierte Spannung kann nicht mehr aufgehoben werden, so daß es zu einer schmerzhaften Erstarrung kommt. Die Dystonie (gestörte Spannung) und die Hypertonie (übersteigerte Spannung) können zu den charakteristischen »Verspannungen« führen, unter denen heute viele Menschen leiden.

Lebt ein Mensch von einer starken inneren Mitte her, dann kann er diese permanente Spannung zu einem Ausgleich führen, er findet seine Harmonie im Konzert der verschiedenen Klänge, auch divergierende Kräfte können in eine Balance gebracht werden. Fehlt uns die Kraft oder der Mut zum balancierten Gleichgewicht, dann merken wir schnell die Folgen in unserer schwindenden Energie. Der Kopf wird hängengelassen, die Glieder werden schwer, die Augenlider fallen zu, der Unterkiefer klappt herunter, der Gang wird schleppend, die Schwerkraft scheint den ganzen Körper nach unten zu ziehen. Erholen wir uns dann wieder, dann fällt es uns nicht schwer, der Erdanziehung ein Gegengewicht entgegenzusetzen. Der Körper bekommt wieder einen Halt, die Spannkraft stellt sich wieder ein, ohne daß sie krampfhaft bemüht werden müßte. Wo Dystonie war, kann Eu-tonie (Wohlspannung, rechte Spannung) werden. Wir können Menschen beobachten, die gleichsam »am Boden kleben«, sich also nicht wirklich erheben können, sondern schwerfällig nach unten hängen. – Andererseits begegnen uns Menschen, die ihre Verbindung zur Erde eingebüßt zu haben scheinen und nur noch »schweben« wollen. – Wir sind aber schwer und leicht, erdverhaftet und aufgerichtet. Der Mensch »kann nicht fliegen noch muß er kriechen, er ist weder Vogel noch Wurm, sondern er bewegt sich als Mensch aufrecht, d. h. zum Himmel erhoben auf der Erde«, sagt Graf Dürckheim[64].

Gerda Alexander rät dazu, sich um ein »Körperraumbewußtsein« zu bemühen, um herauszufinden, wo sich chronisch gewordene Spannungsfixierungen befinden, und um zu einer Tonusregulierung zu kommen. »Die Beeinflussung des Tonus geschieht anfangs durch die Hinwendung der Aufmerksamkeit auf bestimmte Körperteile und -schichten, auf das Körpervolumen, das umgebende Hautorgan, auf den Körperinnenraum mit Organen und Knochenbau.«[65]

Der gesunde Mensch freut sich über die Spannung in seinem Körper, er wird auch immer wieder zu der nötigen Entspannung kommen, vor allem aber gelingt es ihm, die rechte Spannung zu halten, ohne spannungslos oder über-spannt zu werden.

Die Waagrechte und die Senkrechte

In Spannungen leben wir, aus Gegensätzen gewinnen wir unsere Kraft. Wenn wir unseren Leib ausstrecken und uns hinlegen, sind wir ganz der Horizontalen ergeben, stehen wir auf, dann bekommt die Vertikale ihr Gewicht. Der Wechsel bestimmt unser Dasein, die Gegensätze ergänzen sich nicht nur, sondern halten uns im Lot, in einem spannungsreichen Gleichgewicht. Sind wir »im Stand« und schauen nach oben, dann merken wir die Kraft der Senkrechten, geben wir der Anziehungskraft der Erde nach und begeben wir uns in die Waagrechte, dann kann alles dahinfließen, und wir brauchen nicht mehr auf Haltung und feste Form zu achten.

Aber auch in einer aufrechten Haltung haben die Horizontale und die Vertikale ihre eigene Bedeutung. Wir schauen uns um und gehen den Horizont mit den Augen ab: Alles, was sich auf dieser Erde befindet, ist von der Erde hervorgebracht und vom Mutterboden abhängig. Die Gräser und Blumen, die Büsche und Bäume erheben sich zwar in die Höhe, aber die Erde hat sie möglich gemacht, die Sonne hat sie hervorgelockt. Alles braucht einen tragenden Grund, zu dem es auch wieder zurückkehrt, aber es muß sich aus der Gleichförmigkeit des Einerlei erheben können. Wir freuen uns, wenn eine Landschaft bewegt ist, wenn sich Hügel und Bergketten erheben und unsere Umgebung in eine dynamische Bewegung gerät. Die weite Ebene ohne gliedernde Struktur mag uns eine Weile faszinieren, sie erscheint aber bald monoton und beginnt uns zu langweilen. Wir wollen rundum in die Weite *und* nach oben schauen.

Die beiden Dimensionen können nicht voneinander isoliert werden. Der Blick auf die Erde wird »durchkreuzt«, wenn wir zum Himmel schauen; nicht nur die Betrachtung des sinnenhaft Wahrzunehmenden ist für uns wichtig, sondern auch der Blick nach oben und nach innen. Wer aber zuviel nach oben schaut, muß seine Einseitigkeit ebenfalls durchkreuzen lassen.

»Schaust du zu den Sternen,
gib acht auf die Straße«,

heißt es in dem ernüchternden Wort von *Wilhelm Raabe.* — So gibt es ein Nebeneinander der vielen Dinge, wobei die Gleichheit und Ebenbürtigkeit betont wird. Aber es gibt auch die Hierarchie der Werte als Ordnungsbereiche des Geistes, die ihre eigenen Kategorien haben. »Damit sich aber das der Vertikalen entsprechende Schöpferische infolge seines in die Zukunft weisenden Elans zum Wohle des Ganzen auswirke, ist es notwendig, daß die Dynamik der Senkrechten durch die Gegenwirkung der Horizontalen gebremst und eingeschränkt werde. Dies geschieht, indem die Senkrechte von der Waagrechten durchkreuzt wird. Erst durch dies Zusammenwirken beider Linien und deren Intentionen werden die schöpferischen Entwürfe des Geistes irdisch gestalthaft« (*Alfons Rosenberg*[66]).

Jeden Tag können wir das fruchtbare Spannungsfeld der Horizontalen und der Vertikalen in unserem Leib erfahren: Beides gehört zu unserer Existenz, beides soll mit seinen Möglichkeiten realisiert werden, beides hat seine relative Bedeutung. Das eine Mal sind wir glücklich, wenn sich der Himmel öffnet und uns eine Ahnung von der Jakobsleiter aufgeht, ein anderes Mal dürfen wir dankbar erkennen, daß uns die Erde wieder hat und der mütterliche Boden uns auffängt.

Der Kreuzungspunkt zwischen der Vertikalen und der Horizontalen in unserem Leib ist auch ein Ruhepunkt, wo die Extreme sich ausgleichen und ins Gleichgewicht kommen. Wer in sich ruhen kann, der kann die Impulse aus allen Richtungen aufnehmen und selbst wieder in alle Dimensionen hineinwirken, ohne sich dabei zu verlieren. Diese Erfahrung läßt sich nicht rational gewinnen, man muß sie auf meditative Weise in sich einlassen. Es ist gut, der Waagrechten und der Senkrechten in der eigenen Leiblichkeit nachzusinnen, noch wichtiger ist es, den Kreuzungspunkten nachzuspüren, weil es die Begegnungsorte sind, wo die ausgegebenen Kräfte wieder zusammenkommen können. Die Weite der seitlichen Erstreckung und die Dimension des Oben und Unten sind in uns angelegt, aber sie zerreißen uns nicht, sondern fügen sich zu einem organischen Ganzen zusammen, wenn wir die Kreuzmitte nicht verlieren, sondern durchleben. Spannungen müssen sein, Gegensätze beleben unser Dasein, damit aber auch Friede möglich wird, ist es nötig, den Kraftpunkt der dynamischen Mitte zu finden.

Die Brust – wo das Herz wohnt

Es ist allen bekannt, daß das menschliche Herz,
gleich wie die Unruh in einem Uhrwerk,
allezeit sich bewegt und schlägt Tag und Nacht ohne
Unterlaß,
denn man esse, trinke, schlafe oder wache,
oder man tue sonsten, was man wölle,
so höret es doch nie auf zu schlagen, so lang der Mensch
Leben hat.
Solches kann man fühlen an den Pulsadern
an beiden Armen;
denn gleich wie das Herz schlägt, also schlagen auch alle
Pulsadern im ganzen Leib.

Friedrich von Spee im »Gülden Tugend-Buch«
aus dem Jahre 1630

Die Brust

Der menschliche Oberkörper wird auf seiner Vorderseite durch die Brust bestimmt. Zwölf Brustwirbel tragen jeweils zwei Rippen, die den Brustkorb bilden, einen gelenkigen Käfig (oder einen Panzer), in dem Herz und Lungen ihren geschützten Platz haben. Dadurch, daß Brustbein und Rippen teilweise knorpelig sind, ist der Brustkorb beweglich und ermöglicht die für die Atmung notwendige Erweiterung und Verengung.

Die Brust der Frau hat im Unterhautgewebe mehr Fett gelagert, so daß die Rundungen stärker betont werden. Ist eine Frau Mutter geworden, dann entwickeln sich die Milchdrüsen, und die Brustwarzen vergrößern sich. – Die Brust des Mannes ist knochiger und eher durch Muskeln und Sehnen bestimmt.

Da in der Brust das Herz »wohnt«, kann von der Brust als dem Herzbereich gesprochen werden. Wenn man jemanden »an die Brust drückt«, dann will man ihm seine herzliche Verbundenheit zeigen. Die Brust wird als Sitz des Lebens verstanden, weil der Atem als Ausdruck der seelischen Belebtheit empfunden wird. Wir haben Sehnsucht nach einer »weiten Brust«, damit der Atem eingelassen werden kann und mit dem Atem der Geist. Die Erweiterung der Brust führt auch zu einem Gefühl der Kraft, die Unternehmungslust wird angeregt, während bei einer Einengung der Brust das Selbstbewußtsein verlorengeht, ein Gefühl der Kraftlosigkeit sich breitmacht und Angst – ein erschreckendes Engegefühl – entsteht. Das Engegefühl der Brust kann auch damit zusammenhängen, daß man sich einer Schuld bewußt ist. Reue und Trauer werden durch ein Schlagen an die Brust ausgedrückt. Man »zerreißt« gewissermaßen seine Brust, um Vergebung und Wiedergutmachung zu erreichen. Wer »schwach auf der Brust« ist, kann sich nicht viel zutrauen, wer dagegen »im Brustton der Überzeugung« sprechen kann, bezeugt damit seine Vitalität. Es kann allerdings auch eine theatralische Geste sein, wenn einer »sich brüstet« oder »sich in die Brust wirft«, sich also gleichsam aufbläst, um mehr zu erscheinen, als er ist.

Vor allem die Mädchenbrüste und die Brüste der jungen Frau gelten als Inbegriff der Anmut und Lieblichkeit. »Deine Brüste sind lieblicher als Wein«, heißt es im Hohenlied (1, 2).

Christus und Johannes (um 1310) im Münster Heiligkreuztal bei Riedlingen

71

Und die Brüste der Mutter sind Ausdruck der Nahrung und der liebenden Zuneigung. Sie geben dem Säugling von der Lebenssubstanz der Mutter. So ist es verständlich, daß eine Frau aus dem Volke nicht nur Jesus preisen will, sondern auch dessen Mutter: »Selig der Leib, der dich getragen, die Brust, die dich genährt hat« (Lk 11, 27). Und schon im Alten Testament wird Jerusalem wie eine nährende Mutter gepriesen, weil sie alle satt machen kann: »Saugt euch satt an ihren tröstenden Brüsten, trinkt und labt euch an ihrem mütterlichen Reichtum« (Jes 66, 11).

Weil man in der Antike zu Tische lag, konnte ein bevorzugter Gast »an der Brust« des Gastgebers liegen, wie es vom Abendmahl erzählt wird, wo Johannes an der Brust Jesu lag (Joh 13, 23; 21, 20).

Das Gefühl der Freiheit und des Selbstbewußtseins wird in besonderer Weise in der Brust erfahren. *Herder* hat diesem Gedanken auf bewegende Weise Ausdruck gegeben: »Ein Mensch von freier Brust wird in aller Welt für frei und edel gehalten, er kann doch atmen . . ., dagegen die eingebogene, zusammengeklemmte, keuchende, schon von Natur sich verbergende Thersitesbrust . . . ist von eingeschlossenem, zusammengekrümmtem, kriechendem Mute . . . Welcher Freund, der sein Haupt an eine solche Brust lehnen und sagen könnte: Du bist mein Fels! - welcher hilflose Unterdrückte, der sich an ihm aufrichten könnte und sagen: Hier wohnt meine Zuflucht!«

Es ist also durchaus die Brust, der man sich anvertrauen möchte, der mütterlichen Brust, weil sie nähren und wärmen und bergen kann, der väterlichen Brust, weil sie Stärke und Selbstand ausstrahlt, der Brust des vertrauten Menschen, weil man dadurch seinem Herzen nahe kommt und sich angenommen fühlt.

Das Herz

Obwohl das menschliche Herz nicht offen zutage tritt, sondern im Innern des Leibes verborgen liegt, ist es das Organ, das in der elementaren Symbolsprache des Menschen eine unübersehbare Rolle spielt. Wenn wir uns einander zuwenden, dann »öffnen wir unser Herz«, tritt dagegen eine Störung in den Beziehungen ein, dann »verhärten sich die Herzen«. Wer liebt, möchte »sein Herz verschenken«, und wer unglücklich verliebt ist, »hat sein Herz verloren«.

Das Herz gilt als die eigentliche Mitte der menschlichen Person, von ihm her fühlt er und trifft er seine eigentlichen Entscheidungen, es ist der zentrale Ort, von dem her sich ein Mensch erst verwirklichen kann. »Dieses Herz ist das Mysterium des Menschseins, tiefer, abgründiger, umfänglicher als alles ›rein Geistige‹, geistig aufblühend, duftend und schwingend, solchermaßen die reinste und hellste Verflüssigung des Lebens und doch immer gebunden an den schmerzvoll dichten und tiefen Abgrund der Lebensvereinzelung. Es ist die Mitte und Dichte unserer Personalität, der Grund, in dem wir sind und uns als Selbst wissen und besitzen.«[67]

Aber zunächst müssen wir uns der physiologischen Bedeutung des Herzens zuwenden. Dieser verhältnismäßig kleine Muskel (er wiegt kaum ein Pfund) hat ununterbrochen eine gewaltige Leistung zu vollbringen, an einem einzigen Tag schlägt das Herz etwa 100 000 Mal. Bei jeder Kontraktion pumpt es Blut in die Adern und versorgt so den ganzen Leib mit den Lebenselementen. Unser ganzer Körper ist von einem komplexen System von Adern durchzogen, die den Blutstrom in alle Teile unseres Leibes transportieren und regulieren. Durch die veränderbare Weite der Vasomotoren kann sogar eine gewisse Steuerung der Blutzufuhr (je nach »Bedarf«) erreicht werden. Noch komplexer ist das Netz der Haargefäße, die den Nähr- und Sauerstoffaustausch zu besorgen haben. Sie sind der »Umschlaghafen« für das Hinterland der Körperprovinzen.

Der Gesamtorganismus kann nur funktionieren, wenn alle Organe ihre jeweiligen Teilaufgaben erfüllen, weil alles auf Austausch und Wechselwirkung angelegt ist. Hört das Herz zu schlagen auf, dann können Kreislauf und Stoffwechsel nicht mehr vor sich gehen. Das Leben kommt wahrhaftig vom Herzen her und hängt an seiner Funktionstüchtigkeit. Bis in die letzten Winkel unseres Leibes gelangt das mit Sauerstoff angereicherte Blut, in einem Rückleitungssystem (den Venen) wird das Blut dann wieder zum Herzen zurückgeführt, gibt die Kohlensäure ab und empfängt wieder den lebenswichtigen Sauerstoff. Das rhythmische Pulsieren des Herzens endet nicht, solange wir leben. Wenn die Dichter immer wieder gerade das Herz als den geheimnisvollen Mittebereich gepriesen haben, von dem alle Impulse ausgehen, der aber auch gefährdet ist wegen seiner Verletzlichkeit, dann haben sie nur dem Rechnung getragen, was wir selbst immerzu beobachten können, wenn wir auf die Signale unseres Herzens achten.

»Das Herz ist das wichtigste rhythmische Organ des Menschen, und Rhythmus heißt *Schwingung,* Vibration, Pulsieren, regelmäßiges Hin- und Herbewegen, zwischen Polen pendeln ... Das Herz ist Quellort und sichtbares Hauptorgan des Lebens, weil aus ihm die alles durchblutende, alles lebendigmachende Schwingung und Pulsation kommt.«[68] Wird ein Mensch geistig unansprechbar und kreist er nur noch um sein eigenes Ich, dann sprechen wir von Herzensträgheit; da panzert einer sein Herz, um nicht mehr fühlen zu müssen. Das Herz ist ja das Organ besonderer Empfindungsfähigkeit, das mitfühlen und mitleiden kann. »Das Herz ist die Versammlung unseres Lebens, das Gedächtnis unserer Existenz, der sich verzweigende Baum unseres Daseins, die Ankunftsstätte alles Zukünftigen, das gestaute Strombett der Gegenwart und der Talgrund für alle verrinnenden Wasser des Vergehens ... Der glühende Fokus aller Erneuerung und Auferstehung ... Die lichthell aufschwebende heitere Morgenfrühe des Geistes.«[69]

Wer über den Menschen nachdenkt, der muß in ganz besonderer Weise über das Herz nachsinnen. Es ist nicht verwunderlich, daß es eine Linie der geistesgeschichtlichen Anthropologie gibt, die man »philosophia cordis« (Philosophie des Herzens) genannt hat, die von Augustinus über Pascal bis zu Guardini verfolgt werden kann. Die Einseitigkeit eines allein vom Gehirn gesteuerten Denkens wird durch das Herz korrigiert. Deshalb heißt es bei *Pascal:* »Das Herz hat seine Gründe, die die Vernunft nicht kennt ... Ich behaupte, daß das Herz von Natur aus das umfassendste Wesen ist.« Es ist das große Ganzheitsorgan des Menschen; wenn der Mensch nicht in Stücke fällt und innerlich zerrissen bleibt, sondern seine divergierenden Kräfte und auseinanderdriftenden Tendenzen zusammengebunden und organisch vereinigt werden, dann verdankt er das am ehesten seinem Herzen.

In seiner Interpretation der Confessiones Augustins und der Pensées Pascals kommt *Romano Guardini* immer wieder auf die Wichtigkeit des Herzens zu sprechen, um deutlich zu machen, daß uns hier ein vermittelndes Organ zwischen Geist, Leib und Seele geschenkt worden ist. Uns ist ein Mittebereich nötig, »wo der Geist ›ins Blut gehen‹, vom Organischen angeeignet werden; wo das Organische seinerseits in Geistnähe kommen und verwandlungsbereit werden kann. Dieser Mittenraum ist das Herz.« Seinem Gedanken, daß die Pole des Menschen das »Oben« und das »Innen« seien, gibt Guardini so Ausdruck: »Vom Triebhaften her gesehen ist das Herz Höhe; vom Geiste her Innerlichkeit. Jenem bringt es Freiheit; diesem Wirklichkeitsbeziehung.«[70] Das Herz wehrt also der Neigung, sich nur als Triebwesen zu verstehen, ebenso wie es vor einer blutleeren Spiritualisierung bewahrt. »›Herz‹ ist der Geist, sofern er in Blutnähe gelangt; in die fühlende, lebendige Fiber des Leibes – ohne jedoch dumpf zu werden. Herz ist der vom Blut her heiß und fühlend gewordene, aber zugleich in die Klarheit der Anschauung, in die Deutlichkeit der Gestalt, in die Präzision des Urteils aufsteigende Geist. Herz ist das Organ der Liebe – jener, aus der die platonische Philosophie und wieder, vom christlichen Glauben neu befruchtet, die Göttliche Komödie aufgestiegen sind. Diese Liebe bedeutet nämlich die Bezogenheit der verlangenden und fühlenden Menschenmitte auf die Idee; die aus dem Blut in den Geist, aus der Leibgegenwart in die geistige Ewigkeit gespannte Bewegung. Sie ist es, die im Herzen erfahren wird.«[71]

Man muß sich allerdings davor hüten, das Herz zu idealisieren und nur die positiven Erfahrungen mit ihm in Verbindung zu bringen. Jesus macht darauf aufmerksam, daß aus dem Herzen auch ganz andere Dinge aufsteigen können als Liebe und Mitgefühl. »Aus dem Herzen kommen (auch) die schlechten Eingebungen und Pläne« (Mt 15,19), nämlich Mord und Verleumdung und Lästerung. – Die alten Kulturen (z. B. die Ägypter) haben das Herz als Sitz der Gefühle, der Freude und der Trauer verstanden, haben aber auch den Willen und das Gedächtnis, die Weisheit und die Denkfähigkeit dem Herzen zugeschrieben. Vor allem das Gewissen und die Liebesfähigkeit galten als »Herzenssache«.

Im Denken des alten Israel ist das Herz identisch mit der ganzen menschlichen Person, es ist auch der Ort, wo sich ein Mensch Gott öffnen – oder sich ihm verschließen kann, wo das Gute und das Böse aufsteigt. »Der Herr erforscht die

Herzen« (1 Chr 28,9). Die Hoffnung geht dahin, daß Gott uns sein Heilswort und seine Weisung nicht nur kündet, sondern »ins Herz schreibt« (Jer 31,33). Das steinerne Herz, das nicht lieben kann und sich versperrt, sollen wir loswerden und Gott bitten, er möge uns ein fleischernes Herz geben, das empfinden kann (Ez 11,19). Das kalte und verhärtete Herz, gleichsam versteinert, macht aus einem Menschen ein Monstrum, weil seine innere Mitte nicht mehr wirklich lebendig ist. Deshalb erbittet Salomo, als er einen Wunsch frei hat, den ihm Gott zu erfüllen verspricht, »ein horchendes Herz«, wache Hörbereitschaft seiner innersten Mitte (1 Kön 3,12).

Jesus ist gekommen, um die selig zu preisen, die »reinen Herzens« sind (Mt 5,8), er freut sich über die, deren Herzen brennen (Lk 24,32), er verkündet: »Euer Herz soll sich freuen« (Jo 16,22). Das Herz wird zum Einwohnungsort Gottes (Eph 3,17), und im 1. Johannesbrief wird gesagt: »Wir werden mit unserem Herzen Zwiesprache vor ihm halten. Wenn unser Herz uns verurteilt: Gott ist größer als unser Herz – und er weiß alles« (3,20).

Sprachforscher machen darauf aufmerksam, daß unser Wort »Herz« mit dem Sanskritwort »kurd« zusammenhängt, was mit »springen« und »schwingen«, aber auch mit »zittern« und »zagen« übersetzt werden kann. Damit haben wir schon die ganze Spannweite der Bedeutung dieses Wortes beieinander: Das Herz kann springen und tanzen, aber es kann auch verzagt sein, der Gram kann es zernagen – und dann wieder lacht es in unserem Leibe. Immer berufen wir uns auf unser Herz, wenn wir sagen wollen, wie es um uns steht. Unser Herz brennt, es wird von Leidenschaft erfaßt, wir nehmen uns etwas »zu Herzen«, wenn etwas uns wirklich betrifft, wir geben »unserem Herzen einen Stoß«, wenn wir eine wichtige Entscheidung zu treffen haben, nehmen »das Herz in die Hand« – oder »fassen uns ein Herz«, wenn etwas Wichtiges zu tun ist. Wer das Herz »auf dem rechten Fleck« hat, der wird auch »das Herz auf der Zunge« tragen. Welches Glück bedeutet es, wenn wir jemanden finden, dem wir »unser Herz ausschütten« können. Werden wir aber von einem plötzlichen Schrecken überfallen, dann fällt uns unser »Herz in die Hose«, oder wir fühlen uns seelisch beschwert, weil uns etwas »auf dem Herzen liegt«. Haben wir seelische Krisen durchzustehen, dann merken wir es am ehesten an den auftretenden Herzschmerzen, wir fühlen »unser Herz durchbohrt« oder müssen fürchten, daß »unser Herz bricht«. Aufgerichtet werden wir, wenn ein Mensch großherzig ist, wenn er uns »ans Herz wächst« oder uns »in sein Herz schließt«. Nicht jede Begegnung, die wir erleben, führt das Herz zum Herzen, erst müssen wir es uns gefallen lassen, »auf Herz und Nieren« geprüft zu werden. Ist aber diese Prüfung überstanden, dann mag es sein, daß zwei Menschen so übereinstimmen, daß sie »ein Herz und eine Seele« werden. Dann kann das Herz vor Freude hüpfen − oder wir sind bereit, auch unser Herzblut, das Persönlichste, was wir haben, für den anderen herzugeben.

Wenn die Sprache unseres Verstandes, unserer zergliedernden Vernunft, längst an die Grenze des Ausdrückbaren gekommen ist, kann sich die »Sprache des Herzens« immer noch ein Stück weiterwagen.

> »Es ruhen unsere Herzen liebverwandt,
> Gepaart in einer Schale:
> Weiße Mandelkerne«,

so hat *Else Lasker-Schüler* gedichtet[72]. Und *Rückert* wußte, daß sich ein Mensch um diesen zentralen Bereich herum ausfalten und verwirklichen muß:

> »Lern es heiter:
> zu entwickeln, zu entfalten,
> was im Herzen ist enthalten.«

Die Herzhaftigkeit macht also erst den Menschen zum Menschen, weil das Herz uns die Möglichkeit gibt, Stand zu gewinnen in der Welt, die Kraft des Erkennens, Erfühlens und Unterscheidens wachruft und die Sensibilität fördert. »Das Herz ist der Schlüssel der Welt und des Lebens«, heißt es geradezu programmatisch bei *Novalis*[73]. Auch er weist darauf hin, daß das Herz nicht nur für den zwischenmenschlichen Bereich wichtig sei, sondern auch für unser Verhältnis zu Gott. »Das Herz scheint gleichsam das religiöse Organ«[74], weil es über die engen Grenzen unseres Ich hinausragt und für uns zum Einfallstor transzendenter Wirklichkeit werden kann. Aber es mag durchaus sein, daß uns die göttliche Liebe erfahrbar werden kann durch die Vermittlung zwischenmenschlicher Liebe.

Etwas davon scheint Bettina von Arnim geahnt zu haben, wenn sie an Goethe schrieb:

>»Vielleicht dringt Gott durch den Geliebten in unser Herz, –
was haben wir im Herzen als nur Gott; –
Und wenn wir ihn da nicht empfänden,
wie und wo sollten wir seine Spur suchen?«[75]

Das Herz und sein Pochen gehört zu den Vorgängen unseres Leibes, die wir zwar beobachten können, die sich aber der direkten Steuerung und Beeinflussung entziehen. Das Schlagen unseres Herzens, unser Blutdruck, die Arbeit unserer Drüsen, die Verdauungsvorgänge usw. haben ihren eigenen Rhythmus, wir brauchen sie nicht zu kontrollieren, wir können diese Vorgänge willentlich nicht regeln. Trotzdem sind sie von unserer seelischen Verfassung stark abhängig, ja geradezu ein Spiegel unseres momentanen Zustandes. In unserer Gegenwart mit ihren vielfältigen Gefährdungen ist es von unvergleichlicher Bedeutung, die Signale des Herzens wahrzunehmen, um gesund zu bleiben – oder es wieder zu werden.

Das Blut

Daß Blut »ein ganz besondrer Saft« (Goethe) ist, wußte man schon immer, aber die genauere Wirksamkeit dieser Flüssigkeit, ihre Zusammensetzung und Funktion ist erst im Laufe der letzten hundert Jahre erforscht worden. Mit jedem Schlag bringt das Herz ein Quantum Blut in Umlauf, das mengenmäßig etwa einem Trinkbecher entspricht. Das Herz sendet bei jedem Schlag einen elektrischen Impuls aus. Die Blutflüssigkeit in den Adern besteht einerseits aus den roten Blutkörperchen, die im Blutgefäß bleiben, und der Lymphe, einer gelblichen Flüssigkeit, die durch die feinen Spalten in den Wänden der Kapillare hindurchrinnt und in die Lymphbahnen eindringt. Andere Röhren führen die Lymphe wieder in den Blutkreislauf zurück. Die Milz ist der große Blutspeicher, die Arterien führen das Blut der Milz zu und schließlich wieder in die Venen zurück.

Von der Durchblutung unseres Körpers hängt auch wesentlich die Körperwärme ab. Erhöhter Pulsschlag läßt auch die Temperatur ansteigen. Wenn einer aus »übervollem Herzen« etwas tut, dann »wird ihm das Herz heiß«, wir verstehen ihn als »warmherzigen Menschen«. Und wer von einer »heißen Liebe« erfaßt ist, der kann schon gar nicht kühl und distanziert bleiben.

Aber auch Zorn und wilde Wut können das Blut in Bewegung bringen, es schießt in den Kopf, die »Zornesröte« zeigt an, daß das Blut in Wallung geriet oder eine ungehemmte Aggressionslust sich durchsetzt. – Es sind also verschiedene Gründe, die es uns »warm oder kalt« ums Herz werden lassen. Das Herz kann sich zusammenkrampfen oder höher schlagen. Das beschleunigte Strömen des Blutes oder der Blutstau, das Erröten oder das Erblassen, das In-die-Hitze-Kommen oder Abkühlen sind zwar immer mit Emotionen verbunden und Ausdruck seelischen Erlebens, aber in jedem Einzelfall kann es aus unterschiedlichen Gründen dazu kommen.

Wer immer »ruhig Blut« behält, der neigt entweder nicht zu leidenschaftlichen Ausbrüchen, oder er hat sich immer unter Kontrolle. Oder er gehört zu den »Herzlosen« und »Lieblosen«, die immer in einer kühlen Distanz bleiben und ihren nüchternen Verstand walten lassen.

Etwas von der besonderen Bedeutung des Blutes hat *Hildegard von Bingen* in ihrer »Heilkunde« eingefangen, wenn sie von den sich im Blut manifestierenden Wasserkräften spricht: »Als Wärme beim Atmen, als Luft in allen Funktionen, als Feuchtigkeit bei den Reinigungsvorgängen, als Einschwemmung beim Wachstum, als Leichtbeweglichkeit beim Erstarken, als Saft beim Fruchtbarwerden, als Lustgeschmack bei der Erektion, als Grünkraft in der Potenz, als Feuchtigkeit und Lieferant des feuchten Milieus in allen übrigen Gliederungen.«[76] Überall ist das Blut wirksam, ist es wahrhaftig der Lebenssaft, muß aber seinerseits gereinigt werden, damit es seine differenzierten Aufgaben erfüllen kann.

In den unterschiedlichsten Religionen findet sich der Kult, auf rituelle Weise Blut zu vergießen, um den Göttern das Kostbarste darzubieten, was der Mensch besitzt: seine Lebenskraft. In Notzeiten war man bereit, selbst die eigenen Kinder darzubringen, um die Götter zu versöhnen, ihren Beistand zu erflehen und sich ihrer Huld zu versichern. Bei den

Frühlingsfeiern wurde die Erde mit dem Blut des menschlichen Opfers getränkt, damit die Sonne wieder Kraft gewänne und die Erde wieder fruchtbar werden könne. Vor allem die Menschenopfer der Azteken zu Ehren des Kriegsgottes und des Sonnengottes machen deutlich, wie groß die Ängste der Menschen gewesen sein müssen, die Sonne könne ihre Leucht- und Wärmekraft einbüßen. (Der Name des aztekischen Sonnengottes Tonatiuh bedeutet »Er geht, um zu leuchten, um zu wärmen«). Kriege wurden geführt, um genügend Gefangene zu gewinnen, die man den Göttern darbringen konnte. In einer feierlichen Zeremonie wurde auf der Tempelpyramide dem Opfer die Brust aufgeschnitten und das Herz (die »Adlerfrucht« oder der »Edelstein«) herausgerissen und der Sonne als Nahrung und Stärkung entgegengehalten[77]. Das Leben des einzelnen bedeutete wenig, wichtig war, daß der Stamm bestehen blieb; um dafür zu sorgen, waren auch die gewaltigsten Opfer sinnvoll und mußten akzeptiert werden.

In den religiösen Traditionen gilt das Blut meist als das Lebensprinzip und als der Träger der Seele. Schon die rote Farbe wurde als Ausdruck der Lebenskraft angesehen. Solange das Blut in einem Körper pulsiert, so lange ist er lebendig und beseelt. In der Bibel wird das Blut mit der Lebenskraft identifiziert, deshalb wird der Genuß des Blutes im Alten Testament untersagt. »Die Lebenskraft des Fleisches sitzt nämlich im Blut ... Das Leben aller Wesen aus Fleisch ist das Blut, das darin ist« (Lev 17,11.14). Unschuldiges Blut darf nicht vergossen werden, sonst »schreit die Stimme des Blutes« bis zum Himmel (Gen 4,10). Allerdings: »Wer Menschenblut vergießt, dessen Blut wird durch Menschen vergossen« (Gen 9,6). Die Propheten werfen dem Volk Israel vor, daß es sich die Hände mit Blut besudelt habe. »Eure Hände sind mit Blut befleckt, eure Finger mit Unrecht« (Jes 59,3).

Farbtafel IV: »Der Tierkreismensch«.
Der »Tierkreismensch« aus dem Stundenbuch des Herzogs von Berry, 15. Jahrhundert. Dem mann-weiblichen Zwilling (einem Symbol der menschlichen Ganzheit) sind die verschiedenen Tierkreiszeichen auf den verschiedenen Körperteilen zugeordnet. Auch der Fries der Tierkreiszeichen in der Mandorla soll darauf hinweisen, daß der ganze Kosmos auf den Menschen und seine Glieder einwirkt.

Aber das vergossene Blut kann auch Schuld sühnen. An die Stelle des Menschenopfers tritt in der Bibel das Tieropfer. Tiere werden geschlachtet und zur Sühne dargebracht. Auch bei wichtigen Vertragsabschlüssen oder der Vereinbarung eines Bundes wurden Tiere geschlachtet und das Blut über die Vertragspartner gesprengt, um die Unverbrüchlichkeit des Bundes zu besiegeln. Im »Bundesbuch« des Alten Testaments heißt es: »Da nahm Mose das Blut (der geschlachteten jungen Stiere), besprengte damit das Volk und sagte: Das ist das Blut des Bundes, den der Herr aufgrund all dieser Worte (des Bundesschlusses) mit euch geschlossen hat« (Ex 24,8).

»Fleisch und Blut« stehen häufig als Synonym für den ganzen Menschen, manchmal ist damit der »naturhafte« Mensch gemeint, der noch nicht vom Heiligen Geist umgeformt ist. »Fleisch und Blut können (aus eigener Macht) das Reich Gottes nicht erben« (1 Kor 15,50). Es ist also wichtig, daß man nicht nur »aus dem Blut …, sondern aus Gott geboren wird« (Joh 1,13). Und Petrus bekommt gesagt: »Selig bist du, Simon, Sohn des Jona! Denn nicht Fleisch und Blut haben dir das geoffenbart, sondern mein Vater im Himmel« (Mt 16,17). Das soll keine Abwertung des »natürlichen Menschen« sein, aber es wird betont, daß der Mensch nicht allein von seiner irdischen Konstitution her beschrieben werden kann, sondern durch die Glaubenserfahrung eine zusätzliche Dimension gewinnt.

Das von Christus vergossene Blut wird zum Symbol der Erlösung. Im Abendmahlssaal reicht Jesus seinen Jüngern den Kelch mit den Worten: »Trinket alle daraus, denn dies ist mein Blut, das Blut des Bundes, vergossen für die vielen zur Vergebung der Sünden« (Mt 26,28). Stellvertretend für die Menschheit vergießt Jesus sein Blut, was in der Theologie des Hebräerbriefes so ausgedrückt wird: »Er heiligte das Volk durch sein Blut« (Hebr 13,12). In der Johannesapokalypse heißt es: »Er liebt uns und erlöst uns in seinem Blut von unseren Sünden« (Offb 1,5).

Jesus wird verehrt als das Lamm, das geschlachtet wird, sein Blut soll Heilkraft haben. So ist es zu verstehen, daß sich im Mittelalter die Verehrung des »heiligen Blutes« verbreitete. Als Kreuzritter eine smaragdgrüne Glasschale nach Europa brachten, verbreitete sich die Vorstellung, sie sei das Gefäß, in

dem Joseph von Arimathäa das Blut Christi aufgefangen habe.
Daraus entwickelte sich die christliche Version der Gralssage.
Da man vom auferstandenen Christus keine Reliquien verehren konnte, waren die Blutreste des Grals und des Grablinnens die einzigen Spuren, die man verehren konnte.

Einen anderen Symbolzusammenhang sah man im Bild von
der Traube, die gepreßt werden muß, damit aus ihrem Saft der
Wein gewonnen werden kann. So sah man in Jesus die Traube, die in der Kelter des Kreuzes gepreßt wird. Die Eucharistie macht aus den Feiernden Blutsbrüder und Blutsschwestern, alle werden in den Tod getaucht, damit sie auch am neuen Leben des Meisters Anteil bekommen können. Das vergossene Blut ist Zeichen des Todes, aber aus dem Tod ersteht das
Leben.

Auch wenn uns heute die blutigen Menschenopfer und die
Vorstellung von der Sühnekraft des Blutes nicht mehr so gegenwärtig sind, hat unsere Sprache durchaus noch die Formel
bewahrt, daß einer für seine Überzeugung »bis aufs Blut« eintreten kann oder bereit ist, »seinen letzten Blutstropfen« herzugeben. – Und ein ganz profaner Ausdruck der gegenseitigen Hilfestellung ist es, wenn jemand sein Blut spendet, um
Menschen, die auf eine Blutzufuhr angewiesen sind, beizustehen, was ja bekanntlich oft genug ein Menschenleben retten
kann.

Die Lunge und die Atmung

Damit wir am Leben bleiben, bedürfen wir immerzu des
Sauerstoffs, den wir mit dem Atem über Nase, Mund und
Luftröhre in die beiden Lungenflügel führen. Wenn wir einatmen, senkt sich das Zwerchfell, und die Rippen bewegen sich
nach außen, so daß die Lungenhöhle weit wird und der Atem
einströmen kann. Steigt das Zwerchfell wieder nach oben und
verengen sich die Rippen, stoßen die Bronchien die Luft wieder aus. Bis dahin haben aber die Millionen von Bläschen in
einem Netzwerk von winzigen Kapillaren den Sauerstoff ins
Blut überführt und von der Blutbahn in den ganzen Körper
transportiert. Umgekehrt wird die Kohlensäure, die nicht »gebraucht« wird, vom Blut wieder an die ausströmende Luft ab

gegeben. Die Muskeln des Brustkorbs, des Zwerchfells und der Rippen sorgen dafür, daß die vom Gehirn geregelte Atmung nie unterbleibt, sondern auch beim Schlafen regelmäßig weitergeht.

Warum müssen wir atmen? Brennbare Stoffe, unsere Nahrung, können nur durch Sauerstoff verbrannt werden, deshalb muß dem Körper ununterbrochen Sauerstoff zugeführt werden. Besonders empfindlich ist das Gehirn, es braucht den Sauerstoff so dringend, daß bei einer Störung sofort Lebensgefahr besteht. Aber auch sonst hängt die Frische und Lebenskraft des Menschen stark mit der Atmung zusammen. Schwunglosigkeit, Spannungsarmut, schnelle Ermüdung sind Symptome, die sich schnell erkennen lassen und auf eine falsche Atmung hindeuten. Eine gesunde Atmung wirkt sich dahin aus, daß ein Mensch belastbarer wird, mehr Selbstvertrauen gewinnt und mit mehr Schwung seine Aufgaben anpackt.

Die eingeatmete Luft gibt uns ein Gefühl der Leichtigkeit, wir fühlen uns getragen, beschwingt und gehoben. Sind wir in gedrückter Stimmung, dann lastet eine Bürde auf uns, wir fühlen uns »niedergedrückt«, haben »schwer zu tragen«, werden durch ein Engegefühl beunruhigt. Eine Zentnerlast scheint uns die Möglichkeit zu nehmen, »frei zu atmen«, der Brustkorb hebt und senkt sich nicht mehr kraftvoll. Die Folge ist, daß unsere Stimmung weiter absinkt. Das vegetative Nervensystem und unser Gefühlshaushalt stehen in einem engen Zusammenhang. Heftige Gemütsbewegungen machen sich im Vegetativum bemerkbar, das wirkt sofort auf die Atmung, aber auch auf die Herztätigkeit. Das Gefühl der Angst hängt wesentlich mit einem »Engegefühl« zusammen, die Brust wirkt wie zusammengeschnürt, Angst vor dem Ersticken kommt herauf. Angst verursacht aber nun selbst wieder eine Atemhemmung. Wem es bang ums Herz ist, der »erstickt vor Angst«, es fährt ihm »eiskalt übers Herz«, der Atem steht ihm still vor Schrecken.

Die Atmung ereignet sich als ein permanenter Rhythmus: dem Einatmen folgt das Ausatmen, dem Aufnehmen das Hergeben, dem Weitmachen das Zusammenziehen. Wer richtig atmet, der überläßt sich dem großen Grundrhythmus des Daseins: Er muß sich öffnen, um aufnehmen zu können, und er muß wieder hergeben können. Der große Lebensatem wirkt sich in uns aus, wir werden immerzu »in Atem« gehalten. Auf direkte Weise beeinflussen läßt sich der rechte Atem nicht. Schalten wir zu stark das reflektierende Ich ein, dann ist die Gefahr groß, daß wir uns verspannen und die Atmung immer unnatürlicher wird.

Viele Menschen atmen zu flach, vor allem dann, wenn das Zwerchfell zu wenig in die Atmung einbezogen wird. Eigentlich müßte das Atmen einfachhin »geschehen«, ohne daß wir ihm Vorschriften machen; weil aber die jeweilige Atmung der charakteristische Ausdruck unseres Zustandes ist – und damit unserer Verspannungen –, deshalb kann sich in der Atmung auch Ichbefangenheit oder Verkrampfung zeigen, oder die seelische Not mag sich bemerkbar machen.

> »Weh mir! Es sitzt mir in der Brust
> Und drückt und nagt mich sehr.
> Mein Leben ist mir keine Lust
> Und keine Freude mehr.
> Die Luft ist nicht mehr frei, nicht heil!
> Mein Atem geht schwer ein;
> Ich muß um mein bescheiden Teil
> Mich martern und kastei'n.«

So plastisch und genau beobachtend hat es *Matthias Claudius*[78] gesagt.

Weil der Atem auch das spirituelle Element unserer Person ist, deshalb bedürfen wir Menschen der »Inspiration«: Der Geisthauch ist nicht unser Eigentum, er wird uns vielmehr eingeblasen, geschenkt, verliehen, eingesenkt. Der Atem erinnert uns daran, daß wir nicht nur aus schwerfälliger Materie bestehen, sondern daß wir auch von der Hauchseele durchweht werden. Leben bedeutet, in einem dauernden Austausch zu stehen. Werden wir durchweht, dann verlieren wir etwas von unserer Schwerfälligkeit und Trägheit. Immer ist die Verwandtschaft zwischen dem Wind, dem Atem und dem Geisthauch wahrgenommen worden. Luther geht diesem Gedanken so nach: »Du lebst alle Augenblicke im Wind, und wenn du den nicht hättest, so könntest du nicht leben. Den hörst du und fühlst sein Sausen an der Hand, Nasen und am ganzen Leibe, besonders, wenn er dir den Rock und Mantel über den Kopf weht. Ja, alles, was in der Welt ist, das fühlt den Wind,

Laub und Gras, Holz und Stein, die hohen Türme und Häuser, ja alle Tiere auf Erden fühlen den Wind. Und dennoch kannst du mir nicht sagen, aus welchem Loche er her kommt, wenn er auch gleich eine Spanne breit hinter dir anfinge, und du kannst nicht sagen, wie weit er geht und wo er aufhört, wenn er dir gleich vor deiner Nase bliebe.«

Und weil in der Genesis berichtet wird, daß Gott den Lebensatem in die Nase Adams geblasen habe (Gen 2,7), deshalb hat man dem Atemhauch eine besondere Bedeutung beigemessen − auch im Hinblick auf die Verbindung des Menschen zu Gott. Der erste Atemzug eines Kindes ermöglicht das eigenständige Leben, der letzte Atemhauch macht deutlich, daß ein Mensch sein Leben »aushaucht«, wobei wir sagen: »er gibt seinen Geist auf«. − Jesus haucht seinen Jüngern heiligen Geist ein (Joh 20,20), sie sollen − gleichsam in ihrem Atem − auch den großen Beistand und Lebensspender in sich tragen.

Von *Mechtild von Magdeburg* wird das Wort überliefert: »Herr, himmlischer Vater, zwischen Dir und mir geht immerfort ein unbegreifliches Atmen, worin ich viele Wunder und unaussprechliche Dinge erkenne und sehe.«[79] Sie konnte im Rhythmus ihres Atems ihre ununterbrochene Verbundenheit mit Gott erleben und darin ausdrücken. Der russische Pilger überliefert die Gebetsanweisung: »Beginne das ganze Jesusgebet zugleich mit dem Atem ins Herz hinein und wieder heraus zu führen, wie es die Väter lehren, das heißt, sage, wenn du die Luft einatmest, oder denke dir: ›Herr Jesus Christus‹, läßt du sie aber entweichen − ›erbarme dich meiner‹.«[80]

Weil die Atmung eine so unübersehbare Bedeutung für das spirituelle Leben des Menschen hat, haben vor allem die Meister der Meditation in den verschiedensten Religionen ihre Schüler angeleitet, auf ihren Atem zu achten und sich intensiven Atemschulungen zu unterziehen. Die Disziplinierung des Atems ist im hinduistischen Yoga eine Vorbedingung des meditativen Weges, der Novize muß die unrhythmische Art des Atmens aufgeben und eine Rhythmisierung üben. Im Yoga wird eine enge Verbindung zwischen der Atmung und dem Bewußtsein gesehen, der Atem bestimmt den inneren Zustand des Menschen. Sowohl die Ein- wie die Ausatmung wird verlängert, wobei zwischen den beiden Vorgängen ein längeres Intervall eingeschaltet wird. Der Atemrhythmus verlangsamt sich immer mehr. Allerdings soll der Yogi den veränderten Rhythmus so verinnerlichen, daß er sich »von alleine« ereignet, er ihn also nicht mehr zu überwachen braucht. Kenner dieser Methoden sprechen von den erstaunlichen Wirkungen der veränderten Atmung. »Die Konzentration auf die lebenswichtige Funktion der Atmung bewirkt in den ersten Tagen der Übung ein unaussprechliches Gefühl der Harmonie, eine rhythmische, melodische Fülle, eine Nivellierung aller physiologischen Unebenheiten. Sodann erzeugt sie ein dunkles Gefühl der Anwesenheit im Körper, ein ruhiges Bewußtsein der eigenen Größe« (*Eliade*[81]).

Diese Veränderung der Atmung findet sich – mit gewissen Abänderungen – im taoistischen China, im Hesychasmus ostkirchlicher Mönche und in der islamischen Mystik der Sufis. »Der Geist sammelt sich durch diese Methode leichter und wendet sich zum Herzen zurück ... Weil durch dieses augenblickliche Zurückhalten der Atmung das harte, dicke Herz dünner wird und die Herzflüssigkeit, gehörig zusammengedrückt und erhitzt, nun zart, empfindlich, demütig«, so berichtet es ein Athosmönch des 18. Jahrhunderts.

Trotzdem ist zu fragen, ob solche Methoden hinduistischer oder auch ostkirchlicher Mönche von westeuropäischen »Weltmenschen« unbesehen übernommen werden können. Erst wenn man erkannt hat, daß es sich nicht einfach um irgendwelche Übungen handelt, die zu einem besseren Lebensgefühl verhelfen sollen, sondern um eine andere Weise, im Leben zu stehen und dem Dasein zu vertrauen, kann die Bemühung um eine gewandelte Atmung sinnvoll werden. Der normale Europäer von heute ist so stark ich-orientiert und bestimmt von seinem Willen, daß er Schwierigkeiten mit dem Loslassen und Geschehenlassen hat. Deshalb fällt es ihm schwer, den Atem ausströmen zu lassen. Sehr treffend hat *Graf Dürckheim* diese Problematik charakterisiert: »Er behandelt noch nicht eigentlich sich, sondern seinen Leib, weil ein verstimmtes Instrument, dessen rechte Gestimmtheit er zustandebringen will.«[82] Wenn der Atem dem Rhythmus des Lebens entspricht, dann ist unsere Aufgabe nicht ein kontrolliertes Wollen, sondern das Einschwingen in die große Bewegung. Wir haben »vom Ich her nur das Halten und Ver-Halten gelernt, nicht aber das Lassen und Sich-Verlassen«, sagt Dürckheim[83].

Wenn die Atmung ein polares Geschehen ist, dann haben wir auf die beiden Pole dieser Rhythmik zu achten: das »Oben« der wachen Bewußtheit und das »Unten« des Sich-Hergebens, die Kraft des Haltens und das Sich-fallen-Lassen der Hingabe. Wie sich in der Diastole der Herzmuskel erweitert, damit sich das Herz mit Blut auffüllen kann, in der Systole sich der Herzmuskel zusammenzieht, damit das Blut ausgetrieben werden kann, so muß sich auch bei der Atmung dieser Wechsel ereignen. Aus dem Gleichgewicht kommen wir, wenn einer der Pole zu wenig Gewicht bekommt und dadurch der andere überbewertet wird. Im Grunde muß jeder einzelne sich fragen, inwiefern die Balance in seinem Leben (und in seinem Atem) gestört ist.

Goethe jedenfalls konnte die beiden Vorgänge als gleichgewichtete Gnaden erleben und versuchte, beiden mit gleicher Dankbarkeit zu begegnen.

»Im Atemholen sind zweierlei Gnaden:
Die Luft einziehn, sich ihrer entladen;
Jenes bedrängt, dieses erfrischt;
So wunderbar ist das Leben gemischt.
Du, danke Gott, wenn er dich preßt,
Und danke ihm, wenn er dich wieder entläßt.«[84]

Was uns trägt und Rückhalt gibt

Wie könnten Yogins,
die ihren Körper nicht kennen
als Haus mit einer Säule und neun Toren,
dem die fünf Schutzgottheiten vorstehen,
die Vollkommenheit erlangen?

Hathayoga-Text

Die Schultern und das obere Kreuz

Man hat den Schultergürtel den »Verkehrsknotenpunkt« des menschlichen Leibes genannt, weil er den Kopf mit dem Rumpf, aber auch mit den Armen und Händen verbindet. Er schafft dem Brustkorb mit den Lungenflügeln freien Spielraum, und weil das Schulterblatt beweglich ist, gewinnt auch der Arm eine zusätzliche Beweglichkeit nach oben. Schultern und Arme sind nicht mehr – wie beim Tier – für die Fortbewegung notwendig, deshalb können sie eine so vielfältige Funktion übernehmen und tragen wesentlich zur Freiheitserfahrung des Menschen bei.

Von den Schultern geht Kraft aus, die Arme öffnen sich der Welt und wollen die umgebende Wirklichkeit gestalten. Das Schultergelenk ist das beweglichste Gelenk, das der Mensch überhaupt hat, es steht gewissermaßen für die Vielfalt und Lockerheit seiner freien Existenz. Das »obere Kreuz« als der menschliche »Geistpol« ist dem unteren Kreuz als dem »Erdpol« entgegengesetzt, es symbolisiert die polare Grundveranlagung des Menschen, in dem Dunkel und Licht, das Triebhafte und das Geistige sich zwar als Gegensätze gegenüberstehen, sich aber bedingen und erst zusammen das Ganze menschlicher Existenz ergeben.

Weil wir Schultern haben, können wir etwas »auf die Schulter nehmen«, und wer »breite Schultern« hat, ist auch belastbar und bricht nicht so schnell zusammen. Schulter an Schulter stehen, das bedeutet, sich solidarisch verhalten und den »Schulterschluß« üben, um die Reihen zu schließen und die Gemeinschaft als »verschworene Gruppe« zu festigen.

Wer allerdings etwas »auf die leichte Schulter« nimmt, ist in der Gefahr, das Auferlegte leichtsinnig zu behandeln und nicht wirklich ernst zu nehmen. Das Sprichwort sagt, wer »auf beiden Schultern trägt«, will es mit niemandem verderben und »hinkt nach beiden Seiten«, wie die Bibel dieses Verhalten brandmarkt. Und wer jemanden verächtlich anschaut, der sieht ihn »über die Schulter« an, schaut ihm also nicht frei ins Gesicht. Auch die Redensart, einem »die kalte Schulter zeigen«, will deutlich machen, daß die Neigung, sich nicht von Angesicht zu Angesicht einem anderen gegenüberzustellen, sondern ihn »links liegen zu lassen«, ein Ausdruck der Verachtung oder Mißachtung darstellt.

Wie wir mit unseren Schultern umgehen, offenbart viel von unserer Selbsteinschätzung und unserer schicksalhaften Prägung. Wer sich bedroht und verunsichert fühlt, zieht die Schultern hoch. Das Senken der Schultern ist ein Ausdruck der Sicherheit und Gelassenheit. Das Zurückdrücken der Schultern kann als Zeichen der Kraft und der Entschlossenheit, etwas anzupacken und zu unternehmen, aufgefaßt werden. Aber die »fallenden Schultern« (er läßt »seine Schultern hängen«) können auch Ausdruck der Resignation und der Schwäche sein.

Stanley Keleman berichtet aus seiner Praxis: »Die Geschichte unserer früheren Befriedigungen und Unzufriedenheiten hat ihre Spuren hinterlassen. Wenn wir zum Beispiel ein Leben des Wetteiferns gelebt haben, können seine Narben, wie hochgezogene Schultern und kämpferische Brustatmung, immer noch vorhanden sein.«[85] Das Freigeben der Schultern, die Lockerheit der Schulterpartie, die äußere wie innere Beweglichkeit des oberen Kreuzes, all das ist also auch ein Symptom gelingenden Menschseins.

Das Becken und das untere Kreuz

So beweglich und leicht der Schultergürtel mit dem oberen Kreuz ist, so massig und unbeweglich ist das Becken mit seinen Flügelteilen und dem im Zentrum befindlichen Kreuzbein. Am unteren Teil des Beckens befinden sich die Sitzbeinhöcker, die uns beim Sitzen dienlich sind. Das weibliche Becken ist größer und läßt mehr Platz, damit bei einer Geburt das Kind durch die sich weitende Schamfuge austreten kann. Weil sich an dieser Stelle des Beckens elastische Knorpel befinden, kann sich der Beckenring vergrößern.

Das Kreuzbein ist fest in das Becken eingefügt, so daß die gesamte Körperlast, die ja am Rückgrat hängt, vom Becken aufgefangen wird. Dieser schüsselartige Körpersockel hat aber auch die Funktion, die empfindlichen Teile des Unterleibes, vor allem die Eingeweide, zu schützen.

Alfons Rosenberg hat darauf aufmerksam gemacht, daß in diesem unteren Bereich des Rumpfes, auch was die Nervenbahnen angeht, die kollektiven Kräfte des Menschen zentriert sind, der Bereich des Triebhaften, Unbewußten und Archetypischen. »Hier wird alles Grundlegende für die Existenz bereitet: die Ernährung als Sicherung der Gegenwart und die Zeugung als das Auslangen in die Zukunft ... Das ›untere Kreuz‹ ist gleichsam die Erdwurzel des Menschen. Es verhält sich hierbei wie bei der Wurzel des Baumes: Ist diese gesund, vermag sie die Nahrungskräfte ungehemmt den oberen Bereichen des Baumes zuzuführen, dann gedeiht der Baum und entfaltet sich zur vollen, reichen Gestalt. Ist aber die Wurzel krank oder in ihrer Funktion gestört, dann leidet der ganze Baum bis in seine Krone hinauf ... Ähnlich ist die Gesundheit oder Krankheit des ›unteren Kreuzes‹ von buchstäblich grundlegender Wichtigkeit für die Ausbildung und das Gedeihen des ganzen Leibes, des ganzen Menschen.«[86] Deshalb nimmt Rosenberg an, die Haltungsschäden vieler Menschen, die Häufigkeit der Kreuzschmerzen usw. stünden in Zusammenhang mit einer rebellischen Haltung, die die Väter nicht mehr achtet, mit einer triebhaften Hemmungslosigkeit. Im »unteren Bereich« ist der Sitz der generativen Kräfte, der Mütterlichkeit, der schöpferischen Antriebskraft. Es ist das Fundament, das dasein muß, wenn sich auch die geistigen Kräfte entfalten sollen. Das untere Kreuz mit seiner Erdnähe und seiner Dunkelheit ist in der menschlichen Spannungseinheit der »Erdpol«, hier herrschen Gesetz und Notwendigkeit, das obere Kreuz ist von größerer Freiheit und Beweglichkeit bestimmt, es ist − wie Rosenberg sagt − der Geistpol, weil hier Einsicht und Verantwortlichkeit möglich sind. Herrschen unten die kollektiven Kräfte und der dunkle Trieb, so ist das Oben vom Bewußtsein bestimmt, und das freie Handeln ruft den Menschen dazu auf, für sein Tun einzustehen.

Der Rücken

Dem Rücken als der menschlichen »Rückseite« bringen wir im allgemeinen keine besondere Aufmerksamkeit entgegen. Er ist die Seite, die wenig Akzente setzt und nicht durch Sinnesorgane ausgezeichnet ist (außer den Nervenenden auf der Haut). Wenn wir allerdings eine anatomische Tafel mit den

Muskeln betrachten, dann können wir erkennen, wie wichtig gerade der Trapezmuskel, der breite Rückenmuskel und die Gesäßmuskeln für unsere Bewegungen, unseren Stand und die gesamte »Statik« unseres Körpers sind.

Wenn die Vorderseite des Menschen für sein Bewußtsein steht, für klare Einsicht und reflektierte Entscheidung, dann steht die Rückseite für das Unbewußte, für die Kräfte im Hintergrund und die verläßliche Tragfähigkeit. Die Rückseite ist ja weniger empfindlich als die Vorderseite. Droht eine Gefahr, dann schützen wir spontan die Frontseite unsres Körpers und fangen die Wucht eines Schlages mit dem Rücken auf. Der Rücken kann Lasten schleppen, deshalb tragen wir den Rucksack – wie der Name sagt – auf dem Rücken. Wenn einer einen starken Rücken hat, dann kann man ihm viel aufladen, er ist belastbar. Aber vielleicht bekommt er auch allmählich einen Buckel, weil man ihm zuviel aufgeladen hat.

Eine servile Haltung führt zum »Katzbuckeln«, man krümmt den Rücken, um sich bei den Herrschaften einzuschmeicheln und Vorteile herauszuschlagen. In *Schillers* Wilhelm Tell heißt es:

»Was rechte Leute sind, die machen lieber
den langen Umweg um den halben Flecken,
eh sie den Rücken beugten vor dem Hut.«

Es ist unter der Würde des freiheitsliebenden Bürgers, sich vor Gesslers Hut zu verbeugen.

Man braucht ein starkes Rückgrat, um in der Welt bestehen zu können. Wem der »Rücken gebrochen« wird, der ist zwar angepaßt, gerät aber in Hörigkeit und verliert seine wahre Würde. Widerstand muß eingeübt werden, selbst wenn man Schläge einstecken muß, weil »der Rücken gemessen wird«. Diese Probe führt aber manchmal sogar zu einer »Stärkung des Rückens«, wie es bei Lenz heißt:

»Die Proben eurer Lieb auf meinem Rücken,
verzeiht, sie können nicht mein Naturell ersticken.«

Allerdings werden wir skeptisch und unruhig, wenn sich »hinter unserem Rücken« etwas zusammenbraut, was wir nicht so recht durchschauen können. Verschwörung und

Heimlichtuerei meiden das Licht und ziehen eben die Rückseite der Öffentlichkeit vor.

Um so mehr sind wir darauf angewiesen, daß uns jemand »den Rücken stärkt«, unsere Standfestigkeit und Eigenständigkeit fördert, damit wir nicht zu schnell mutlos werden und den Aufgaben mit ihren Bewährungsproben nicht »den Rücken kehren«. Wer »mit dem Rücken zur Wand« steht, der hat keinen Spielraum und keine Möglichkeit zum Rückzug mehr, wer aber darum weiß, daß jemand in seinem Rücken steht und ihn ermutigt, hat einen »Rückhalt« und kann auch schwierige Situationen durchstehen.

In einem Psalm wird die Überzeugung ausgesprochen, daß Gott unser ganzes Dasein umgreift und uns von allen Seiten entgegenkommt. Wohin wir auch fliehen wollten, immer ist Gott schon vorher da und umfängt uns.

»Vom Rücken, von vorn umschließest du mich,
und deine Hand hast du auf mich gelegt« (Ps 139,5).

Eine merkwürdige Stelle im Buch Exodus spricht sogar vom Rücken Gottes, als hätte er auch einen menschlichen Leib mit einem Gesicht und einer Rückseite. Mose bat Gott, er möge ihm seine Herrlichkeit zeigen. Gott antwortete ihm: »Du kannst mein Angesicht nicht sehen; denn kein Mensch kann mich sehen und am Leben bleiben. Dann sprach der Herr: Hier, diese Stelle da! Stell dich an diesen Felsen! Wenn meine Herrlichkeit vorüberzieht, stelle dich in den Felsspalt, und ich halte meine Hand über dich, bis ich vorüber bin. Dann ziehe ich meine Hand zurück, und du wirst meinen Rücken sehen. Mein Angesicht aber kann niemand sehen« (Ex 33,18–23). Gottes Herrlichkeit ist viel zu gewaltig für einen schwachen Menschen, als daß er den Anblick ertragen könnte, aber einen Abglanz von ihm kann er ansehen, es ist gleichsam der Rücken Gottes. Ihm ins Auge zu schauen ertragen wir nicht, aber uns wird gewährt, in seiner Spur zu gehen und seine Wirkungen wahrzunehmen.

Rückgrat und Wirbelsäule

Dreiunddreißig Wirbel hat die menschliche Wirbelsäule, von denen allerdings die untersten zum Steißbein verschmolzen sind und mit dem Becken fest zusammenhängen. Die sieben Halswirbel sind für die Beweglichkeit des Kopfes verantwortlich, die zwölf Brustwirbel tragen die Rippen des Brustkorbs, die Lendenwirbelsäule besteht aus fünf Wirbeln, ebensoviel Wirbel hat das Kreuzbein. Die Wirbelsäule steigt nicht gerade nach oben, sondern hat eine Schwingung, einerseits ist sie geprägt durch ihre Kraft und Festigkeit, andererseits durch ihre Biegsamkeit und Elastizität, so daß sie Stöße abfedern und Erschütterungen dämpfen kann. Diese Beweglichkeit wird durch den Wechsel von knöchernen Wirbelringen und knorpeligen Zwischenwirbelscheiben ermöglicht. Die durch die Ringe gebildete Röhre ist gefüllt mit dem Rückenmark mit seinen unzähligen Nervenzellen und Nervenfasern, die das Gehirn mit dem übrigen Körper verbinden. Muskeln, Bänder und Sehnen sorgen dafür, daß dieser empfindliche und lebenswichtige Körperteil geschützt wird und funktionstüchtig bleibt.

Die Wirbelsäule bildet nicht die Mittelachse des Menschen, sondern ist an seiner Rückseite angesiedelt, das Rückgrat ist für Form und Halt des menschlichen Körpers zuständig, die Vorderseite ist bestimmt durch die Eingeweide und Weichteile, wobei alles am Achsenskelett aufgehängt ist und durch Muskeln, Sehnen und Bänder gestützt und getragen wird. Auch die Bewegungen der Arme und Beine, des Kopfes und des Brustkorbs bei der Atmung sind auf die Funktion des Rückgrats angewiesen.

In der aufrechten Bewegung der Wirbelsäule kommt der Unterschied des Menschen vom Tier deutlich zum Ausdruck. Die aufrechte Haltung und Beweglichkeit nach allen Seiten drückt die Eigenständigkeit der menschlichen Person besonders sinnenfällig aus. So sehr der Mensch auf die Erde angewiesen ist, kann er sich doch erheben und sich übersteigen, kann eine neue Ebene der Weltbetrachtung erreichen und von dieser Warte ein erweitertes Bewußtsein bekommen. Diese »Höhe« muß aber immer geerdet werden, er muß die eigene Tiefe wahrnehmen und annehmen, damit er sich nicht übernimmt. Ein »Rückgrat haben« bedeutet Stärke und Durchsetzungskraft. Die Wirbelsäule gibt uns einen Rückhalt, wir werden zum verantwortlichen Handeln befähigt, sind belastbar und beweglich. Auch der »breite Buckel« kann dazu dienen, nicht gleich umzufallen und seine Kraft einzubüßen, sondern manches an sich abgleiten zu lassen und weiter an seinem Werk zu arbeiten. Die Wirbelsäule ermöglicht uns nicht nur die Aufrichtung, sondern auch die Beugung: Wir können uns fest machen und können beweglich sein, können uns drehen und neigen. Die labile Gleichgewichtslage führt aber auch dazu, immer dafür zu sorgen, die Balance zu halten und nicht die »Haltung« einzubüßen, indem man zusammenrutscht und jede Spannung verliert.

Während die eine Gefahr darin besteht, daß dem Rückgrat die Festigkeit und Stabilität abgeht, besteht die andere darin, aus der Festigkeit Starre werden zu lassen. Wer »auf Biegen und Brechen« seine Ziele verfolgt, muß damit rechnen, daß er sein Genick bricht oder ein gebrochenes Kreuz bekommt. Widerstandskraft ist etwas anderes als Sturheit und Bockigkeit, aus der Unbeweglichkeit wird dann Leblosigkeit, und der Verlust der Biegsamkeit führt zur Unfähigkeit, sich einer veränderten Situation anzupassen. − Spannung und Entspannung müssen sich abwechseln.

In der indischen Tradition der Upanishaden ist das Brahman das eigentlich Unsterbliche und Unvergängliche, auch das wirklich Mächtige in der Welt und im Menschen, es ist »der Ausdruck für die letzte, ungreifbare Realität, der *Grund* aller kosmischen Manifestation und aller Erfahrung und damit die *Kraft* jeder Schöpfung kosmologischer oder auch ritueller Art«, wie *Mircea Eliade* ausführt[87]. Das mythische Bild für das Brahman ist die Weltsäule (axis mundi): Diese Achse im Zentrum der Welt trägt und verbindet die drei Dimensionen des ganzen Kosmos, den Himmel, die Erde und die Unterwelt. Die Entsprechung dieser Achse des Universums befindet sich aber nach dieser Lehre auch in jedem einzelnen Menschen, erfahrbar in der Wirbelsäule. Die Weltsäule der Erde hat man sich im Berg Meru vergegenständlicht gedacht, und analog dazu wurde die Wirbelsäule als die Entsprechung dieser Welt-

Farbtafel V: El Greco »Schweißtuch der Veronika«.

säule vorgestellt. Eliade weist auf die yogische Meditation hin: »Stelle dir den zentralen Teil (der Wirbelsäule) deines Körpers als den Berg Meru vor, die vier Hauptglieder als die vier Kontinente, die vier kleineren Glieder als die Unterkontinente, den Kopf als die Welten der deva (der Götter), die beiden Augen als Sonne und Mond.«[88]

Die Wirbelsäule wird nun in sieben Bereiche und Kraftzentren untergliedert, die Chakren, die man mit den Plexūs der abendländischen Anatomie in Verbindung bringen kann. Chakra ist ein Sanskritwort und bedeutet »Rad«, die Chakren sind Kraftzentren und Verbindungspunkte, durch die Energie fließt und wirksam werden kann. In Indien wird die Wirbelsäule der »Stab Brahmas« genannt (»Brahmadanda«), dabei ist immer zugleich an eine physiologische, eine personale und eine spirituelle Wirkkraft gedacht.

1. Der Wurzelbereich (Muladhara-Chakra oder Wurzel-Chakra) liegt an der Basis der Wirbelsäule zwischen der Afteröffnung und den Geschlechtsorganen. Kennzeichnend ist die Nähe zur Erde und zur Materie, zum mütterlichen Boden. Die »Linga«, die als Feinkörper gedachte bestimmende Kraft des Menschen, deren Kopf wie ein Juwel glänzt, schläft, um sie ist die Kundalini achtmal geschlungen und hält diesen Kopf in ihrem Maul verschlossen. Es ist der Bereich der schlafenden Energie, wo aber auch der Klang entsteht und wo die Atmung beginnt. Dort ruht die Urkraft, die alles ermöglicht, ist der Ausgangspunkt jeder Entwicklung, die Chance zum Aufstieg. Die Kundalinischlange ist noch im Schlafzustand, sie kann aber aufsteigen und alle Chakren zu einer Ganzheit verbinden. Das kennzeichnende Tier dieser Zone ist der Elefant, der fest auf der Erde steht, stark und tragfähig ist und fähig zum Handeln. Die besondere Aufgabe in diesem Wurzelbereich ist die Annahme der alltäglichen Welt, die nüchterne Wahrnehmung der Wirklichkeit.

2. Das Polaritäts-Chakra (Swadhistana-Chakra) liegt im Bereich der Genitalien und umfaßt einen Teil der Beckenregion und der Muskeln dieses Bereichs. Es liegt über dem Wurzel-Chakra und ist dem Element Wasser zugeordnet. Hier beginnt die Reise der erwachten Kundalini, der Aufstieg aus dem Wasser des Unbewußten. Dem Leben geht immer ein Sterben voraus, die Welt wird in ihrer Zwiespältigkeit erlebt, in ihrer pola-

ren Spannung. Neben den hellen Mächten stehen die dunklen, wer der Wirklichkeit begegnet, muß auch ihre Gespaltenheit aushalten. In seiner Sexualität erlebt der einzelne Mensch (ob Frau oder Mann) seine »Halbheit« und seine Orientierung auf das andere Geschlecht. Dieses Chakra betrifft deshalb auch die elementaren Beziehungen zwischen den Menschen, jedenfalls im Hinblick auf die Begegnung der Geschlechter.

3. In der Lendengegend auf der Höhe des Nabels befindet sich das Sonnengeflecht-Chakra (Manipura-Chakra), es ist das Feuerzentrum, deshalb ist auch die zugeordnete Farbe das Feuergelb der Sonne, und das entsprechende Element ist das Feuer. Die Leidenschaften brechen auf, die sexuellen Wünsche erwachen, auch die Machtansprüche. Das Feuer ist schmerzhaft, aber es ist auch eine Quelle der Kraft und des Lichtes. So wie im Ofen der Alchemisten der Adept gereinigt werden mußte, um »durchgekocht« zu werden (wie Hildegard von Bingen den Reifungsvorgang beschreibt), so muß diese Zone in kämpferischer Auseinandersetzung durchschritten werden. Nur wer sich der Versuchung stellt und die Ängste vor dem Wandlungsgeschehen überwindet, kann weiterschreiten und zu Neuem durchstoßen.

4. In der Herzgegend ist die Mitte der Chakren erreicht (Anahata-Chakra). Zugeordnet ist diesem Bereich das Element Luft und der Tastsinn, aber auch die Bewegungskraft und der Phallus. Im Herzbereich sind Wachstum und Neubeginn möglich, die scheinbar unversöhnlichen Pole finden zueinander, Friede kommt herauf, das Zerrissene heilt wieder. Aus dem Gestaltlosen kristallisiert sich die Gestalt, das wahre Selbst nimmt Konturen an. Über die vagabundierenden Leidenschaften erhebt sich der Geist. Im dem Herz-Chakra zugeordneten Tier, der Gazelle, wird die Verbindung von Leichtigkeit und Kraft anschaubar.

5. Das Hals-Chakra (Vishuddhi-Chakra) kennzeichnet den Übergang des Rückgrats zum Kopf hin. Der Elefant trägt einen androgynen Shiva. Eine neue Basis ist gefunden, die auch das Künftige tragen kann. Ist dem Herz-Chakra die Zahl Vier zugeordnet, so dem Hals-Chakra die Zahl Fünf, die Quintessenz, die Vierzahl bekommt damit einen neuen, verwandelnden Mittelpunkt.

6. Der Ort zwischen den Augenbrauen ist der Sitz des Stirn-

augen-Chakra (Ajna-Chakra). Hier ist der Sitz der Erkenntniskräfte und der feingestaltigen Sinne, das Auge der Weisheit thront hier. Dieses Chakra ist der Begegnungsort von Himmel und Erde, der göttliche Wille soll hier verwirklicht werden. Die zugeordnete Zahl ist die Sechs, dargestellt in den beiden vereinigten Dreiecken, dem Davidsstern, dem Symbol der Begegnung. Das Stirnauge oder dritte Auge schaut nicht nach außen, es meint eine nach innen gewandte Schau mit geschlossenen Augen. Entfaltet sich hier die Lebensenergie, ist das Ganze erkennbar, auch der Zugang zum Verborgenen ist eröffnet, weil geheimnisvolle Helfer bereitstehen und das Größere als vertrauensvolle Wirklichkeit nahe kommt.

7. Oberhalb des Scheitels ruht das Kronen-Chakra (Saharara-Chakra), das die Verbindung mit Gott gewährt. Hier endet der Weg der Kundalini, da sie alle Chakren durchquert hat. Das Kronen-Chakra gehört nicht mehr wirklich zum Bereich des Körpers, es bezeichnet schon den transzendenten Bereich. Die Gegensätze sind überbrückt und haben sich gefunden. Die Verbindung zur Erde ist nicht aufgegeben und verloren worden, aber der himmlische Bereich hat sich geöffnet. Die wahre Gestalt kann ihre Augen aufschlagen. Die zugeordnete Zahl ist die Sieben, die Vollendungszahl, weil sie die Einheit von Himmel und Erde symbolisiert.

Was aber ist nun die Kundalini, die diese Reise durchläuft? Sie wird als Schlange beschrieben, aber als Göttin verstanden, als eine Grundkraft, die in der Mitte der Körper aller Geschöpfe wohnt, sich zunächst an der Basis manifestiert. Ist sie erwacht, dann bewirkt sie eine große Hitze, weil sie einen feurigen Charakter hat, und steigt stufenweise in die Höhe.

So wird am Erfahrungsfeld der aufsteigenden Wirbelsäule der Aufstieg des Menschen nachvollziehbar gemacht, das Durchschreiten verschiedener Entwicklungsstufen und Reifungsphasen bis hin zur Entfaltung des geistdurchwirkten Menschen, der nicht nur seine naturhaften Anlagen und Fähigkeiten ausbildete, sondern auch seine spirituelle Gestalt erreicht hat.

Auch das Kronen-Chakra hat noch seinen somatischen »Ort«: am Scheitel des Kopfes, verbunden mit der Zirbeldrüse. Aber es geht hier um den Grenzbereich, in dem sich die Spannungen und Konflikte auflösen können und sich eine

»Überlegenheit« der höchsten Erkenntnis einstellen kann. Die Erfahrungen des Kronen-Chakras können offenbar nur noch mit andeutenden Worten beschrieben werden, die eben den Grenzregionen noch Ausdruck verleihen können: Erleuchtung, erweiterte Selbst-Bewußtheit, kosmisches Bewußtsein, innere Harmonie.

Der Hals

»Das Haupt steht auf dem Halse: das ist der Olympus auf einer Höhe, die Festigkeit und Freiheit, oder Schwanensanftheit und Weiche zeigt, wo sie ist, was sie sein soll: ein elfenbeinerner Thurm, sagt das älteste und wahrste Lied der Liebe«, so hymnisch preist *Herder* den Hals. Und wirklich verdient es der Hals, besonders herausgehoben zu werden, ist er doch der Körperteil, der die schmalste Stelle des ganzen Leibes bildet. Welch lebenswichtige Linie bildet er mit seinen sieben Halswirbeln: Die Nervenbahnen laufen hier zum übrigen Körper, die Luftröhre verbindet die Mundhöhle mit den Lungen, so daß der Sauerstoff aufgenommen werden kann. Die Speiseröhre vermittelt die aufgenommenen und gekauten Speisen und die Getränke vom Mund in den Magen. Daneben laufen hier aber auch die nährenden und zurückleitenden Blutgefäße, ohne die das Leben nicht erhalten werden kann. Und schließlich haben auch bedeutsame Muskelstränge hier ihren Platz.

Wir brauchen uns nur einmal vorzustellen, wie der Mensch aussähe, wenn er keinen Hals hätte, um uns seine Bedeutung zu vergegenwärtigen. Dieses bewegliche Organ ist nicht nur die Verbindung zwischen dem Rumpf und dem Kopf, sondern ermöglicht es dem Kopf, sich frei zu bewegen, nach oben und nach unten und zu den Seiten zu schauen. Der Hals erlöst den Kopf aus der Starre und gewährt ihm die Freiheit, sich jemandem zuzuwenden oder sich abzuwenden. *Rosenberg* schätzt den Hals als besonders charakteristischen menschlichen Körperteil ein: »Der Hals vertritt den ganzen Körper – wie der Hals, so der Mensch. Eine solche Aussage ist schon deshalb möglich, weil der Hals typologisch und charakterologisch ungemein expressiv ist. Der Astheniker hat meist einen schmalen, sehnigen, der Pykniker einen breiten, muskulösen Hals usw. Der Typus und darüber hinaus die Art der Lebenshaltung läßt sich darum am Hals ›ablesen‹. Der Hals ist demnach schon nach Bau und Funktion ein Ort der Vermittlung – er transponiert das Unbewußte ins Bewußte, das Untere nach oben, das Innere nach außen.«[89]

Je nachdem, wie sich der Hals bewegt, wird der Kopf getragen. Ein zurückgeworfener Hals mag Arroganz ausdrücken, die Überheblichkeit eines Menschen, der auf andere nur herabschauen kann. Der hochgetragene Kopf mag Zeichen der Selbstsicherheit sein, Ausdruck eines Menschen, der in sich ruht und sich nicht zu verstecken braucht. Wer den Kopf senkt, mag mit sich selbst beschäftigt sein oder ins Nachdenken versunken, so daß er die Außeneindrücke vermeidet. Der schiefe Hals ist – nach *Herder* – Ausdruck der »Schwäche und Schlaffheit der Lebensenergie«[90], während der steife Hals seiner Meinung nach auf »Ungelehrsamkeit, Unverschämtheit und Hartnäckigkeit« hindeutet[91].

Die Wertschätzung des Halses kommt auch in vielen Redewendungen zum Vorschein. Wenn es in einer schwierigen Situation »um Kopf und Kragen« geht, dann steht eben das Leben auf dem Spiel. Der Halsstarrige scheint sich zwar mit seiner Sturheit zu behaupten, beweist aber mit seiner Unbeweglichkeit nur, daß er keine Lernbereitschaft aufbringt und sich selbst in eine Sackgasse manövriert. Wer »Hals über Kopf« eine Entscheidung trifft, der übereilt sich und wird seine hastige Handlungsweise wohl bald bereuen. Der Unaufmerksame oder Tollkühne muß befürchten, daß ihm seine Fahrlässigkeit »den Hals bricht«, der Ängstliche dagegen wird aufgefordert, ruhig auch etwas zu wagen, »es wird ihn schon nicht den Hals kosten«.

Sind wir neugierig und wollen wir uns über etwas informieren, dann »machen wir einen langen Hals«, wir recken uns also, um spähend und Ausschau haltend mehr zu erfahren. Geraten wir dabei in eine gefährliche Situation, dann werden wir versuchen, »den Hals aus der Schlinge zu ziehen«. Ist einer zu gierig, dann »kann er den Hals nicht voll genug kriegen«, oder seine Unersättlichkeit führt dazu, daß er etwas »in den falschen Hals« bekommt, so daß ihm also ein Bissen in die Luftröhre statt in die Speiseröhre gerät. Redet einer zuviel, dann sind wir in der Versuchung, ihm »den Hals zu stopfen«, weil er uns mit seiner Aufdringlichkeit »zum Halse heraushängt«. Und weil wir die Neigung haben, uns zuviel »auf den Hals zu laden«, setzt sich der Wunsch durch, sich »etwas vom Halse zu schaffen«. Sonst kann es uns passieren, daß wir »Schulden bis zum Hals« haben, so daß uns das letzte Wort »im Halse stekkenbleibt«.

Aber auch bei der Begegnung von Menschen ist der Hals immer beteiligt. Nicht umsonst fallen wir einem Menschen »um den Hals«, wenn wir ihn gerne haben und ihn freundlich begrüßen wollen. Allerdings lieben wir es nicht, wenn sich uns jemand »an den Hals wirft«, wenn er sich also aufdrängt und nicht auch die nötige Distanz einhält. Dann wünschen wir uns eher, daß er uns »vom Hals bleibt«. Kommen wir mit Menschen gut aus, dann entspannen sich auch die Halsmuskeln, die Blutgefäße und Atemwege weiten sich, aus der Enge wird Weite, dann können wir »lauthals« singen. Fühlen wir uns dagegen gedrückt, dann schnürt es uns die Kehle zu, als hätten wir »eine Kröte im Hals«. Auch bei Gefahr ziehen wir den Hals ein, ziehen die Schultern hoch, um den gefährdeten Hals zu schützen, machen einen Buckel und heben die Arme und Hände, damit wir der Gefahr entgehen können.

Um so mehr genießen wir es dann, auch wieder den Kopf erheben zu können oder ihn — wie der Hans-guck-in-die-Luft — in den Nacken zu heben, um in die Ferne zu träumen und den Wolken zuzusehen.

Aber der Nacken ist auch bereit, Lasten zu tragen. Nur eines sollte uns erspart werden: daß wir »mit des Sailers Tochter Hochzeit feiern« oder, wie es Abraham a Sancta Clara ausdrückte, »mit des Sailers Halstuch beschenkt werden«. Deshalb wünschen wir uns — so seltsam ist unser Sprachgebrauch — »Hals- und Beinbruch«.

Rund um den runden Kopf

Wie das Haupt auf den Schultern,
so ruhet im Angesichte die Stirn auf den beiden Bogen der
Augenbraue,
wie ein Gedankenhimmel allein und oben.
Zwischen den Augenbrauen tritt die Seele
und Stirn auf einen Punkt,
und zu beiden Seiten wölbt sich der edelste Sinn, das Auge,
abermals in der schönsten Linie der Ellipse.
So steht die Nase und der Mund abermals zwischen zwei
Blumengeländern, den Wangen,
bis die Ellipse des Hauptes sich mit dem festen Kinne
schließt.

Johann Gottfried Herder

Der Kopf — die Hauptsache

Da im Kopf das Gehirn als Träger des Bewußtseins untergebracht ist und dort alle Nervenbahnen ihre zentrale Bündelung haben, dort auch fast alle Sinnesorgane ihren Platz haben und ihre Tätigkeit entfalten, ist der Kopf wirklich die Hauptsache. Wer »kopflos« wird — im wörtlichen oder im übertragenen Sinn —, kann nicht mehr weiterleben, er verliert sein Schaltzentrum, sein Leitungs- und Lenkungsorgan, der »König« dankt ab, das Zentrum des »Ich« geht verloren.

Schon die mittelalterliche Anthropologie hat dem Kopf des Menschen immer eine Sonderstellung zugesprochen. Bei *Hildegard von Bingen* heißt es: »Am Haupte des Menschen, wie am Rund eines kreisenden Rades, befindet sich der Scheitelpunkt des Gehirns, auf das hin eine Leiter angelegt ist, die verschiedene Stufen des Aufsteigens hat, so mit den Augen im Sehen, mit den Ohren im Hören, mit der Nase im Riechen, mit dem Mund im Sprechen. Mit diesen Sinnesorganen schaut der Mensch alle Schöpfung, erkennt sie, teilt sie auf und gibt ihr die Namen.«[92] In ihrer symbolischen Redeweise werden aus den Nervenbahnen »Leitern«, die das mit den Sinnen Aufgenommene dem Gehirn weiterleiten.

Auch die runde Gestalt des Kopfes wird als Hinweis auf seine Wichtigkeit genommen, nähert er sich doch der idealen und vollkommenen Kugelgestalt. Hildegard sagt: »Das Rund seines Hirnschädels weist auf die beherrschende Kraft des Menschen hin; hält und regiert doch das Gehirn den gesamten Organismus.«[93] Der Kopf wird als der Repräsentant des Geistes angesehen, des Wissens nicht nur, sondern auch der Weisheit, der klugen Vorausschau, der abwägenden Entscheidung und der Herrschaft.

Weil es aber auch die hohlen Köpfe gibt, Dummköpfe und Narren, deshalb muß der Kopf viel lernen, Wissen und Kenntnisse in sich aufnehmen, damit er ein »kluger Kopf« werden kann und sein Verstand sich aufhellt. Bleibt der Mensch töricht, dann setzt man seinem Kopf eine Narrenkappe auf. Bekennt sich ein Mensch schuldig und bereut seine Sünde, dann hat er Asche der Trauer und der Umkehrbereitschaft auf sein Haupt streuen zu lassen. Auch die besondere Ehrung und Auszeichnung wird häufig dem Haupt zuteil: Der Sieger bekommt einen Lorbeerkranz aufgesetzt, der König wird mit einer Krone ausgezeichnet, Bischöfe und Könige werden mit Chrisam gesalbt.

Die verschiedenen Kopfhaltungen und -stellungen werden von uns spontan mit einer bestimmten Deutung versehen und in ihrer Zeichenhaftigkeit erkannt. Wer den Kopf hebt, der erwartet etwas, auf das er schon hinschaut, sei es das Erhoffte oder das Befürchtete. Hildegard kennzeichnet es so: »Erblickt er doch mit seinem Gesicht, das durch das Kinn erhoben ist, jedwedes sichtbare Ding und vermag durch den Verstand zu erwägen, was es seinem Wesen nach sei.«[94] – Der gesenkte Kopf kann Zeichen für Nachdenklichkeit sein, aber er mag auch die Fügung ins Unvermeidliche ausdrücken, kann als eine Geste der Unterwerfung verstanden werden oder als Haltung der Ehrfurcht. – Das Kopfnicken ist die Gebärde der Zustimmung, wobei sie bedeutet, daß wir für die Richtigkeit einstehen oder für das Versprechen bürgen. – Schüchternheit oder Schuldbewußtsein kann auch mit einem Senken des Kopfes ausgedrückt werden. Wird der Blickkontakt vermieden, dann mag das eine Geste des Sich-Versteckens sein, der Betreffende möchte als möglichst harmlose, unauffällige Person gelten. Vielleicht will jemand auch keine direkte Kontaktaufnahme, weil er der heimliche Beobachter am Rande bleiben will.

Wer den Kopf »hängen« läßt, ist offensichtlich mutlos und resigniert. Es reizt ihn nicht mehr, zuversichtlich in die Welt und zu anderen Menschen hinzuschauen, seine Kopfhaltung ist schlaff und von Schwermut gezeichnet. Wir sagen ihm dann wohl: »Laß den Kopf nicht hängen!«, obwohl eine so gutgemeinte Aufforderung meist nicht viel bewirkt. Wer an dem interessiert ist, was um ihn in der Welt vor sich geht, wird seinen Kopf »vorstrecken«, er nimmt Anteil am Geschehen, und seine Kopfbewegungen sind lebhaft, wenn die Neugier ihn antreibt.

Auch die Kontaktaufnahme bringt eine lebhafte Kopfbewegung mit sich. Wird im anderen Menschen der Partner oder der Rivale gesehen, dann muß man sich mit ihm konfrontieren. Die Kopfhaltung läßt dann auf Selbstbewußtheit und Ich-stärke schließen – oder auf Unsicherheit und Ängstlichkeit. Wer sich vom anderen abwendet, drückt damit seine Ablehnung oder Verachtung aus, vielleicht signalisiert er auch nur das Desinteresse am anderen. Eine pendelnde Bewegung verdeutlicht eine schwankende Haltung, man ist noch unentschieden und wägt die Entscheidung ab. Vorerst scheint Skepsis zu überwiegen.

Schon *C. G. Carus* hat der Kopfhaltung seine Aufmerksamkeit gewidmet. »Der Stolze oder Eitle kann an dem rückwärts aufgeworfenen Haupte, der Milde, Nachgebende, Herablassende oder Unterwürfige an dem stark vorwärts geneigten, der Ruhige, in sich still Beharrende an der einfachen, aber festen und waagerecht geraden Haltung des Kopfes erkannt werden.«[95] Und *Montaigne* fiel auf, daß die lange Gewohnheit der Abhängigkeit eine Kopfhaltung demütiger Servilität nach sich zieht. Die Einflußreichen fördern natürlich eine solche Einstellung. Für die Großen ist »ein Mangel an Untertänigkeit der schlimmste aller Makel; hart gegen jede Rechtschaffenheit, die sich ihrer selbst bewußt ist und sich nicht unterwürfig, demütig und flehend gebärdet. An diesem Stein habe ich oft den Kopf angestoßen.«[96] Er, der selbst viele »Untergebene« hatte, wollte offensichtlich lieber den offenen Blick, den aufgerichteten Kopf und das wahrhafte Bekenntnis, als die Duckmäuserhaltung verlogener Ergebenheit.

Es ist auffällig, daß die Sinnesorgane alle an der Vorderseite des Kopfes liegen, im »Gesicht«, wo nicht nur die damit angesprochene Sehfähigkeit angesiedelt ist, sondern auch das Geruchsorgan und der Geschmack. Die Ohren befinden sich zwar an den Seiten des Kopfes, aber ihre Muscheln richten sich auch vornehmlich nach vorn. Die rückwärtige Seite des Hauptes ist durch Haare geschützt, aber sie ist − bis auf die Gefühlsnerven der Kopfhaut − ohne Sinnesorgane ausgestattet. Vielleicht kann man (mit Carus) von einer Tagseite und einer Nachtseite des Kopfes sprechen, wobei die Lichtseite für die Region der Intelligenz stünde, während die dunklere Seite die verborgenen Bereiche des Unbewußten darstellte[97].

In der jüdisch-christlichen Überlieferung wird gesagt, daß die ganze Schöpfung, der Kosmos als zusammengehörige Einheit, auch ein Haupt brauche. Das 1. Buch Chronik tradiert ein Gebet Davids, in dem es heißt: »Dein, Herr, sind Größe und Kraft, Ruhm und Glanz und Hoheit; dein ist alles im Himmel und auf Erden, dein ist das Königtum. Du erhebst dich als Haupt über alles« (1 Chr 29,11). Gott selbst ist das herrscherliche Haupt der Schöpfung. − Im Neuen Testament wird Christus als das Haupt und von Gott eingesetzte Ziel der Schöpfung und der Kirche angesehen. Im Kolosserbrief wird das so ausgedrückt: »Alles ist durch ihn und zu ihm hin geschaffen ... und er ist das Haupt seiner Kirche« (Kol 1,16.18). »Er ist das Haupt aller Herrschaft und Gewalt« (Kol 2,10). Im Epheserbrief wird es so formuliert: »Er hat ihm alles zu Füßen gelegt und hat ihn der Kirche zum alles überragenden Haupte gegeben – ihr, die sein Leib ist, die Fülle dessen, der alles in allem zur Erfüllung bringt« (Eph 1,22).

In der Alltagssprache steht der Kopf entweder für den ganzen Menschen oder doch für seinen Willen und seine Absichten. Wer »mit dem Kopf durch die Wand« will, der ist so eigenwillig, daß er die Realitäten nicht ausreichend berücksichtigt, er handelt ohne Klugheit und innere Beweglichkeit. Und wer sich etwas »in den Kopf setzt«, was gar nicht verwirklicht werden kann, der verdient es, daß man ihm »den Kopf zurechtrückt«. Manches kann man nicht erreichen, auch »wenn man sich auf den Kopf stellt«. Viele Leute »setzen einen Dickkopf auf«, sie brauchen sich nicht zu wundern, wenn sie schließlich nicht mehr »wissen, wo ihnen der Kopf steht«. Wer dagegen das »Kopfzerbrechen« nicht scheut und »nicht auf den Kopf gefallen ist«, der wird wohl auch »seinen Kopf durchsetzen« und den anderen »über den Kopf wachsen«. Allerdings kommt man dann auch in die schwierige Situation, daß man »seinen Kopf aus der Schlinge ziehen« muß, wenn es nämlich »um Kopf und Kragen« geht. Wer »Köpfchen« hat, wird sich wohl auch nicht so leicht »den Kopf verdrehen lassen«, aber allzu oft wächst uns eine Sache »über den Kopf«. Auf jeden Fall kommt es darauf an, nicht »kopflos« zu werden und »den Kopf oben zu behalten«. Aber wir brauchen auch Menschen, mit denen wir »die Köpfe zusammenstecken« können, um uns nämlich zu beraten.

Die bildende Kunst bietet uns manchmal doppelköpfige oder dreiköpfige Wesen, die vor allem der Ikonographie anderer Kulturen und Religionen oder der antiken Mythologie entstammen. Der Gott Janus wird mit zwei Köpfen dargestellt, weil er sowohl das Vergangene wie das Künftige repräsentiert, den Anfang und das Ende. Er schaut in zwei Richtungen, deshalb braucht er ein zweites Antlitz. – Andere Darstellungen zeigen uns ein männliches und ein weibliches Gesicht, einen

König und eine Königin. Es handelt sich dabei um die Darstellung der Androgynität, der mann-weiblichen Zusammengehörigkeit und Ergänzung. In einer Gestalt sind die Gegensätze vereinigt, haben sich die Pole zur Einheit gefunden.

Gegenwärtig wird gerne der Bauch gegen den Kopf ausgespielt. Wir sind zu sehr »im Kopf«, heißt es da, das ausufernde Denken macht uns »verkopft« und läßt das Fühlen und Empfinden verkümmern. Also muß ein »Bauchdenken« eingeübt werden, oder das »Auge im Bauch« sollte geweckt werden. Richtig daran ist, daß der Kopf nicht isoliert betrachtet werden darf, daß vor allem das rationale schlußfolgernde Denken nicht überbewertet werden sollte, weil der Leib mit seinen vielen Organen und Sensoren ja eine Einheit bildet, wo der eine Körperteil mit seinen Funktionen die anderen voraussetzt. Aber darüber dürfen wir nicht vergessen, welche unvergleichliche und unvertauschbare Aufgabe gerade der Kopf – und da wieder besonders das Gehirn – hat und daß wir es uns gar nicht leisten können, dieses Schaltzentrum unseres Gesamtorganismus schlechtzumachen.

Aber manchmal ist es schon nötig, einen Menschen, der »Kopf steht«, wieder »auf die Füße« zu stellen, einen »Kopfling« daran zu erinnern, daß er auch einen Bauch und Beine hat.

Die Stirn

Vielleicht ist die Stirn so etwas wie die Visitenkarte unserer Person. Treten wir einem anderen Menschen gegenüber, dann schauen wir ihm zwar gewöhnlich in die Augen, aber immer bietet sich uns die Stirn als die »ausgebreitete Fläche« dar, was Stirn nach Auskunft der Etymologen zu bedeuten hat. – »Auf der Stirne und in den Augen kann man die Briefe des Herzens lesen«, hat 1685 Winckler gesagt. In die Stirne wird die Geschichte eines Menschen eingraviert, dort finden sich die Spuren der Kämpfe, der Siege und der Enttäuschungen. Deshalb kann Clemens Brentano sagen: »Auf der sinnenden Stirne ruht der Friede besiegter Leiden.« Die Runzeln und Falten gehören zur Stirn des alternden Menschen, jeder ist ein Gezeichneter und trägt seine Lebensgeschichte mit sich herum. Es ist aber nicht so, daß wir die Gedanken eines Menschen einfach ablesen könnten. »Was du grübelst, tu es unter einer glatten Stirn«, heißt es bei dem Dichter *Alexis,* und *Marie von Ebner-Eschenbach* ist sogar froh, daß wir unsere geistigen Einfälle auch verbergen können: »Es gäbe keine Geselligkeit, wenn die Gedanken der Menschen auf ihrer Stirn zu lesen wären.«

Soviel können wir aber schon lesen, daß wir die Kennzeichen einer Gewitterstimmung wahrnehmen: eine finstere Wolke umgibt manchmal die Stirn, eine bekümmerte Miene läßt einen baldigen Ausbruch erwarten, aber auch Milde und Freundlichkeit mögen zu erkennen sein. Es »steht uns etwas an der Stirn geschrieben«, die Gesinnung macht sich bemerkbar, und wer es wahrnehmen kann, der wird es dem anderen »von der Stirn ablesen«. Seelische Vorgänge haben nun einmal ihre körperlichen Entsprechungen, die Stirn ist ein bevorzugter Spiegel.

Die Knochen unter der Stirnhaut sind recht stabil und widerstandsfähig, deshalb können wir auch einem anderen »die Stirn bieten«, dürfen den Mut zur offenen Auseinandersetzung haben. »Die Stirn haben« kann aber auch Ausdruck einer unverschämten Herausforderung sein, die Frechheit macht die Stirn zu einer verletzenden Provokation.

Erkennen wir, daß wir einen schweren Fehler begangen haben, dann »schlagen wir uns vor die Stirn« zum Zeichen unserer Reue; wenn wir dagegen bei anderen ein Fehlverhalten beobachten, dann runzeln wir die Stirn zum Zeichen unseres Mißfallens. Stellen wir etwas »Verrücktes« bei uns oder anderen fest, dann »tippen wir an die Stirn« zum Zeichen, daß wir vermuten: Hinter der Stirn – im Gehirnkasten – stimmt etwas nicht. Beim besinnlichen Nachdenken und ruhiger Überlegung legen wir »die Hand an die Stirn«, vielleicht bekommen wir dann eine »Denkerstirn«.

Ist einer nicht »engstirnig«, sondern hat er eine freie Stirn, die uns offen entgegengehalten wird, dann ist Begegnung zwischen Menschen möglich. Die verdüsterte Stirn, die verschattete und verschleierte Stirn weckt Mißtrauen und Abwehr. Man wird Herder zustimmen können, wenn er sagt: »Das Leuchten des Angesichts zeigt sich insonderheit auf der Stirn; da wohnt Freude, da wohnt dunkler Kummer und Angst und Dummheit und Unwissenheit und Bosheit ... Hinter dieser spanischen Wand singen doch einmal alle Grazien, oder hämmern die Cyklopen.« Hymnischer und zuversichtlicher sagt es *Lavater:* »Das unverkennbarste, sicherste Monument, die Residenz, Festung, Grenze des Geistes.«

Eine Form der freundlichen Begrüßung ist der Kuß auf die Stirn. Aber auch der Segen wird oft so gespendet, daß ein Kreuzzeichen auf die Stirn gezeichnet wird. Und in den katholischen Kirchen wird am Aschermittwoch den Gläubigen ein Aschenkreuz auf die Stirn gestreut zum Zeichen der irdischen Vergänglichkeit. Der Sieger schließlich bekommt einen Lorbeerkranz auf die Stirn, der ihn ehren und schmücken soll.

In den spirituellen Traditionen ist die Stirn immer als besonders wichtiger Bereich des geistigen Lebens angesehen worden, als der Ort, wo sich die höhere Erkenntnis bildet und das »dritte Auge« der spirituellen Erkenntniskraft und der hohen Einsicht seinen Platz hat. Deshalb wird im Kundalini-Yoga der Ort zwischen den Augenbrauen als sensitiver Punkt angesehen, das sechste Chakra »Ajna«. Danach kann sich gerade hier das Göttliche mit dem Menschlichen treffen und der Übergang von der einen Dimension in die andere ereignen.

Das Gesicht und seine Sprache

Als sich Sokrates mit dem Maler Parrhasios unterhielt, so berichtet Xenophon in seinen Erinnerungen, da warfen sie die Frage auf, inwiefern ein Künstler auch die Gefühle von Menschen einfangen und darstellen könne. Sokrates fragte: »Meinst du, daß die Menschen, die am Glück oder Unglück ihrer Freunde teilnehmen, denselben Gesichtsausdruck zeigen wie die, welche nicht daran teilnehmen?« Parrhasios antwortete: »Beim Zeus, keineswegs, denn über das Glück der Freunde zeigen sie sich heiter-strahlend, über das Unglück traurig-finster.« Und Sokrates zieht daraus den Schluß: »So gibt sich gewiß auch das Erhabene und Freie, das Niedrige und Unfreie, das Besonnene und Vernünftige, das Freche und Geschmacklose bei den Menschen im Gesichtsausdruck und in der Haltung stehender oder bewegter Personen zu erkennen.«[98]

In diesen Worten wird das ganze Spektrum physiognomischer Ausdrucksmöglichkeiten angedeutet, das uns in einem

»sprechenden Antlitz« entgegenkommen kann. Auch *Lichten-berg* empfand ja das menschliche Gesicht als »die unterhalt-samste Fläche auf der Erde«. Nun gibt es ausdrucksvolle und ausdrucksarme Gesichter, manche haben ein »architektoni-sches Gepräge«[99], ihr Ebenmaß, die Ausgeglichenheit der Proportionen und die charakteristischen Formen fallen sofort auf: das energische Kinn, die scharfe geschnittene Nase, die blitzenden Augen. Seelische Wachheit, Aufmerksamkeit des Geistes und Differenzierungsgabe machen sich bemerkbar, aus dem Gesicht wird eine Landschaft, die gleichsam durch-wandert werden kann. Aber daneben finden wir auch monoto-ne Gesichter mit einer maskenhaften Starre. Hier fehlt die Vielfalt der Ausdrucksmöglichkeiten, es sind immer wieder stereotype Wiederholungen mimischer Muster. Allerdings gibt es auch die geborenen Schauspieler, die jeden Gefühls-ausdruck so »darstellen« können, als wäre er spontan erzeugt, obwohl er nur aus der Übung des Rollenspiels kommt. Dane-ben können wir das Versteckspiel des Maskierten beobachten, der nie mit offenem Visier kommt, sondern alle Nuancen sei-nes Gefühls im Verborgenen läßt.

Das Gesicht hat eine deutlich wahrnehmbare Dreiteilung: der obere Teil wird von der Stirn mit dem Haaransatz und den Schläfen bestimmt, im Mittelteil dominieren die Augen und die Nase, der untere Teil hat sein Gepräge durch den Mund und das Kinn. Die drei Bereiche haben in etwa die gleiche Hö-he, doch gibt es sehr auffällige Unterschiede beim einzelnen Menschen. − Vereinfacht gesagt, lassen sich die drei Zonen des Gesichts so verstehbar machen: Die Stirn steht für das Denkvermögen und die intellektuellen Fähigkeiten, die Mit-telpartie für die Sinnestätigkeit und die sensitive Wahrneh-mung, der untere Teil für die haptische Funktion und die Wil-lenskraft. Während die Augen schon in der frühen Kindheit eine charakteristische Besonderheit annehmen können, prä-gen sich die individuellen Eigenarten des Mundes und des Kinns meist erst sehr viel später aus. Die Stirn bekommt am frühesten ihr bleibendes Gepräge. Beim Erwachsenen ist die Gestalt der Nase meist das charakteristischste Merkmal, beim Kind dagegen ist davon noch wenig zu entdecken. Erst in der ausgehenden Kindheit mit seinen Ablösungsprozessen formt sich die Nase als besonderes »Erkennungszeichen«[100].

Auch ohne genaue Beobachtungskriterien werden wir unterscheiden können, ob sich in einem Gesicht Freude oder Unbehagen zeigen. Ist jemand »angenehm berührt«, dann werden sich seine Mundwinkel heben, freudige Erwartung mag daran erkennbar werden, daß sich der Mund öffnet und die Zunge sich nach vorn schiebt, als gebe es bald etwas Köstliches zu genießen. Eine ablehnende Einstellung, die von mangelnder Freude und einem inneren Widerstand geprägt ist, wird sich durch gesenkte Mundwinkel bemerkbar machen. Wer unangenehm berührt ist, wird die Nase rümpfen, seinen Mund zum Schmollmund verziehen, als hätte er einen bitteren Geschmack im Mund. Das Gesicht kann sich »verziehen«, es strahlt dann Trübsal aus oder Gehässigkeit. Ist der Muskeltonus des unteren Teils des Gesichts herabgesetzt, dann mag das auf geringe Unternehmungslust schließen lassen, auf Mißmut und Ärger, vielleicht auch auf eine feindliche Einstellung zu seiner Umgebung.

Die Konstitutionstypologie *Kretschmars* ordnet den verschiedenen Temperamentsformen auch charakteristische Ausdrucksformen zu. Pykniker, also kleine und rundliche Menschentypen, haben meist ein zykloides oder zyklothymes Temperament, sie sind stark von Gefühlen bestimmt, die einmal heiter, ein andermal traurig sein mögen, korrespondieren intensiv mit ihrer Umwelt und spiegeln in ihrem Gesicht ziemlich unmittelbar ihre Gemütsverfassung wider. Weil sie die Resonanz der anderen brauchen und eine ihnen entsprechende Atmosphäre suchen, deshalb kann man ihnen gewöhnlich auch ihre seelische Verfassung am Gesicht ablesen. Der Schizothyme dagegen ist weniger anpassungsfähig, seine Stimmungen schwanken zwischen Überempfindlichkeit und Gefühlskälte. Seine Konstitution ist von Hagerkeit bestimmt, in seinem seelischen Leben ist er mehr nach innen gerichtet, er braucht nicht den permanenten Austausch mit anderen. Das wird dazu führen, daß auch sein Gesicht weniger Ausdruckskraft hat, hinter die Fassade will er sich nicht so schnell schauen lassen[101].

Auch der Melancholiker neigt dazu, eher ein erstarrtes als ein bewegtes Gesicht zu zeigen. Das seelische Leben ist ins Stocken geraten, eine Leidensmiene und die Unsicherheit, eine Entscheidung zu treffen, werden charakteristische Merkmale seines Gesichtes sein. Dagegen zeigt der Nervöse und Gereizte eine ausgesprochene Unruhe. Der Blick ist unstet und fahrig, seine Reaktionen sind sprunghaft und unberechenbar. Übereifer oder Ängstlichkeit werden sich in seinem Gesicht niederschlagen.

Von einem Diplomaten erwartet man, daß er seine Mimik beherrscht und zurücknimmt, um seine Absichten nicht gleich durch die Sprache des Mienenspiels zu verraten. Aber es ist gut, daß nicht alle Menschen Diplomaten sind, sonst würde »die unterhaltsamste Fläche auf der Erde« viel von ihrem Reiz verlieren.

Nicht immer können wir nach außen zeigen, wie es in unserem Innern aussieht. Manchmal müssen wir eine gute Miene zum bösen Spiel machen, ein künstliches Lächeln aufsetzen, obwohl uns speiübel zumute ist. Diese Diskrepanz zwischen Innen und Außen darf aber nicht zum Dauerzustand werden, sonst frieren unsere verspannten Gesichtsmuskeln ein und führen zu Verspannungen, die uns krank machen oder zu einer Entladung führen. So gut verstecken kann niemand seine wahren Gefühle, daß sie nicht in seinen Körper eindringen und ihn prägen würden.

Die Augen und das Schauen

»Durch die Augen gelangt die Liebe ins Herz,
sind doch die Augen des Herzens Späher,
die Augen gehen als Kundschafter aus,
um das zu erlangen, was das Herz erfreut ...
Die Augen lassen die Liebe erblühen,
das Herz reift sie aus.«
Guiraut de Borneilh, 2. Hälfte des 12. Jahrhunderts

Kein Organ hat die Dichter mehr gereizt als das Auge, es zu preisen, seine Vorzüge und Fähigkeiten zu schildern und über seine Wundertaten zu staunen. In dem spätmittelalterlichen französischen Buch der »Hundert Novellen« werden die Augen die »Bogenschützen des Herzens« genannt. Wir sind Augenmenschen, in einem Augenblick kann sich uns eine ganze Welt eröffnen, in Windeseile fliegen wir mit den Augen durch eine Landschaft, ja der Blick öffnet sich unseren Augen bis in die fernsten Bereiche des Weltalls. Das Ohr braucht eine Weile, bis es das Gehörte aufgenommen und verstanden hat, das Auge besitzt eine eigenwillige Schnelligkeit.

»Langsam reizt den Geist, was uns das Ohr bloß vermittelt, als was vors redliche Aug' deutlich und klar man uns stellt«, heißt es in der ars poetica des Horaz.

Was aber zunächst einmal staunenswert ist, das ist die hochkomplizierte Anlage des Sehorgans. Die *Hornhaut* unseres Augapfels hat man »das gebogene Fenster des Auges« genannt, sie bricht die einfallenden Lichtstrahlen. Dahinter liegt die *Linse,* die durch ihre Fähigkeit, sich zu verändern, eine Anpassung des Auges auf nahe oder entferntere Gegenstände möglich macht, so daß wir in der Lage sind, scharf zu sehen. Im Hintergrund des Augapfels liegt die *Netzhaut* (Retina), sie hat lange und schmale Sehstäbchen, die Formen aufnehmen können, und Sehzäpfchen, die dicker ausgeprägt sind und die Farben wahrnehmen. In der Dämmerung und Dunkelheit sehen wir mit den Sehstäbchen (da ist alles »grau in grau«), am Tag vor allem mit den Sehzäpfchen. In der Pupille des Augapfels ist die Regenbogenhaut (Iris), die sich verengen und erweitern kann, um nur so viel Licht einzulassen, wie dem Auge zuträglich ist. Die Augenlider haben eine schützende Funktion, ebenso die Wimpern.

Die Tränendrüsen reinigen und befeuchten mit ihrer Flüssigkeit die Oberfläche der Hornhaut. Alle Funktionen des Auges haben aber nur eine Zulieferfunktion, sie geben ihre Informationen dem Gehirn weiter, dort müssen die »Rasterelemente« des Gesehenen erst so zusammengesetzt und gedeutet werden, daß sich ein Bild ergibt.

Das Auge ist das beweglichste Körperorgan. Menschen in Bewegung orientieren sich vornehmlich durch ihr Sehorgan, das schon die herankommenden Hindernisse wahrnimmt und dem Körper ermöglicht, sich darauf einzustellen. Unsere Umwelt ist vor allen Dingen eine gesehene Welt, die wir schauend wahrnehmen, zu unterscheiden lernen, uns einprägen und wiedererkennen. Es ist unglaublich, was ein geschultes Auge in einem »Augenblick« alles aufnehmen kann.

Wichtiger aber ist noch, daß unsere Augen »das Sprachorgan des Gefühls« sind, wie *Novalis* sagt. Gehen Menschen aufeinander zu, um sich zu begegnen, dann schauen sie sich an, sie schauen sich in die Augen. Wollen sie nicht auffallen oder unbeachtet bleiben, dann schauen sie aneinander vorbei und vermeiden den Blickkontakt. Je nachdem, wie offen oder verkniffen ein Mensch schaut, so beurteilen wir ihn gewöhnlich. Hat einer einen lauernden Blick, dann vermuten wir Verschlagenheit. Ist sein Auge undurchdringlich, so nehmen wir an, daß uns etwas verheimlicht wird. Fühlen wir uns beobachtet, dann mag es uns unheimlich sein, bis wir wissen, ob der Schauende freundliche oder feindliche Absichten hat. Schaut einer unruhig oder ängstlich, dann möchte er nicht entdeckt werden und verbirgt seine Nervosität. Aber auch der starre Blick, der aufdringliche und freche kann Unbehagen auslösen. Wir fühlen uns in unserem eigenen Bereich und Lebenskreis gestört, wenn jemand mit seinen Blicken eindringt.

Wenn einer seine Lidspalte verkleinert, dann ergibt sich »das verhängte Auge«: Hier will einer nicht scharf sehen, sondern hat seine Sehachsen »auf unendlich« gestellt, was einen verträumten Blick ergibt, einen geistig abwesenden. Die reale Außenwelt wird gar nicht mehr wirklich aufgenommen, eine innere Welt ist wichtiger geworden, ein Reich der Gedanken und Träume. Schaut einer »von oben herab«, dann fühlt er sich über andere erhaben, er will schon durch seinen Blick deutlich machen, daß er auf einer anderen Ebene steht und mit ungebrochenem Selbstgefühl andere beurteilen kann. Der Blick von unten herauf dagegen ist ein Ausdruck der Demut, ja der Unterwürfigkeit. Da macht sich einer klein, betont seine Unterordnung und findet sich mit seiner »Hörigkeit« ab.

Der fragende Blick hat Aufforderungscharakter: Hier möchte jemand Klarheit haben, wie es mit seinem Gegenüber steht, ob sich ihm ein freundliches oder ein kaltes Auge öffnet, ob sich die Augen treffen werden oder sich möglichst schnell wieder aus dem Wege gehen. – Wir lieben Menschen mit »geradem Blick«, die nicht unbestimmt und verschwommen bleiben, sondern eine Eindeutigkeit bekommen. Lebhaft soll das Auge schon sein, aber nicht unruhig hüpfend, erwartungsvoll, aber nicht zudringlich. Am Auge ist ablesbar, ob wir mit einem Menschen partnerschaftlich umgehen können, ob er uns dominieren oder sich uns unterwerfen will[102].

Jeder hat wohl eine ganze Palette von Blickmöglichkeiten, einmal herrscht der offene und klare Blick vor, ein andermal der scharfe und hellwach prüfende, er kann auch einmal verschlafen und verschlossen sein. Der arrogante Blick und der herablassend urteilende Blick können andere verletzen. Schließlich gibt es auch die Blickfeldverengung, die nur ganz bestimmte Aspekte wahrnimmt und für andere Sachverhalte blind ist.

Die Augen können zwar nicht ohne das übrige Gesicht betrachtet werden, und trotzdem haben sie ihre eigene Sprache. Bei manchen Menschen konstatieren wir ein »sonniges Auge« oder ein »glänzendes Auge«, weil ein besonderes Strahlen von ihnen ausgeht, ein auffallender Ausdruck der Innerlichkeit. Freude oder Trauer, Frische oder Mattigkeit, Offenheit oder Verschlossenheit, Unternehmungslust oder Trägheit, sie lassen sich am ehesten an und in den Augen entdecken. Aber auch Schrecken, freudige Überraschung oder hoffnungsvolle Erwartung wirken sich auf den Blick der Augen aus. Der lauernde Blick der Gier verdirbt die Schönheit des Auges, der berechnende Blick nimmt ihm seine Unbefangenheit. Das stumpfe Auge erwartet nichts mehr, es hat seine Spannung verloren und schaut nur noch träge vor sich hin.

Mit dem Sehen-Lernen kommen wir in unserem ganzen Leben nicht zu einem Ende, immer gibt es noch Unbekanntes zu entdecken, immer wieder müssen wir erkennen, daß wir noch nicht »richtig« und nicht tief genug schauen, daß wir noch an der Oberfläche kleben und die komplizierten Zusammenhänge nicht einsehen.

Unsere Sprache kennt viele Ausdrücke, die die plötzlichen Lernerfahrungen hervorheben. Wenn es einem »wie Schuppen von den Augen fällt«, dann merkt er, daß bisher noch viel Blindheit in ihm steckte, so daß er für manches noch keinen Blick hatte. Wenn einer »etwas im Auge hat«, dann konzentriert er sich auf ein Ziel oder einen Sachverhalt und läßt sich nicht ablenken. Einer muß »ein Auge riskieren«, wenn er sich mit gefährlichen Themen befaßt. Bekanntlich kann ja etwas »ins Auge gehen«, ein Unternehmen kann mißlingen, oder man kommt mit einem »blauen Auge« davon, wenn man mit knapper Not gerettet wurde.

Wer etwas besonders Schönes entdeckt, dem »gehen die Augen über«. Und eine tiefere Begegnung führt dazu, daß sich Menschen »in den Augen lesen«, weil aus den Augen das

Herz spricht und er »von den Augen ablesen« will, was darin geschrieben steht. Wenn man etwas »mit anderen Augen anschaut«, dann hat einer neue Einsichten gewonnen und bekommt nun einen neuen Standpunkt zur Betrachtung eines Sachverhalts.

Aber Augen können auch geblendet sein, wenn ein Vorurteil dafür sorgt, daß man das eine sieht und das andere nicht. Kann man »seinen Augen trauen«? Es gehört Mut dazu, einem feindlich gesonnenen Menschen »unter die Augen zu treten«, so nah, daß man »das Weiße im Auge des Gegners« sieht. Eine Aussprache »unter vier Augen« kann manchmal überraschende Klarheit schaffen, selbst wenn vorher einer der Kontrahenten gesagt hat: »Komm mir nicht unter die Augen.« Erst wer Mitgefühl hat und den anderen zu verstehen sucht, kann dann auch »ein Auge zudrücken«, einen Sachverhalt gnädig übersehen, wenn das zur Versöhnung beiträgt. »Laß mich Gnade vor deinen Augen finden«, so betet der alttestamentliche Fromme.

Häufig hat der Aberglaube Angst vor dem »bösen Blick« hervorgerufen. Man fürchtete, schlimme Menschen und dämonische Wesen könnten allein durch einen Blick Schaden anrichten. So suchte man sich gegen diesen bösen Blick durch Amulette abzusichern.

Aber überwiegend hat doch die Freude über den kostbaren Augapfel und seine Möglichkeiten die Menschen immer wieder fasziniert und mit Dankbarkeit erfüllt. *Novalis* hielt die Augen für »das höhere Geschwisterpaar der Lippen – sie schließen und öffnen eine heiligere Grotte als den Mund«. Auch für die Physiognomik hielt Novalis die Augen für die maßgeblichen Komponenten. »Das Augenspiel gestattet einen äußerst mannigfaltigen Ausdruck. Die übrigen Gesichtsgebärden oder Mienen sind nur die Konsonanten zu den Augenvokalen ... Man könnte die Augen ein Lichtklavier nennen. Das Auge drückt sich auf eine ähnliche Weise, wie die Kehle durch höhere und tiefere Töne (die Vokale), durch schwächere und stärkere Leuchtungen aus.«[103]

Gottfried Keller fordert seine Augen dazu auf, soviel Köstlichkeit aufzusaugen wie nur möglich, weil die Tage dieser Offenheit gezählt sind:

117

»Trinkt, o Augen, was die Wimper hält,
Von dem goldnen Überfluß der Welt.«[104]

Graf Platen dagegen hat erfahren, daß das Übermaß des geschauten Schönen dazu beigetragen hat, die Grenze des Wahr-
nehmens zu erkennen:

»Wer die Schönheit angeschaut mit Augen,
Ist dem Tode schon anheimgegeben,
Wird für keinen Dienst auf Erden taugen,
Und doch wird er vor dem Tode beben,
Wer die Schönheit angeschaut mit Augen!«[105]

Man kann den Augen das Schauen nicht verbieten, alles
Geschaute sättigt den Hunger nach dem Ungesehenen nicht.
Aber es muß auch verdaut werden, wenn es nicht als »opti-
scher Lärm« (wie Josef Pieper einmal sagte) die Augen ver-
stopfen soll. Dem Schauen mit offenen Augen muß offensichtlich ein inneres Schauen − mit geschlossenen Augen − ent-
sprechen, bei dem sich die von außen hereingenommenen Bilder mit den inneren Bildern, die in jedem Menschen ruhen,
verbinden.

Sehr schön hat der persische Dichter *Cyrus Atabay* dieser
Entsprechung Raum gegeben in seiner Ode an die Augen:

»Ihr meine Augen, eurem sehenden Einzug
enthüllt sich das verborgene Bild.
Ihr meine Augen, euch hielt noch keine Karawanserei fest:
Die unendliche Kette der Blicke bricht immer zu neuen Pil-
gerfahrten auf,
Ihr meine Augen, laßt euch nieder im Zelt,
das den Traum beherbergt, ...
Sät eure Blicke in die Weite und bringt im Flug
die Garben des Geschauten ein.
Ich trage euch wie das Muttergestein den Edelstein:
Euch haben meine Tränen geschliffen.«[106]

Unsere Augen können nur etwas sehen, weil es das Licht
gibt. Der Körper hat ein Entsprechungsorgan zur Lichtspen-
derin Sonne geschaffen. In gewisser Weise ist das Auge selbst
die uns eingestiftete Sonne. In der Bergpredigt heißt es: »Die
Leuchte des Leibes ist das Auge. Wenn nun dein Auge heil ist,

wird hell-licht sein dein ganzer Leib. Wenn aber dein Auge bös ist, wird finster sein dein ganzer Leib. Ist nun gar dein inwendig Licht Finsternis – welch große Finsternis dann!« (Mt 6,22f.). Am Auge läßt sich offenbar ablesen, wie licht oder dunkel ein Mensch ist. Und wenn er das innere Augenlicht entfaltet hat, dann kann er auch außen das Lichte wahrnehmen und kann anderes erhellen.

Wir haben gesagt, daß der Lernvorgang des Sehenlernens nie abgeschlossen wird. Denken wir an das künstlerische Sehen, die Wahrnehmung in ästhetischer Hinsicht, das Vorausschauen einer Entwicklung, das Sehen von Verborgenem. Das wird nicht jedem gegeben. Aber ein Sehen besonderer Art wird von uns allen erwartet: das liebende Sehen, das geduldige Betrachten, die einfühlsame Schau. Wenn Menschen einander gerecht werden wollen, dürfen sie nicht übereinander zu Gericht sitzen und sich aburteilen, sondern müssen sich einüben in eine von Liebe getragene Wahrnehmung. Wenn diese Augen wirklich geöffnet werden, dann schlägt wahrhaft der Mensch in uns seine Augen auf.

Das Weinen

Das Augenlid und der Augapfel müssen flüssig gehalten werden, deshalb befinden sich im Augenbereich Tränensäcke, deren Flüssigkeit reinigt und das Auge beweglich hält. »Die Tränensekretion hat den Zweck, schmerzende und schädigende Fremdkörper aus dem Auge zu entfernen.«[107] Was uns aber meist viel auffälliger und wichtiger ist: Der Blick des menschlichen Auges bekommt durch die Tränenflüssigkeit einen eigenen Glanz und gewinnt damit Leuchtkraft und Lebendigkeit.

Aber es sind ja meist ganz andere Anlässe, die uns die Tränen in die Augen schießen lassen: Ein heftiger körperlicher Schmerz löst Weinen aus, oft sogar mit Schmerzensschreien verbunden. Oder wir werden von einem Unglücksfall ergriffen, und Trauer oder Leid treiben uns das Wasser in die Augen. Es kann aber auch ein überwältigendes Glücksgefühl sein, das Überschwemmtwerden von Freude und Jubel, was die Tränen auslöst. Ganz entgegengesetzte Empfindungen können also die gleiche Wirkung haben, es gibt Tränen der

Reue und der Erleichterung, Tränen der Rührung und Tränen des Mitleids. »Wenn ihr nur ein klein wenig Herz habt, wird sich euer Blick angesichts des Elends eurer Mitmenschen trüben, wie wenn eurem eigenen Fleisch ein Stoß versetzt worden wäre, und das ist die Aufgabe der Tränen.«[108]

So verschieden die Menschen sind, so verschieden sind auch die Formen ihrer Trauer und ihrer Freude. Der eine schluchzt und wimmert leise vor sich hin, er ist ganz verkrümmt und nach innen gewendet, der andere heult laut und schreit seinen Gram und Jammer in die Welt hinaus. Wer beides nicht kann, seufzt vielleicht nur oder erstarrt in seinem Leid. Der Weinende gibt seine Fassungslosigkeit zu, er zeigt seine Gefühle, versteckt und verheimlicht nicht, daß er verletzt ist oder daß ihn eine namenlose Freude heimgesucht hat. Trauer und Schmerz gehören so zu unserem Dasein wie Freude und Jubel. Gefühlsausbrüche haben auch eine lösende Wirkung, deshalb sind Tränen manchmal eine heilsame und barmherzige Gabe. In der mittelalterlichen Frömmigkeit sprach man sogar von der »Gabe der Tränen« als einem Geschenk, für das man dankbar sein sollte. »Ich spürte, wie die Tränen mich wieder in ein klares, frisches Gleichgewicht brachten«, heißt es in einer Erzählung des japanischen Dichters *Kawabata*.

Nicht jede Träne ist aber Ausdruck wirklicher Gefühle, es gibt auch »Krokodilstränen«, die herausgepreßt werden, um Wirkung zu erzeugen und bestimmte Ziele zu erreichen. Und es gibt eine sentimentale Weinerlichkeit, die eher den Vorgang des Weinens genießt und sich in einer gespielten Trauerpose gefällt. Aber es ist nicht einfach, die ehrlichen von den theatralischen Tränen zu unterscheiden, vor allem Kinder haben ein Recht auf ihre spontanen Gefühlsausbrüche. »Wenn ein Kind traurig ist und sein Weinen unnötigerweise lächerlich gemacht wird, wird ihm seine Traurigkeit zum Feind.«[109] Die Bandbreite unserer Empfindungen darf aber nicht beschnitten werden, erst die durchgestandene Traurigkeit kann auch wieder abgelegt werden. Wer Tränen vergossen hat, kann sich dann auch wieder mit erleichtertem Herzen dem Leben zuwenden.

Oft genug leben wir in einer emotionalen Mittellage, es ist uns weder zum Lachen noch zum Weinen zumute. Damit kann man ganz gut seine Tage verbringen, aber die Höhen und Tiefen des Daseins loten wir dabei nicht aus. Gerade das Weinen kann uns plötzlich Bereiche erschließen, die wir vorher noch gar nicht wahrgenommen hatten. »Die Tränen sind die Wasser des Abgrundes; sie entquellen dem untersten, grunduntern Ort; nicht selten offenbaren sie dem, der sie vergießt, oder dem, der sie mit ansieht, das Vorhandensein von Tiefen, die er in sich selbst oder dem anderen nicht vermutet hat.«[110]

Das Lachen

Eine wegen seiner Humorlosigkeit schon wieder komische Definition des Lachens hat Arthur Köstler vorgelegt: »Spontanes Lachen ist ein motorischer Reflex, der durch koordinierte Kontraktion von fünfzehn Gesichtsmuskeln nach einem stereotypen Muster hervorgerufen wird und mit einer Änderung der Atemtätigkeit einhergeht.« Vielleicht hat Köstler bei dieser Formulierung selbst lachen müssen; ich weiß nicht, ob man wirklich fünfzehn Muskeln zusammenbekommt, die beim Vorgang des Lachens in Bewegung gesetzt werden (es gibt aber tatsächlich »Lachmuskeln«!). Da man die Gesichtsmuskeln »mimische Muskeln« nennt, ist es ganz sicher das ganze Gesicht, ja der ganze Körper, der lacht – und nicht nur ein isolierter Muskel. Zunächst werden die Mundwinkel aufwärts und rückwärts gerichtet, die Augenzone verändert sich, dann stößt man glucksende Laute aus, die Brust vibriert, und schließlich wird der ganze Körper angesteckt und in Bewegung gesetzt, vielleicht schlägt jemand sogar noch die Hände auf die Knie.

Das Lachen ist ein Ausdruck fröhlicher Gestimmtheit und setzt eine positive Einstellung zum Leben voraus. Vor allem das herzhafte Lachen ist ein Anzeichen für Lebensfreude und Zustimmung zur Sinnhaftigkeit menschlicher Existenz. Der Humor kann auch zu den Schattenseiten des Lebens ja sagen, ohne gleich zu resignieren.

Aber auch das Gelächter kann sehr unterschiedliche Gründe haben und sich verschieden darstellen. Es gibt eine zurückhaltende Heiterkeit, die eher in sich zentriert ist und sich nicht auffällig äußert. Eine stille Freude macht sich eher in einem Lächeln kund als in einem lautstarken Lachen. Wer sich gütig einem anderen zuwendet, ihm Mut zuspricht, einfühlsam um ihn bemüht ist, wird zwar eine gewisse Heiterkeit ausstrahlen, ein warmes Lächeln im Blick haben, aber kaum in Gelächter ausbrechen.

Kommt dagegen eine fröhliche Gesellschaft zusammen, die sich gegenseitig zu witzigen Bemerkungen und geistreichen Sentenzen anregt, wird es bald lustig zugehen. Allerdings sind dann die Gleichgesinnten unter sich. Schnelle Reaktion ist gefragt, Situationswitz und originelle Repliken lösen ganze Lachsalven aus. Wer sich ausgeschlossen fühlt oder nicht recht mitmachen kann, hat bald ein schales Gefühl und wird höchstens etwas gequält sein Gesicht verziehen. Lachen kann aufdringlich sein und Widerstand auslösen. Es ist zwar so, daß Lachen ansteckend wirkt, aber zum allgemeinen Gelächter möchte keiner verpflichtet werden.

Wenn sich das Lachen auf ironische Bemerkungen bezieht, dann geht das Gelächter meist auf Kosten eines »Opfers«, das mit Spott übergossen wird. Weil in unserer Gesellschaft häufig eine deutliche Diskrepanz zwischen Schein und Sein klafft, zwischen den offiziellen Werten und der gelebten Wirklichkeit, kann dieses Auseinanderklaffen als »komisch« empfunden werden und zum Anlaß einer heiteren oder bissigen Entlarvung werden. Die Freude am Enthüllen des Verborgenen, am Aufdecken geleugneter Schwächen, ist so groß, daß sie immer wieder zum Lachen reizt. Wenn das Lachen allerdings »sarkastisch« wird, kann es verletzen, weil hier die Würde der Person nicht mehr respektiert ist.

In den meisten Fällen hören wir schon am Ton eines Lachens, ob es frei und offen ist oder versteckt und verschlossen, ob das Gelächter hohl und verborgen ist, gekünstelt und geheuchelt oder wirklich von innen kommt. Mancher versteckt sich auch hinter einem nichtssagenden Lächeln, um Sympathie zu wecken. Aber es gibt auch das unsichere Lächeln, das peinliche Grimmasieren und das bittere Gelächter, das nicht Ausdruck der Lebensfreude ist, sondern eher der Resignation oder der Verzweiflung.

Man hat versucht, eine »Phänomenologie des Lachens«[111] aufzustellen — je nach den Vokalen, die beim Gelächter dominieren:

Das Lachen auf »a« — mit offenem Mund, es ist offen, befreiend, schallende Herzlichkeit. Hier zeigt ein Mensch sein Einverständnis mit seinem Leben, mit seiner Umwelt, es ist eine reine, ungetrübte Freude ohne Nebenansichten, die sich Luft macht.

Das Lachen auf »i« – bleibt gleichsam im Mund eingeschlossen, hier kichert jemand eher in sich hinein, als daß er hinausprustet. Das halbverborgene, verschmitzte Lachen rührt vielleicht von der Ironie oder der Schadenfreude her.

Das Lachen auf »e« – ist ein meckerndes Auslachen (im Volkslied gibt es die Zeile: »He he, du Schneidergsell, du mußt mit mir in d' Höll ...«), man spürt die Schadenfreude, es ist eine gewisse hämische Note im Gelächter, die jemanden durch den Kakao zieht oder ihn verächtlich macht.

Das Lachen auf »o« – hat eine höhnische Note, klingt wie auftrumpfender Hohn oder rebellischer Protest. So wird eine Anmaßung zurückgewiesen oder mit der eigenen Überlegenheit kontrastiert.

Aber das Lachen, das am meisten diesen Namen verdient, ist doch die fröhliche Heiterkeit und die gelöste Liebenswürdigkeit im Umgang von Menschen, die sich gut sind und einander ihre Verbundenheit durch diese Gebärde bekunden. In seinem großen Roman »Der Mann ohne Eigenschaften« läßt *Robert Musil* seine zentrale Figur Ulrich sich über das Lachen seiner Schwester Gedanken machen. »Wie lacht sie eigentlich? Schallend? Nein. Ein angenehmer Klang, von dem man nichts Genaues erfährt; aber eine strahlende Ausgelassenheit, die sich in dem stillen Zimmer verbreitet. Doch ist der Ton dunkel, dunkelheiter; wie eine tief gestimmte Silberschale, mit dunklem Grundton und silbernem, weichem Glanz (einer weichen Heiterkeit) darüber.«[112]

Das Lächeln ist noch verhaltener, es ist ein Versprechen, von dem man noch nicht recht weiß, was es eigentlich verspricht. Bekanntlich ist bei einem ersten Kennenlernen dieses Lächeln häufig der erste Kontakt, das erste Aufmerksamwerden auf einen Menschen. Schon *Catull* hat der verführerischen Kraft dieses Lächelns einen poetischen Ausdruck gegeben:

»Ich lausche
deinem so süßen Lächeln, das mich, den Armen,
aller Sinne beraubt. Denn wenn ich dich anblick',
Lesbia, stockt mir gleich in der trocknen Kehle
Atem und Stimm.

Wie gelähmt die Zunge doch ist, welch ein feines
Rieseln durch die Glieder mir zieht, wie brausend
mir die Ohren klingen und dunkle Nacht die
Augen umschattet.«[113]

Die Nase

Obwohl wir die Nase vor allem als die »hervorragende«
Stelle unseres Gesichts verstehen, gehört zu ihr auch die im
Kopf verborgene Nasenhöhle mit vielen Seitenhöhlen, die ihre Hauptfunktion bei der Atmung haben. Die einströmende
Luft wird nämlich in der Höhle und den Muscheln der Nase
sorgsam vom Staub gefiltert, gereinigt und angewärmt, sodann
befeuchtet und entkeimt. Nicht nur Staubteilchen, sondern
auch Bakterien bleiben in den Flimmerhärchen der Nasen-
schleimhaut hängen und sorgen so für eine gesündere Atem-
luft.

Daneben aber hat die Nase durch ihre Geruchskörperchen
die Fähigkeit, Düfte und Gerüche wahrzunehmen und über
die Geruchsnerven dem Gehirn weiter zu übermitteln. So bekommen wir schon Appetit, wenn wir nur den Duft einer
schmackhaften Speise verspüren, wir können aber in kürzester
Zeit auch angenehme Gerüche von abstoßenden oder ekel-
erregenden unterscheiden – und halten uns dann die Nase zu,
wenn sich ein übelriechender Duft nähert. »Wie nun der
Mensch ... mit Hilfe seiner Nase sich das Süßeste und Edelste
auswählen und aneignen kann, so stößt er auch alles Stinken-
de und Häßliche damit von sich«, sagt schon *Hildegard von
Bingen*[114]. Diese Unterscheidungsgabe ist nach ihr die besondere Befähigung der Nase.

Bei erregenden Erlebnissen oder großer Erwartung blähen
wir die Nasenflügel. Auch die verlockenden Düfte führen zu
diesem Phänomen, wir öffnen unsere Nase möglichst weit, um
so viel wie möglich von den vielversprechenden Gerüchen mit-
zubekommen. Allerdings sind unsere Nasenflügel bei weitem
nicht so beweglich wie die geblähten Nüstern der Pferde. –
Eine andere Geste der Nase ist das Naserümpfen: Damit drük-
ken wir ein Unlustgefühl oder Widerwillen aus; was da auf uns
zukommt, wird nicht mit Wohlwollen aufgenommen, sondern

mit Verärgerung abgelehnt. Die Geste drückt aus, daß man auf Distanz aus ist und die Geruchsempfindung als nicht angenehm wahrnimmt.

In physiognomischer Hinsicht ist die Nase natürlich wegen ihres markanten Vorsprungs wichtig, die zur charakteristischen Kennzeichnung eines Gesichtes beiträgt. »Die Nase ist es, durch welche der Charakter des menschlichen Antlitzes am entscheidendsten bezeichnet wird«, sagt deshalb *C. G. Carus*[115]. Beim Betrachten eines Gesichtes fällt uns sofort die große oder kleine Nase auf, die elegant geschwungene oder kühn gebogene, das Stupsnäschen oder die Knollennase, die gerötete oder käseweiße, die triefende oder geschwollene. Nietzsche notierte sich folgende Beobachtung: »Unsere Nase, von der, soviel ich weiß, noch nie ein Philosoph mit Ehrerbietung gesprochen hat, ist einstweilen das delikateste physikalische Instrument, das es gibt: es vermag noch Schwingungen zu konstatieren, wo selbst das Spektroskop ohnmächtig ist.«

Auch wenn die Philosophen sich noch kaum der Nase angenommen haben, im Volksmund ist die Bedeutung der Nase durchaus gesehen worden. Wer »eine gute Nase« hat, einen aufmerksamen »Riecher«, der kann das Wichtige und erst allmählich Herankommende schon spüren und sich darauf einstellen. Der Spürsinn scheint in der Nase zu sitzen. Wer allerdings die erhoffte Beute »vor der Nase weggeschnappt« bekommt, der zieht betrübt ab und »läßt die Nase hängen«. »Naseweis« muß man sein, also wie ein Spürhund die rechte Spur mit der Nase finden, damit man zum Ziel kommt. Wer allerdings »die Nase voll« hat, der kann nicht mehr riechen und will sich nicht mehr an der Suche beteiligen. Andere werden ihm »eine lange Nase machen«, ihn also auslachen und ihren Spott mit ihm treiben.

Wenn einer einen anderen »nicht mehr riechen kann«, dann wird er »die Nase rümpfen« oder »die Nase hoch tragen«, weil er den anderen verachtet. Der »Hochnäsige« neigt dazu, anderen etwas »auf die Nase zu binden«, ihnen also etwas vorzumachen, was nicht der Wirklichkeit entspricht. Und wer gar — wie der Bär am Ring — »genasführt« wurde, indem ihm falsche Hoffnungen vorgegaukelt wurden, der muß aufpassen, daß er nicht »auf die Nase fällt«. Wer es nicht liebt, daß er seine Fehler »unter die Nase gerieben« bekommt, der muß sich

»an seiner eigenen Nase anfassen«, also die Schuld bei sich und nicht bei anderen suchen. Mancher tröstet sich damit, »die Nase tief ins Glas zu stecken«, er braucht sich aber dann nicht zu wundern, daß man es ihm bald »an seiner Nasenspitze ansieht«.

Unsere Nase weist nach vorn und gibt uns deshalb die Richtung an, immer voranzugehen, »immer der Nase nach«. Weil wir aber vor allem durch die Nase die Luft zum Atmen einziehen, deshalb ist dieses Organ in besonderer Weise mit unserem Leben verbunden. Heißt es doch schon in der Genesis: »Gott blies dem Menschen den Lebensodem in seine Nase. So wurde der Mensch zu einem lebendigen Wesen« (Gen 2,7).

Das horchende Ohr

»Zuhörend leben wir«, heißt es in Goethes Faust II. Das Hinhorchenkönnen ist eine besonders kennzeichnende Fähigkeit des Menschen. Das Ohr wird zum Einfallstor für geistige Impulse, es ermöglicht uns die sprachliche Kommunikation, vermittelt uns aber auch ästhetische Erfahrungen in der Musik, die vielleicht zu den beglückendsten Erlebnissen gehören, die uns geschenkt werden.

Die Ohrmuschel (aus einem elastischen Knorpel) fängt die Schallwellen auf und leitet sie durch den Hörgang zum Trommelfell. Das vibrierende Trommelfell läßt auch die Gehörknöchelchen des Mittelohrs (Hammer, Amboß und Steigbügel) mitschwingen. Weil aber die Schwingungen der Schallwellen zu stark sind, werden sie etwa zwanzigmal vermindert. Die Lymphflüssigkeit der Schnecke mit ihrem gewundenen Gang vibriert ebenfalls, und die Härchen, die sich an der Oberfläche der Schnecke befinden, nehmen die Klangimpulse auf und geben sie an die Nervenzellen weiter, die sie an das Gehirn melden. Die kurzen Fasern sind für die hohen, die langen für die tiefen Frequenzen zuständig. – Im Hörzentrum der Hirnrinde werden die Impulse des Ohres »entziffert« und der eigentliche Höreffekt möglich gemacht.

Wie wir mit den Augen »hindurchsehen« können, die Oberfläche durchdringen, so ermöglicht uns das Ohr das Unterscheiden und Abwägen. Die Fähigkeit des Ohres, auch winzige Tonpartikel und Klangimpulse aufzunehmen und zu differenzieren, ist staunenswert. Töne werden nicht unterschiedslos wahrgenommen, sondern auch gleich bewertet. Sofort erkennen wir, ob ein Ton uns sympathisch erscheint oder unsympathisch, ob wir uns ihm innerlich öffnen sollen oder uns vor ihm verschließen. Der eine Klang wird als Botschaft qualifiziert, der andere als Befehl, einer bedroht uns, ein anderer löst Freude aus.

So wichtig für unser Leben und unsere Orientierung die Augen sind, für unser seelisches Leben sind die Ohren wohl noch wichtiger. Schon der Barockdichter *Brockes* hat die Bedeutung des Ohres hervorgehoben:

»Ein Werkzeug ist das Ohr, gemacht, um zu empfangen
die Töne, die zu uns von außen her gelangen.«

Dieses Werkzeug hat aber seine eigene Würde:

»Die Natur hat unsern Ohren ...
einen hohen Sitz erkoren,
weil der Ton stets aufwärts steigt.«

Und *Abraham a Santa Clara* hat durchaus schon eine genaue Kenntnis von der Wirkweise des Ohres, wenn er schreibt: »Klein, aber sehr künstlich ist das Gebräu eines Ohrs, und hat selbiges einen engen und zugleich einen krummen Eingang ins Haupt, nicht viel ungleich einer Muschel oder Schnecken. In dem Ohr seind viel kleine Kämmerl und in der andern Kammer oder Behaltnuß seind gewisse Beiner, deren eines einem Amboß, das andere einem Hammer gleich ist. Auch wird man in besagtem Ort zwei Fensterl antreffen, durch welche die Stimm oder Getöße hinein gehet.«

In der Antike glaubte man eine Ähnlichkeit zwischen der Ohrmuschel und dem weiblichen Geschlechtsorgan zu erkennen. Die symbolische Sehweise wollte damit die beiden Formen des Empfangens in einen Zusammenhang bringen: Das Geschlecht empfängt den männlichen Samen, das Ohr empfängt das Wort. Deshalb empfand man das Ohr als »weibliches Organ«, wobei die Charakterisierung als weiblich nicht »passiv« bedeuten sollte, weil ja das aufmerksame Hören ein sehr bewußter und aktiver Vorgang ist. — Der Hörende wird »ganz Ohr«, er muß sich dem Sprechenden zuwenden und einen Verstehensprozeß zulassen. Das aufgenommene Wort kann ja nur dann angeeignet werden, wenn es in die eigenen Kategorien übersetzt wird, damit aus dem »fremden« Wort das eigene wird.

Wir können das Ohr nicht in gleicher Weise wie die Augen schließen, es bleibt immer offen, auch wenn wir das Gehörte gar nicht hören wollen. Es gibt zwar eine gewisse »Sperre« gegenüber den akustischen Impulsen von außen, wenn sie uns ärgern oder terrorisieren, wir »hören weg«, machen unsere inneren Ohren zu. Aber gegen den anbrandenden Lärm können wir uns nicht so ohne weiteres zur Wehr setzen (das Wort Lärm hängt mit Alarm zusammen, das ist der Gefahrenruf, zu den Waffen zu greifen!), die Flutwelle der Geräusche kommt mit ihrer aggressiven Unverschämtheit unaufhaltsam auf uns zu.

Um so wichtiger ist es, die Unterscheidung einzuüben, wann wir »weghören« sollen und wann wir zu aufmerksamen Hörern werden müssen. Das Ohr selbst drängt sich nicht auf, es steht zur Verfügung. *C. G. Carus* hat das in seiner Leibsymbolik deutlich gemacht: »Das Ohr ist der Sinn des Tiefinnerlichen, der Sinn des Geheimnisses, welcher die Welt in den Menschen hineinzutragen bestimmt ist, und deshalb ist es wenig ausgebend, mittheilend, viel weniger also auch darstellend und aussprechend als das Auge.«[116] Allerdings darf das Ohr nicht isoliert betrachtet werden, weil ja nicht das Ohr allein horcht, sondern der ganze Mensch. Wer einmal Menschen im Konzertsaal beobachtet hat, wie hingegeben sie der Musik folgen, wie der ganze Leib zur Membran der heranwehenden Klangwellen wird, der achtet nicht mehr auf das Ohr allein. Körperhaltung und Kopfstellung, das Mienenspiel und die Haltung der Hände sprechen für sich. Carus hat sicher recht, wenn er sagt: »Das innere Ohr darf das wichtigste und vielsagendste Organ der psychischen Entfaltung genannt werden.«

Die Entwicklung der Hörfähigkeit beim Kind kann in seiner Wichtigkeit gar nicht hoch genug angesetzt werden. Nach den neueren Erkenntnissen der Medizin hört schon das ungeborene Kind relativ früh Töne, vor allem die Stimme seiner Mutter. Diese prägenden Klangerfahrungen bleiben ein Leben lang bestimmend. Auch der Herzschlag der Mutter vermittelt dem Kind einen gleichbleibenden und beruhigenden Grundrhythmus des Daseins. Hohe Frequenzen scheinen eine besondere Wichtigkeit als vitale Impulse zu haben, *Alfred Tomatis* spricht vom »Lebensgeräusch« und vom »Klang des Lebens«[117]. Das Kind wird in einen »Uratem« hineingenommen, es ist von einer »summenden Stille« umgeben.

Nach der Geburt differenziert sich das Ohr weiter. Der Mensch lebt davon, angesprochen zu werden und antworten zu können. Die dialogische Befähigung des Menschen gehört zu seinem innersten Wesen. Das Grundmodell dieses Dialogs ist das »Liebesgespräch« zwischen Mutter und Kind. Von der Mutter angeredet zu werden, ihre Stimme zu hören und von ihren Tönen umhüllt zu sein, entfaltet die kindliche Fähigkeit, sich auf andere einzustellen, Beziehungen aufzubauen und selbst eine Sprache einzuüben, um antworten zu können. Wohl spielen auch andere Faktoren eine Rolle, der Hautkontakt und der Blickkontakt z. B., und trotzdem scheint die Verbindung Klang − Ohr Vorrang zu haben. Für das Kind haben die Bedeutungsgehalte der Worte noch keine Wichtigkeit, Klangfarbe und Sprachrhythmus sind bei weitem entscheidender.

Unser ganzes Leben ist vom Hinhören und vom Antworten bestimmt. Andere rufen uns beim Namen und setzen dadurch etwas in uns in Bewegung. Wir warten auf den Anruf und hoffen immer wieder, in den Dialog einbezogen zu werden. − Aber auch die herannahende Gefahr wird akustisch wahrgenommen. Carus nimmt sogar an, daß die gefährdetsten Tiere mit dem besten Hörorgan ausgestattet seien. »Das Gehör ... ist ... das Organ der Furcht. Die scharfhörendsten Thiere sind die furchtsamsten ... Eine starke Bestimmung der Gemüthsregion durch das Gehör ist geeignet, bei minderer Energie des Geistes im Ganzen Furcht und Sorglichkeit zu erwecken und den Menschen zu steter ängstlicher Vorsicht zu stimmen.«[118]

Für die religiöse Existenz ist das Ohr das entscheidende Organ: »Der Glaube kommt vom Hören« (Röm 10,17). Gott offenbart sich durch sein wirkendes Wort, die ganze Schöpfung ist »gesprochen« worden, also muß sie auch erhorcht werden, sie hat Klang-Charakter. Immer wieder fordert Jesus seine Hörer auf: »Wer Ohren hat zu hören, der höre« (Mk 4,9.23). Und weil die Menschen schwerhörig sind, »hartohrig«, deshalb müssen ihre Ohren geöffnet werden. Jesus legt dem

Taubstummen seine Finger in die Ohren und sagt: »Effatha —
tu dich auf« (Mk 7,33 f.). Das »geneigte Ohr« ist das äußere
Zeichen für die Hörbereitschaft, das verstopfte Ohr (Apg 7,
57) das sichtbare Merkmal des Widerstandes gegen das Hören, gegen die Erkenntnis durch das Ohr.

In unserer Sprache hängen die Worte »taub«, »dumm«,
»stumpf«, »dumpf«, »stumm« miteinander zusammen. Wer
nicht bereit ist, sein Ohr zu öffnen (oder sich sein Ohr öffnen
zu lassen), der verdummt, stumpft in seinen inneren Sinnen
ab. Dabei gilt es zu bedenken, daß hörbehinderte Menschen
und Taubstumme oft eine ganz besondere Aufmerksamkeit
anderer Art entwickeln: Sie »hören« über den Tastsinn, über
die Augen, entwickeln mehr Intuition als gesunde Menschen.

»Das Maul zu, die Ohren auf!« so ruft es Abraham a Santa
Clara seinen Hörern zu. Wenn es darauf ankommt, muß man
»die Ohren spitzen«. Manchmal braust es in unseren Ohren,
es klingen die inneren Glocken, und wir merken, was die Stunde geschlagen hat. Aber man kann nicht jedem »sein Ohr lei-
hen«, weil es auch die »Ohrenbläser« gibt, die uns »beständig
in den Ohren liegen«, um uns zu betrügen. Sind wir erst durch
fragwürdige Versprechungen verführt worden, dann lassen wir
»die Ohren hängen« oder merken, daß wir »bis an die Ohren
im Dreck stecken«. Zu spät merken wir, daß wir wohl »noch
nicht trocken waren hinter den Ohren«, daß uns einer »einen
Floh ins Ohr gesetzt hat«, der es wohl »faustdick hinter den
Ohren« hatte. Jetzt sollten wir uns nicht »aufs Ohr legen«, bevor wir uns die Mahnung »hinter die Ohren geschrieben« haben, in Zukunft sorgsamer zu unterscheiden und zu suchen,
wem wir »unser Ohr schenken« können.

Das Innenohr hat aber noch eine ganz andere Funktion: es
ist unser Gleichgewichtsorgan. Vor allem dann, wenn wir uns
bewegen, brauchen wir eine Hilfestellung zum aufrechten
Gang, zur Ortsbestimmung, zur Korrektur, kurz: zum Ausbalancieren unserer Haltung, damit wir immer wissen, wo oben
und unten ist. In den Bogengängen des Innenohrs dient die
Lymphflüssigkeit, die sich bei einer Lageveränderung ver-
schiebt, dazu, dem Gehirn die nötigen Informationen weiter-
zugeben, so daß wir immer wieder »ins Gleichgewicht« kommen. Und weil wir auch sonst im Leben manchmal die Balance
verlieren, ins eine oder andere Extrem rutschen, die Orientie-

rung einbüßen, deshalb ist es wichtig, auch auf das geistige Ohr zu horchen, ob wir noch im inneren Gleichgewicht sind oder dafür sorgen müssen, wieder »ins Lot« zu geraten.

Es ist erstaunlich, wie stark uns die Musik beeinflussen kann. Manchmal gelingt es ihr, unsere Unordnung aufzulösen und wieder eine Harmonie heraufzuführen, depressive Anwandlungen zu verscheuchen und neue Hoffnung und Zuversicht wachzurufen. In der antiken Mythologie hat man diese Wirkung dem Sänger Orpheus zugetraut. Er hatte in seinem Gesang eine ordnende Kraft und konnte der Zerstörung wehren. In seinen »Sonetten an Orpheus« spricht *Rainer Maria Rilke* vom »hohen Baum im Ohr« und vom »Tempel im Gehör«[119]. In diesen Bildern drückt er die hohe Wertschätzung des Gehörs aus. Wer recht zuhören könnte, sich ganz der heilenden Wirkung der Musik aussetzte, seinen ganzen Leib zum Ohr machen würde, der träte aus seiner Bruchstückhaftigkeit heraus und nähme schon ahnungsvoll an der Vollkommenheit teil.

Die Zunge

Weil wir die Zunge — als einen großen Muskel — haben, können wir die Speisen beim Kauvorgang mischen und mit dem Speichel anreichern. Die Zungenoberfläche ist mit zahlreichen Papillen versehen, den Geschmackskörperchen, die so fein geartet sind, daß wir sofort wahrnehmen, ob eine Speise süß oder salzig ist, bitter oder sauer. Der Speichel wäscht die Furchen der Zunge wieder aus, damit eine nachfolgende Speise neu »beurteilt« werden kann. Die Zunge dient aber auch zur Artikulation der Sprache, so daß wir nicht nur unartikulierte Laute von uns geben, sondern zum differenzierten Sprechen befähigt sind.

»Das Sinnlichste in der sinnlichen Region des Mundes ist die Zunge, und eben darum entzieht es sich aller äußern Wahrnehmung, so daß ... es die höchste Liebesinnigkeit bezeichnet, wenn Zunge und Zunge sich berühren ... dem dort eingepflanzten Sinne des Geschmacks wohnt eine tiefsinnige Beziehung auf feineres Seelenleben inne, und zugleich die Wichtigkeit der Zunge für das Vermögen der Sprache hier mit in Rechnung zu bringen ist« (*Carus*[120]). Es sind also mehrere Fähigkeiten, die uns durch die Zunge ermöglicht werden. Der Genießer leckt schon mit seiner Zunge die Lippen, wenn er an die Herrlichkeiten denkt, die ihn erwarten. Er bringt es fertig, die Speisen »auf der Zunge zergehen zu lassen«. Aber wir möchten auch eine »schnelle Zunge« haben, möchten »zungenfertig« sein und über eine mitreißende Redegabe verfügen. Und der »Zungenkuß« läßt uns die Wonnen der Liebe genießen.

Es gibt Menschen, die eine »schwere Zunge« haben, denen es also schwerfällt, sich flüssig auszudrücken, sie »haben etwas auf der Zunge« oder »brechen sich beinahe die Zunge ab« und können es doch nicht formulieren. Wohl denen, die einen finden, der »ihre Zunge löst«, sie also zum Reden bringt. Ein anderer hat »sein Herz auf der Zunge«, er muß sich manchmal hüten, »seiner Zunge nicht allzu freien Lauf zu lassen«, alles geht ihm allzu »glatt von der Zunge«, weil er keine Hemmungen hat, auch das auszusprechen, was andere vielleicht verletzen könnte. Wieder ein anderer möchte sich »eher die Zunge abbeißen« als sich zu verraten, weil er sich sonst »die Zunge verbrennt«. Um nicht zu lügen, möchte er ein Wort lieber »nicht über die Zunge bringen«.

Schlimm ist es, wenn man Menschen mit »einer gespaltenen Zunge« in die Hände fällt, ihr Wort ist verlogen. Aber auch die glatte und spitze Zunge kann verletzen, vor allem wenn es eine »giftige Zunge« ist, die Verleumdungen ausstreut. Von den Feinden sagt der Psalmist:

»Ein scharfes Schwert ist ihre Zunge.
Sie haben mir ein Netz ausgelegt
und meine Seele gebeugt« (Ps 57,5.7).

Und im Buch der Sprichwörter heißt es:

»Tod und Leben stehen in der Macht der Zunge;
wer sie liebevoll gebraucht, genießt ihre Frucht« (Spr 18,21).

Im Jakobusbrief wird die Ambivalenz der Zunge so beschrieben: »Die Zunge ist ein kleines Glied und kann sich doch großer Dinge rühmen ... Die Zunge zu zähmen – kein Mensch vermag es. Dies unstete Übel, voll todbringenden Giftes! Mit ihr preisen wir den Herrn und Vater; mit ihr verfluchen wir die nach dem Gleichbild Gottes geschaffenen Menschen. Aus ein und demselben Mund kommt Lobpreis und Fluch − so nicht, meine Brüder, so darf das nicht sein« (Jak 3,5.8−10).

Wie eine Quintessenz dieser Jakobusstelle wirkt das Sprichwort, das *Sebastian Franck* überliefert: »Die Zung ist das best und das bösest Glied.« Andere Sprichwörter lauten: »Die Zung hat gar kein Bein und zerreißt doch Eisen und Stein.« − »Es ist keine schönere List, als wer seiner Zunge Meister ist.« Man hat die Zunge auch »den Sabel im Schnabel« genannt.

So hängt unser leibliches und unser geistiges Leben von der Zunge ab. Die zarte und empfindsame Zunge ermöglicht uns den Gaumengenuß. Manchmal liegt uns aber auch »ein beißender Geschmack auf der Zunge«, oder wir haben uns »die Zunge verbrannt«. Haben wir uns überanstrengt, dann »hängt uns die Zunge zum Halse heraus« oder »es klebt unsere Zunge am Gaumen«. Von einem entschlossenen Kerl sagen wir, er habe »Haare auf der Zunge«. Und wenn uns etwas gut gelungen ist oder die Freude uns übermannt, dann »schnalzen wir mit der Zunge«. Andererseits gibt es kaum etwas Beleidigenderes als die Spottgebärde, daß uns einer »die Zunge herausstreckt«. Und die Formel: »Du kannst mich mal ...« ist der Höhepunkt der Verachtung.

Hoffen wir lieber mit dem Psalmisten auf eine Stunde, wo wir sagen können: »Da war unser Mund voll Lachen und unsere Zunge voll Jubel« (Ps 126,2).

Die Zähne

Der kristalline Zahnschmelz, der die Zahnkrone überzieht, ist das härteste Material, das sich im menschlichen Körper überhaupt befindet. Trotzdem gehören die Zähne nicht zu den Knochen, sondern − erstaunlicherweise − zur Haut, wie die Haare und die Nägel an Händen und Füßen, wie die Schuppen bei den Fischen. Der weiche Innenkern der Zähne (die Pulpa) ist vom Zahnbein, einer harten knochenähnlichen Substanz, als Hülle umgeben. Die Zahnwurzeln sind tief im Kiefer verankert. Das Kind bekommt zwanzig Zähne, der Erwachsene − nach dem Zahnwechsel − zweiunddreißig. Die Schneidezähne haben eine scharfe Bißwirkung, die Eckzähne halten das Gebissene fest, die Backenzähne zermahlen die Speise.

In ihrer symbolischen Bedeutung stehen die Zähne für die zupackende Fähigkeit des Menschen. Wer nicht »zubeißen« kann, der kommt immer zu kurz und kriegt nicht seinen Anteil am Leben. Manche haben »spitze Zähne« oder auch »scharfe Zähne«, was heißen soll, daß sie nicht zimperlich sind, wenn es etwas zu ergattern gibt. Wer »lange Zähne bekommt«, der liegt begierig auf der Lauer, um das Erlangte auch »mit Klauen und Zähnen« festzuhalten und nicht wieder herauszurükken. Bei Hölderlin gibt es die Redewendung: »Wer keine Hand hat, hilft sich mit den Zähnen.«

Aber wir beißen mit den Zähnen nicht nur zu, wir zeigen sie auch dem Gegner, fletschen sie vielleicht sogar, um ihm Angst einzujagen und die eigene Macht zu demonstrieren. Und wer seine Zähne wetzt, der bereitet sich wohl auf den Zubiß vor. Umgekehrt klappern wir mit den Zähnen, wenn es uns angst und bange wird oder wir vom Schmerz gepackt werden. Wut und Ärger mögen dazu führen, daß wir ohnmächtig »mit den Zähnen knirschen« oder die »Zähne zusammenbeißen«, um unsere Kräfte zu sammeln. Wer sich allerdings »die Zähne ausbeißt«, hat nichts mehr »zu knabbern und zu beißen« und besitzt möglicherweise nur noch »einen hohlen Zahn«.

Der Kriegerische ist »bis an die Zähne bewaffnet«, alles ist zum Angriff oder zur Verteidigung vorbereitet. Wir sagen von einem Menschen, der erfahren ist und sich kenntnisreich und unerschrocken gibt, er habe »Haare auf den Zähnen«, wobei die Haare offensichtlich als Zeichen der Kraft gelten. – Wer dagegen einem anderen »auf den Zahn fühlt«, möchte seine Kenntnisse überprüfen, ein Bild, das natürlich von der Tätigkeit des Zahnarztes abgenommen ist, der die Zähne auf ihre Gesundheit oder Krankheit prüfen muß. – Benimmt sich ein Mensch in seiner Umgebung unleidlich, dann sagen wir schon einmal, er habe wohl einen »Giftzahn«, oder wir nehmen uns vor, ihm diesen Zahn zu ziehen.

Das alttestamentliche Gesetz bestimmt: »Ist Schaden entstanden, dann mußt du geben: Leben für Leben, Auge für Auge, Zahn für Zahn, Hand für Hand, Fuß für Fuß« (Ex 21,24), was uns ziemlich grausam vorkommt, was aber zunächst einmal heißen soll: Gerechtigkeit muß zwar sein, laß dich aber nicht von deinen Rachegelüsten leiten, sondern sorge nur für ausgleichende Gerechtigkeit, also: nicht drei Zähne für einen Zahn, sondern nur einen.

Beim Propheten Jeremia wird das Bild von den »stumpfen Zähnen« verwendet, die man bekommt, wenn man saure Trauben ißt. Es heißt bei ihm: »Die Väter haben saure Trauben gegessen, und den Söhnen werden die Zähne stumpf« (Jer 31,29), er verweist den Leuten aber diese Redeweise und betont, daß jeder nur für seine eigene Schuld geradestehen muß und nicht auch für die Sünden seiner Väter aufzukommen hat.

Der nagende und mahlende Zahn steht auch als Bild für die zerstörerische Zeit, die allmählich alles auflöst, der »Zahn der Zeit« nagt an allem Lebendigen und Unlebendigen. Dafür tut aber »dem Toten kein Zahn mehr weh«, was offenbar als Trost gemeint ist für die, die zwar noch am Leben sind, denen aber Zahnschmerzen die Lust am Leben nehmen.

Der Mund

Die Organe und Körperteile des menschlichen Leibes haben häufig eine vielfältige Aufgabe, was aber der Mund alles zu leisten hat, ist dennoch auffällig. Vom Mund wird die Speise aufgenommen, abgebissen und zerkaut. Dabei helfen die Schleimhäute, die mit ihren vielen kleinen Drüsen eine Flüssigkeit absondern, die ebenso wie die Speicheldrüsen die zerkleinerten Speisen durchfeuchten und zu einer elastischen Masse werden lassen. Jeweils proportionierte Bissen können dann geschluckt werden. Im Speichel ist aber auch schon ein Fermentanteil, der die Stärke zu verarbeiten beginnt.

Im Mund befinden sich Geschmackskörper, die in der Lage sind, die vom Speichel aufgelösten Speisen zu »genießen«. Der Speichel hat dann noch die weitere Funktion, den Mund zu reinigen und feucht zu halten, damit uns die Zunge nicht eintrocknet. Die Erfahrungen mit schmackhaftem Essen führen dazu, daß uns schon »das Wasser im Munde zusammenläuft«, also eine Zunahme der Speichelproduktion stattfindet, wenn wir auch nur einen anziehenden Essensgeruch mit der Nase wahrnehmen. Weil das Hungergefühl den Menschen ganz besonders bestimmt, wird der Mund zu der lebenswichtigen Zone, die uns die Aufnahme der Speisen ermöglicht. Freilich braucht der Mund noch andere Organe und Sinne, damit der Prozeß der Nahrungsaufnahme und der Verdauung vor sich gehen kann: Die Nase wittert Düfte, der Magen signalisiert Hungergefühle, die Augen entdecken eßbare Speisen, so daß wir uns als ganze Person schon auf das Essen vorbereiten und freuen. Und dann müssen der Magen und die Därme noch ihre Arbeit verrichten, damit wir die Elemente der Nahrung auch ins Blut überführt bekommen und die Erhaltung unserer Körperkräfte und das Wachstum usw. vonstatten gehen können. Wenn aber Not herrscht, müssen wir uns etwas »vom Munde absparen« und »von der Hand in den Mund leben«.

Da es unser Mund in besonderer Weise mit unserer Genußfähigkeit zu tun hat, wird es nicht verwundern, daß sich der Mund bei verschiedenen Menschen sehr unterschiedlich ausprägen wird. Der »sinnliche Mund« ist stärker ausgeprägt als der »asketische Mund«. Wer prüfend und auswählend zu genießen versteht, wird einen anderen Mund haben als der gierige Fresser, der sich unterschiedslos alles Erreichbare einverleibt.

> »Ein Mensch beim Essen ist ein gut Gesicht,
> wenn er nichts denkt und nur die Kiefer mahlen,
> die Zähne malmen und die Blicke strahlen
> von einem sonderbaren Urweltlicht«,

so hat *Carl Zuckmayer* den hingebungsvollen Genießer geschildert[121]. Die Eßkultur ist eben auch eine Mundkultur, das haptische Bedürfnis bedarf der Selbstbeherrschung, damit nicht nur eine gierige Triebbefriedigung vor sich geht. Sonst wird aus dem Mund ein Maul oder gar eine »Fresse«, in die unersättlich Speisen und Getränke hineingeschüttet werden müssen.

Aber es gibt auch den »verkniffenen Mund«, der sich nichts gönnen kann (und anderen auch nicht). Die Mundspalte ist bei einem »verpreßten Mund«[122] fest verschlossen, die Unterlippe wird gegen die Oberlippe gepreßt, der Mund bildet nur einen schmalen Streifen, der angespannt ist und dem man die Verkrampfung anmerkt. Am Mund kann auch »abgelesen« werden, ob ein Mensch »verbissen« ist, ob er sich also trotzig zurückzieht, jeden Schmerzlaut unterdrückt und eigensinnig und verstockt zusperrt. Wer nicht mehr bereit ist, Speise mit Lust aufzunehmen, aber auch zur Kommunikation mit anderen unfähig wird, der muß seinen Mund zukleben. Auch übertriebener Ehrgeiz macht den Mund zu einem erstarrten Organ. Wer immer nur haben will, muß »die Zähne zeigen«, um andere einzuschüchtern und von der erhofften Beute abzuhalten. Er zeigt »Biß«, um fremden Widerstand zu brechen. Der vorgeschobene Unterkiefer kann den Eindruck bedrohlicher Brutalität hervorrufen, während ein anderer sich »auf die Zunge beißt«, um sein Ungestüm zu zügeln.

In unserem Sprachgebrauch wird vom Mund vor allem im Zusammenhang mit der Redegabe gehandelt. »Den Mund öffnen« ist ein Synonym für »sprechen« und »den Mund halten« für »schweigen«. Da ist der eine »nicht auf den Mund gefallen«, der andere ist »maulfaul«, weil er nicht dazu zu bewegen ist, den Mund aufzutun. Der Schlagfertige hat ein munteres »Mundwerk«, mag aber in der Gefahr stehen, »den Mund zu voll zu nehmen«, indem er übertreibt und prahlend sich überschätzt. Mancher macht uns »den Mund wäßrig«, ein anderer will sich nicht »den Mund verbrennen«, indem er zu viel ausplaudert. Wer zuviel redet, dem muß man einmal »über den Mund fahren«, damit er zurechtgewiesen wird, oder man muß ihm »ein Schloß vor den Mund hängen« − wie es Papageno in der Zauberflöte geschieht. Wir haben es nicht gern, wenn uns »Worte in den Mund gelegt werden«, die wir selbst gar nicht aussprechen wollten, aber »den Mund verbieten lassen« wollen wir uns auch nicht, damit wir nicht »mundtot« werden. Es ist ein zweischneidiges Vergnügen, »in aller Munde« zu sein, denn es sind ja nicht immer erfreuliche Dinge, die man von uns redet.

Nicht nur, wenn wir einem Menschen etwas »vom Munde ablesen« wollen, schauen wir ihm bei einer Begegnung auf den Mund. Seine Lippen sind ja ein anziehendes Organ, vor allem dann, wenn sie schön geschwungen sind. »Ein reiner zarter Mund ist vielleicht die schönste Empfehlung im gemeinen Leben; denn wie die Pforte, so glaubt man, sei auch der Gast, der heraustritt, das Wort des Herzens und der Seele.« *Herder* hat diese Beobachtung aufgeschrieben und hat damit den Mund und dessen Tätigkeit auf originelle Weise gekennzeichnet. Der

Eigenart der Lippen hat er eine besondere Beschreibung gewidmet: »Jedermann weiß, wie viel die Oberlippe über Geschmack, Neigung, Lust und Liebesart eines Menschen entscheidet; wie diese der Stolz und Zorn krümmen, die Feigheit spitze, die Gutmütigkeit runde, die schlaffe Üppigkeit welke, wie an ihr mit unbeschreiblichem Zuge Liebe und Verlangen, Kuß und Sehnen hange, und die Unterlippe sie umschließe und trage, ein Rosenkissen, auf dem die Krone der Herrschaft ruht. Wenn man *etwas* artikuliert nennen kann, so ist's die Oberlippe eines Menschen, wo und wie sie den Mund schließt.«

So vielfältig die Möglichkeiten und Funktionen des Mundes sind, dürfen wir doch die Aufnahme der Speisen als den königlichen Dienst des Mundes bezeichnen. Das Essen ist zunächst einmal wegen der animalischen Notwendigkeit der Nahrungsaufnahme ein lebenerhaltender Vorgang. Weil der Mensch aber all die elementaren Vorgänge seines Daseins durch seinen kulturschaffenden Trieb veredelt, wird aus dem gemeinsamen Essen das Mahl, wird an bestimmten Tagen dieser Vorgang zum Festmahl. Es gibt wohl nicht viele Formen der menschlichen Gemeinschaft, deren Bedeutung mit dem gemeinsamen Essen und Feiern verglichen werden kann. Die Mahlgemeinschaft stiftet in besonderer Weise Verbundenheit, sei es die Zusammengehörigkeit der Familie oder das Bundesverhältnis mit Freunden und Freundinnen. Und auch die eheliche Form des Zusammenlebens hat zwei Pole: den Tisch und das Bett.

Kultur und Kult haben in der Menschheitsgeschichte immer eine intensive Verbindung gehabt. So kann es uns nicht wundern, daß auch die religiöse Gemeinschaft sich als Tischgemeinschaft verstand. Die großen Feste wurden deshalb immer auch als Gastmähler gefeiert, sei es, daß man die Götter zu sich einlud oder daß man sich von den Göttern zu Tisch geladen wußte.

Auch die biblischen Berichte künden von bedeutsamen Mahlzeiten, man denke etwa an Abraham, der Besuch von drei Männern im Hain von Mamre bekam und sie zu Tische lud. Während des Mahles bekam er die Verheißung, ihm werde endlich der ersehnte Sohn geschenkt (Gen 18). Die Szene wird eingeführt mit den Worten: »Der Herr erschien Abra-

ham«, Gott macht Abraham zu seinem Freund, indem er sich
– in verborgener Gestalt – von ihm einladen läßt.

Im Neuen Testament bekommt das Mahl einen noch zentraleren Platz. Jesus feiert mit seinen Jüngern ein abendliches
Festmahl und stiftet eine Mahlfeier, die seine Gegenwart auch
dann noch erfahrbar und spürbar machen soll, wenn er nicht
mehr in seiner menschlichen Gestalt gegenwärtig ist. So wurde
die Eucharistie zum zentralen Heilszeichen des Neuen Bundes, sie soll aber über sich hinausweisen auf einen Erfüllungszustand des Reiches Gottes, das bildhaft umschrieben werden
kann als Festmahl, als himmlische Hochzeit.

»Nie endet das süße Mahl,
Nie sättigt die Liebe sich«,

heißt es in der Hymne an das Abendmahl von *Novalis*. Für ihn
sind der Hunger des Mundes und der Hunger nach Liebe und
Erfüllung noch eines. Deshalb endet er seine Hymne:

»Und so währet der Liebe Genuß
Von Ewigkeit zu Ewigkeit.
Hätten die Nüchternen
Einmal gekostet,
Alles verließen sie,
Und setzten sich zu uns
An den Tisch der Sehnsucht,
Der nie leer wird.
Sie erkennten der Liebe
Unendliche Fülle,
Und priesen die Nahrung
Von Leib und Blut.«

Der Kuß und das Küssen

Wenn Menschen sich verbunden fühlen durch verwandtschaftliche Bande oder durch Freundschaft und Liebe, dann
suchen sie nach einem leiblichen Ausdruck dieser Verbundenheit, und das ist vor allem die Umarmung und der Kuß. Allerdings ist zu unterscheiden zwischen einem Kuß als Zeichen der
Verehrung und der Huldigung, einem Kuß, der als Besiege-

lung einer Versöhnung gegeben wird, einem Kuß, der Unterwerfung veranschaulicht – und einem Kuß als Zeichen der Hingabe und der Liebe. Immer aber gewährt der Kuß eine enge Fühlungnahme, Menschen kommen sich nah und drücken diese Verbundenheit leibhaftig aus.

Es mag sein, daß die Urform des Kusses aus der Zeit stammt, als die kleinen Kinder von ihren Müttern noch vorgekaute Speise von Mund zu Mund zugeführt bekamen. – Daneben spielt sicher eine Rolle, daß man mit der Berührung der Lippen eine Kraftübertragung annahm: mit dem Atem sollte vom einen Menschen zum anderen eine Macht- und Kraftfülle übergehen.

Der Handkuß galt und gilt als galantes Zeichen der Verehrung, oft bleibt er eine formelhafte Geste ohne tiefere Bedeutung. Doch gilt es zu bedenken, daß die Hand als ein besonders charakteristischer Körperteil empfunden wird, der für die ganze Person steht und deshalb mit diesem Gruß besonders ausgezeichnet und geehrt wird. Im Stirnkuß wird ein Teil des Gesichtes geehrt, der schon deshalb ein bevorzugter Ort ist, weil sich dahinter das Gehirn befindet. Der Wangenkuß intensiviert die Umarmung.

Selbst die Kußhand hat eine alte Geschichte. Schon die Babylonier warfen der Sonne und dem Mond Küßchen zu – zum Zeichen der Verehrung. Auch im alten Rom war der Brauch bekannt, den Götterfiguren Kußhände zuzuwerfen.

Fremd geworden ist uns der Fußkuß, ist er doch unschwer als Geste der Unterwerfung zu erkennen. Der devote Diener vollzog diese Zeichenhandlung, um deutlich zu machen, welch ein Abstand zwischen dem Machthaber und seiner Niedrigkeit bestand. Er blieb in der Nähe der Erde und des Staubes, nur wert, die Füße seines Herrn zu küssen.

Ein Kuß, der diesen Namen wirklich verdient, ist aber der Kuß auf den Mund. Wenn die Liebe Menschen zueinander geführt hat, dann haben sie ein brennendes Verlangen, sich zu küssen, wie es schon im Hohenlied, einer der hinreißendsten Liebesdichtungen der Weltliteratur, beschrieben wird.

»Küsse mich mit den Küssen deines Mundes,
 denn süßer als Wein ist deine Liebe« (Hl 1,2).

Ich weiß nicht, ob die »Weltgeschichte des Kusses« schon geschrieben wurde, das Hohelied hätte dort einen Ehrenplatz.

»Treffe ich dich draußen, ich werde dich küssen,
niemand darf mich deshalb verachten.
Führen will ich dich, in das Haus meiner Mutter dich bringen,
die mich erzogen hat.
Würzwein geb ich dir zu trinken, Granatapfelmost.
Deine Linke liegt unter meinem Kopf, deine Rechte umfängt mich« (Hl 8,1–3).

Aber die Liebesliteratur der ganzen Welt preist natürlich den Kuß auf die vielfältigste Weise. *Catull* hat gedichtet:

»Liebste, küsse mich, tausendmal und noch hundert
und so immer eintausendmal und noch hundert.
Dann, wenn's Tausende sind genug, dann verwirren
wir sie, alle die Küsse, niemals mehr zählbar,
daß kein Neider das Glück uns mindere, wissend,
wieviel süßeste Küsse wir zärtlich uns schenkten.«[123]

Und *Properz,* ein Zeitgenosse Catulls, weiß: »Küßt du unzählige Mal, immer noch ist's nicht genug.«[124]
Der Kuß hat eine berauschende Wirkung, weil er die Trennung zwischen den Menschen aufhebt und sie innig miteinander verbindet, daß sie selig ineinanderzufließen scheinen.

»Küß mich noch einmal, küß mich immer wieder, küsse
mich ohne Ende. Diesen will ich schmecken,
in dem will ich an deiner Glut erschrecken,
und vier für einen will ich, Überflüsse
will ich dir wiedergeben. Warte, zehn
noch glühendere; bist du nun zufrieden?
O daß wir also, kaum mehr unterschieden,
glückströmend ineinander übergehn«[125],

in so glühenden Farben hat *Louize Labé* ihre Kußerfahrungen geschildert.
Das Loblied auf den Kuß ist bis heute nicht verklungen. Bei *Else Lasker-Schüler* klingt es so:

»Unsere Lippen wollen Honig bereiten,
Unsere schimmernden Nächte sind aufgeblüht.
An dem seligen Glanz deines Leibes
Zündet mein Herz seine Himmel an.«[126]

Auch in der liturgischen Gebärdensprache hat sich der Kuß behauptet. In den Paulusbriefen werden die Gläubigen häufig aufgerufen— »Grüßt euch mit dem heiligen Kuß« (Röm 16,16; 1 Kor 16,20; 2 Kor 13,12). Und der erste Petrusbrief endet mit der Aufforderung: »Grüßet einander mit dem Kuß der Liebe. Friede sei mit euch allen, die ihr in Christus seid« (1 Petr 5,14). Diese brüderlich-schwesterliche Geste der Verbundenheit hat dann auch in der Liturgie ihren Platz gefunden: im Friedenskuß soll der Friede — als Heilsgut — mitgeteilt werden, einer soll dem anderen die Liebe und die Gabe des Heiligen Geistes weitergeben. Einer stärkt den anderen, zeigt durch die Geste, wie er mit den anderen verbunden ist.

Der »liturgische Kuß« soll aber auch dazu beitragen, daß man sich besser miteinander verträgt und sich wieder versöhnt, wenn Unstimmigkeiten aufgekommen sind. In seinen »Mystagogischen Katechesen« schreibt *Cyrill von Jerusalem:* »Dieser Kuß verbindet die Seelen miteinander und gelobt, alles Unrecht zu vergessen. Der Kuß ist ein Zeichen der Seelenvereinigung und der Verzeihung jeglichen Unrechts.«

Auch die Feier der sakramentalen Taufe kannte den Kuß. Der Täufling wurde nach der Taufspendung vom Täufer und den Gläubigen geküßt zum Zeichen, daß er nun in die brüderlich-schwesterliche Gemeinschaft der Kirche aufgenommen war.

Wir sollten also den »weltlichen Kuß« nicht allzuweit vom »heiligen Kuß« ansiedeln, vielleicht haben sie mehr miteinander zu tun, als wir gewöhnlich annehmen, das wußte schon *Angelus Silesius:*

»Die Braut verdient sich mehr mit einem Kuß um Gott
Als alle Mietlinge mit Arbeit bis in den Tod.«

Die Haare

Das Kopfhaar wird vom Menschen als besondere Zierde angesehen, es wird gepflegt, zu einer individuellen Frisur geordnet und trägt wesentlich dazu bei, seinem Träger eine unverwechselbare Eigenart zu verleihen. »Dasselbe Gesicht, welches mit glatt geordnetem Haar einen friedlichen angenehmen Ausdruck zeigt, wird mit wild um den Kopf hängendem, ungeordnet durcheinander liegendem oder gesträubtem Haar einen wilden und widerwärtigen Charakter geben, ja man braucht nur an die Aufmerksamkeit zu denken, mit welcher deshalb Frauen ihr Haar in hundertfältiger Weise zu ordnen pflegen, und wie sie dadurch allein schon bald den naiven und einfachen, bald den herausfordernden und reizenden, bald auch wieder den strengen und abweisenden Ausdruck herzustellen wissen, um die tiefe physiognomische Bedeutung des Haares ganz gegenwärtig zu haben.«[127]

Allerdings hat man dem Haar nicht nur aus ästhetischen Gründen eine solch hohe Bedeutung beigemessen, sondern verstand das Haupthaar auch als Sitz der Kraft und als Symbol der Freiheit. Im alttestamentlichen Buch Richter wird erzählt, daß die Philister dem bärenstarken Simson nicht beikommen konnten und schließlich seine Geliebte Delila bestachen, sie solle herausbekommen, wodurch Simson eine so große Kraft besitze und wie sie ihn überwältigen und bezwingen könnten. Endlich verriet er ihr die Quelle seiner Kraft: »Ein Schermesser ist mir noch nicht an die Haare gekommen; denn ich bin von Geburt an Gott als Nasiräer geweiht. Würden mir die Haare geschoren, dann würde meine Kraft mich verlassen; ich würde schwach und wäre wie jeder andere Mensch« (Ri 16,17).

Im alten Israel trugen die Männer ihr Haupthaar bis zum Nacken oder bis zur Schulter, ein Band oder ein Haarreif hielt die Haare zusammen. Die Frauen flochten ihre Haare oder banden es kunstvoll auf. Im Hohenlied wird auch das Haar der Geliebten besungen:

»Dein Haar gleicht einer Herde von Ziegen,
die herabzieht von Gileads Bergen« (Hl 4,1).
»Wie Purpur sind deine Haare,
ein König liegt in den Ringellocken gefangen« (Hl 7,6).

Im Mittelalter hat man – in manchen Regionen – dem Haar geradezu magische Bedeutung beigemessen. Die Unantastbarkeit des Königs basierte bei den fränkischen Königen darauf, daß sie ihr langes Haar nie schoren, sondern es bis zum Gürtel herunterwallen ließen. Das lange Haar wurde so geradezu zum »Erkennungszeichen und Ehrenrecht des königlichen Geblüts«[128].

Wird – etwa bei der Aufnahme in einen Orden – einer angehenden Nonne oder einem Mönch das Haar abgeschnitten, so ist das nicht nur ein Verzicht auf ein Attribut der Schönheit und der bewußten Selbstdarstellung, sondern ist als Zeichen des Opfers und der persönlichen Hingabe an Gott gedacht. Das hingeopferte Haar steht dann – pars pro toto – für die ganze Person.

Unverheiratete Frauen ließen ihre Haare frei hängen, die Ehefrauen mußten sie binden, daran erinnert das Volkslied:

»Ich will mein Haar nit binden,
ich will es hangen lan.
Ich will wohl diesen Sommer lang
fröhlich zum Tanze gan.«

Schnitt man einem Menschen sein Haar ab, dann war das eine Entehrung oder eine Strafe. Es kam aber auch vor, daß sich Menschen aus Trauer die Haare scheren ließen. Der Verlust der Haare verändert das Aussehen eines Menschen. Der Sklave sollte kein ungebrochenes Selbstbewußtsein haben, dem Verbrecher nahm man mit seinen Haaren das Aussehen eines freien Menschen, der Trauernde wollte aus freien Stücken auf die Zeichen der Schönheit verzichten.

In der Gegenwart haben – entsprechend der jeweiligen Mode – die Haare eine besondere Signalwirkung bekommen. In dem Musical »Hair« wurden die Haare zum Kennzeichen einer rebellischen jungen Generation, die ihre Haare nicht mehr konformistisch bändigen wollte, sondern zum Zeichen eines neuen Verständnisses von Leben zu langen Mähnen wuchern ließ.

»Wie wunderbar, wie sonderbar
Eine Welt allein für mich,
das ist mein Haar.
Laßt es leben!

Gott hat es mir gegeben,
mein Haar!«

So unterschiedlich die Menschen sind, so unterschiedlich
tragen sie ihr Haar: Beim einen ist es glatt und weich, beim anderen flatternd und dem Wind preisgegeben. Einer möchte
seine Haare bändigen, der andere sprengt jede Form. Da gibt
es gekräuselte und gerollte, gelockte und gewellte Haare,
mancher umgibt sein Gesicht mit Korkenzieherlocken, andere
lieben vom Kopf abstehende Haare. Pflegt einer seine wilde
Mähne, so hegt ein anderer seine spärlichen Strähnen. Vor allem Frauen haben eine unerschöpfliche Phantasie, ihrer Frisur
− und damit ihrem ganzen Gesicht − immer wieder einen veränderten Charakter zu geben. Sind die Haare einmal züchtig
geordnet, dann sind sie das nächstemal trotzig wild oder ver-
rucht.

Paracelsus wollte vom Haar eines Menschen zwar nicht unbedingt auf dessen Gesundheit oder sonstige Beschaffenheit
schließen, er schrieb aber, »es ist richtig, daß ein Haar, welches fest im Haupte steckt und nicht leicht ausgezogen werden
kann, gute Gesundheit des Hauptes und des ganzen Leibes anzeigt«[129].

Es ist erstaunlich, wie oft unsere Alltagssprache und die
Sprichwörter Bilder aus dem »Haarbereich« verwenden, wobei es häufig Beobachtungen sind, die aus der Alltagserfah-
rung stammen. Angst und Schrecken führen dazu, daß sich
uns »die Haare sträuben« oder uns die Haare »zu Berge stehen«. Ist einer verzweifelt oder ratlos, dann »rauft er sich die
Haare«; aber auch Ärger und Wut oder die Reue über eigenes
Fehlverhalten können die Ursache dieses Haareraufens sein.
Wenn einer von Sorgen geplagt wird, dann ist zu erwarten,
daß ihm »graue Haare wachsen«. Streit und Rivalität führen
dazu, daß sich die Menschen »in die Haare geraten«. Es ist
nicht zu erwarten, daß dabei keinem »ein Haar gekrümmt«
wird, vielmehr wird wohl einer »Haare lassen« müssen. Ist
eine Gefahr noch einmal abgewendet worden, dann sagen wir,
»um ein Haar wäre etwas passiert«, eine winzige Kleinigkeit
hat genügt, daß wir mit heiler Haut davongekommen sind und
nicht »mit Haut und Haar« ins Verderben gestürzt wurden.
Im Umgang mit anderen sind wir offenbar manchmal so un-

gerecht, daß wir »kein gutes Haar« an ihnen lassen, sondern sie völlig ablehnen und schlechtmachen. Wer nur genau sucht, findet immer »ein Haar in der Suppe«, und wer sich mit Vorliebe in kleinliche Streitigkeiten hineinsteigert, macht sich auch daran, »Haare zu spalten«. Eine hervorragende Methode dabei ist, etwas »an den Haaren herbeizuziehen«, ob es nun paßt oder nicht. Dann braucht man sich aber nicht zu wundern, wenn man bald »mehr Schulden hat als Haare auf dem Kopf« und einem »die Haare vom Kopf gegessen werden«.

Dann hat es derjenige schon besser, dem alle Haare ausgefallen sind, ihm kann man nicht mehr in die Haare fahren oder seine Haare einzeln ausziehen. Allerdings gibt es Kulturen, die den Glatzkopf verachten und verspotten, ihn nicht mehr ernst nehmen. Da bleibt als einziger Ausweg, sich eine Perükke zuzulegen, was auch noch den Vorzug hat, daß man sich die Haarfarbe selber aussuchen kann und nicht auf die Laune der Natur oder die genetische Bestimmung angewiesen ist.

Offen bleibt, ob Carl Gustav Carus recht hatte, als er die These aufstellte: »Braunes und schwarzes Haar pflegen mehr bei activem Charakter, rothes und blondes mehr bei einer gewissen Passivität vorzukommen.«[130] Heutige Haarforscher weisen immerhin darauf hin, daß es die gleichen Hormone sind, die die Pigmentierung der Haare und das Wachstum regeln. Dunkelhaarige Mädchen reifen früher als blonde, treten also früher in die Pubertät ein, aber die Dunklen werden von den Rothaarigen noch überholt[131].

Ob wir nun hell oder dunkel behaart sind, von der Natur reich bedacht oder schlecht weggekommen, die Bibel hat für uns den Trost bereit: »Euch sind selbst die Haare auf eurem Haupte alle gezählt« (Mt 10, 30), was nicht heißen soll, daß wir die Haare nicht verlieren werden, sondern daß wir nicht aus der Hut Gottes fallen werden, was auch geschieht.

Das Gehirn

Die Ausbildung des menschlichen Gehirns in seiner heutigen Gestalt ist das Ergebnis eines jahrmillionenlangen Evolutionsprozesses. Der älteste Teil ist das Stammhirn, es »dirigiert« unsere elementaren leiblichen Bedürfnisse, das Verlangen, am Leben zu bleiben, den Hunger und den Durst zu stillen, auf sexuelle Reize zu reagieren, aber auch die aggressiven und angstorientierten Triebkräfte. Ebenfalls wird hier die Körpertemperatur geregelt. Das Kleinhirn sammelt die Informationen, die für die Bewegungsabläufe des Körpers wichtig sind, und sendet entsprechende Signale aus, um den Körper im Gleichgewicht zu halten. Das Großhirn schließlich ist das eigentliche »seelische« Organ, weil es uns das Fühlen, Denken und Wollen ermöglicht, hier blitzen die Einfälle auf, hier werden die Erinnerungen gespeichert und Gedankenverbindungen hergestellt. Das Gehirn ist auf die Nervenbahnen angewiesen; die Hauptbahn stellt das Rückenmark dar, hier laufen die Informationsströme zum Gehirn und die Botschaften in alle Körperteile, so werden z. B. Schmerzempfindungen und Hitzewahrnehmungen gemeldet, die Berührungsimpulse und viele andere Nachrichten, und es werden die »Antworten« gegeben.

Damit der Mensch aufrecht gehen und das Gleichgewicht halten konnte, mußte sich das Gehirn in einer bestimmten Weise organisieren. Der aufrechte Gang ermöglichte die Ausbildung der Arme und Hände für die vielen Aufgaben, die sich der Mensch stellte und deren Bewältigung ihn in gewisser Weise zum Menschen werden ließ. Unglaublich viele Funktionen übernimmt das Gehirn, in ihm findet sich das Sprachzentrum, die Frontallappen sind für das planerische Vorausdenken und das durchgehaltene Wollen verantwortlich. Der Mensch kann Geräte herstellen und seine Speisen bereiten. Die kreativen Fähigkeiten gehen immer wieder über das bis dahin Erreichte hinaus, so daß der Mensch − als Gattung − tatsächlich immer wieder über sich hinauswächst. Das große Frontalhirn ermöglicht aber auch das immer notwendiger werdende Ethos, damit er Verantwortung für sein Tun übernehmen kann.

Die linke Körperhälfte wird vornehmlich von der rechten Hälfte des Gehirns (genauer: der Großhirnrinde) bestimmt, die rechte Körperhälfte von der linken Gehirnseite. Die linke Hirnhemisphäre mit ihrem »linearen« Charakter ist für die logischen Prozesse des Denkens zuständig, auch die Sprache und die mathematischen Fähigkeiten hängen damit zusammen. Die rechte Hemisphäre des Gehirns (und damit die linke

Körperhälfte) repräsentiert die ganzheitliche Geistestätigkeit, die Fähigkeit, sich im Raum zu orientieren, das Wiedererkennen von Gesichtern und die Gabe künstlerischer Gestaltung. So ergänzen sich die beiden Gehirnhälften und ermöglichen das ganze Spektrum menschlicher Befähigungen. Sind in der einen Hemisphäre die denkerischen und sprachlichen Potenzen angesiedelt, so in der anderen die künstlerischen Gaben (Musik, bildnerische Wirksamkeit, tänzerische und pantomimische Bewegung).[131]

Zu den »Spitzenleistungen« des Gehirns gehört die Ermöglichung eines reflektierenden Selbstbewußtseins, so daß ein Mensch über sich selbst nachdenken, seiner selbst innewerden kann. Es kommt etwas in den Denkhorizont, was wir »Wahrheit« nennen, wir können die Wirklichkeit von Scheinformen und irrealen Träumen unterscheiden.

Das Wort »Hirn« hängt übrigens etymologisch mit »Horn« zusammen, offenbar empfand man die sehr stabile Hirnschale als eine Art von Gehörn, mit dem man auch Widerstand leisten oder zustoßen könne. Vielleicht hat man in frühen Zeiten die Hirnschale für wichtiger gehalten als das, was dahinter versteckt war. Wenn wir heute vom Gehirn sprechen, dann werden wir natürlich eher die Fähigkeit des Denkens und bewußten Handelns im Sinn haben.

Ein tolles Gehirn muß gefegt werden, damit es wieder zur Vernunft kommt, hat Luther gesagt. Derber wird heute gesagt, einer habe ein »weiches Hirn« oder sei »aufs Hirn gefallen«. Aber auch der Gesunde muß manchmal sein »Hirn zermartern«, oder er hat einen glücklichen Gedanken, von dem er annimmt, er sei »nicht aus meinem Hirn entsprungen«.

Gegenwärtig wird gerne das Herz gegen das Hirn ausgespielt oder der Bauch gegen den Kopf. Das ist eigentlich unrecht gegenüber den ungeheuren Leistungen unseres Gehirns. Das Gehirn ist wirklich, wie Herder gesagt hat, »Blume und Krone«. – Allerdings darf sich der Kopf nicht verselbständigen und den übrigen Leib vernachlässigen oder geringschätzen. Nur das harmonische Miteinander und Füreinander von Hirn und Herz kann den Menschen im Gleichgewicht halten.

Sehr schön hat schon *Hildegard von Bingen* erkannt: »Das Gehirn ist die materielle Basis für Wissen, Weisheit und Vernunft des Menschen ... Das Gehirn hat besondere Bahnen, so wie die Räucherkammer ihre Abzüge, wo der Qualm hinaus kann.«[132]

Der Kehlkopf und die Stimme

Der Kehlkopf ist ein knorpeliges Gebilde, in dessen Mittelteil sich die beiden Stimmbänder befinden, die durch ihre Vibration – bei durchgeblasener Luft – Laute und Töne erzeugen können. Sind die Stimmbänder kürzer, so werden die Töne höher, sind sie länger (wie bei den Männern), so werden sie tiefer. Müskelchen können die Stimmbänder mehr oder weniger anspannen, so differieren die Töne. Der Kehlkopf ist das Einfallstor der eingeatmeten Luft für die Luftröhre, die sie in die Bronchien der Lungenflügel leitet. Dieser Kehlkopf mit seiner »Stimmritze« ist ein wahres Instrument. Allerdings müssen noch andere Organe mitwirken, damit aus den Tönen differenzierte Klänge oder gar Worte werden, dabei spielt der Resonanzraum des Gaumens eine Rolle, die Stellung der Zunge, der Lippen und der Zähne nicht minder, aber auch der Brustkorb und das Zwerchfell.

Unsere Möglichkeit der »Lautung« oder »Verlautbarung« ist also auf unseren Leib mit seinen verschiedenen Organen angewiesen – und trotzdem weist diese Form der Mitteilung auch über den Körper hinaus, weil wir dabei das »spirituelle Element« der Luft brauchen. Der Atemhauch der Ausatmung kann zum Seufzer werden und zum Schrei, zum Jubelruf und zum Befehlswort, zum Hilferuf und zum Liebeslied. Unsere Stimme ist ganz und gar ein Gebilde unseres Leibes und ist ganz und gar eine Ausdrucksform unserer Seele.

Bekanntlich gibt es auf der ganzen Erde keine zwei Menschen, die sich in ihrer stimmlichen Eigenart völlig gleichen, jeder hat seine Besonderheit mitbekommen und ausgebildet, jeder sein unverwechselbares Timbre. Selbst wenn wir flüstern und unser Sprachvermögen auf kaum hörbare Laute zurücknehmen, ganz stimmlos können wir nicht sprechen, jede Äußerung bekommt einen »Stimmleib«. Beim einen überwiegt der fröhliche oder beschwingte Akzent, beim anderen ist ein müder oder trauriger Grundton vorherrschend, die eine Stimme ist sachlich distanziert, die andere bringt mehr Gefühl ein.

Natürlich gibt es auch Menschen mit einem geringen Tonumfang, die das, was sie zu sagen haben, kaum differenzieren und wenig »Tonarten« zur Verfügung haben.

In vieler Hinsicht spiegelt sich in unserer Stimme die ganze Lebensgeschichte wider. Wer selbstbewußt ist und herausfordernd auftritt, wird diese Eigenart auch in seiner Stimme haben, der Zudringliche wird sich mit einer grellen und schrillen Stimme zu Wort melden, wer befehlsgewohnt ist, neigt dazu, stoßweise und »bellend« zu reden. Aber es gibt Menschen, die sich schon als Kinder ducken und verstecken mußten, nun haben sie sich ein kleinlautes Sprechen angewöhnt, ihr Sprachorgan ist verkümmert, ihre Stimme ist beinahe tonlos, weil es an Mut fehlte, die eigenen Kräfte zu wecken.

Es ist eine besondere Freude, Menschen zu begegnen, die eine beseelte Stimme haben und denen so viele Töne zur Verfügung stehen, daß sie sowohl flüstern als sich auch kraftvoll und raumfüllend »aussingen« können. Die Stimme kann schwerelos dahinschweben, sie kann sich erheben und die Räume in Windeseile durchfliegen. Durch unsere rufende Stimme können wir schneller vorankommen als mit unserem Körper, können wir uns wesentlich »ausweiten«.

Eine Steigerung unserer stimmlichen Ausdrucksweise ist das Singen. Im Lied wird ja ein Text musikalisch ausgelegt und intensiviert. Jetzt kann die Stimme zeigen, was sie alles für Möglichkeiten hat. Und wem eine entsprechende Gabe zuteil wurde, der kann bis in die höchsten Höhen hinauf- und die größten Tiefen hinuntersteigen, kann Ausgelassenheit und Heiterkeit ebenso hörbar machen wie Trauer oder Klage. Welche Wonnen können wir erleben, wenn wir in einem Konzert oder im Opernhaus einem Sänger oder einer Sängerin zuhören dürfen, die das ganze Spektrum der stimmlichen Möglichkeiten beherrschen vom donnernden Dröhnen bis zum zarten Zirpen.

Walter F. Otto hat vermutet, die Menschen der Frühzeit hätten sich im Sprechgesang miteinander verständigt[133]. Eine herausgehobene Weise, sich auszudrücken, ist das Singen jedenfalls geblieben. Im Arbeitslied suchen die Menschen einen gemeinsamen Rhythmus zu finden, der ihnen die Schwere ihrer Last erleichtern soll. Im Liebeslied können junge Menschen ihrem Verlangen Ausdruck geben, im Klagelied die Trauernden ihr Leid äußern. – Und der Gottesdienst bekommt sein Gepräge durch die Bitt-, Dank- und Loblieder und Hymnen, die man Gott zu Ehren gemeinsam singt.

»Singe, wem Gesang gegeben«, heißt es. Wenn unsere Kehle schon solche Möglichkeiten hat, dann wäre es ein Jammer, ließen wir dieses Talent unentfaltet. Ist es nicht so, daß der Gesang noch viel intensiver die Menschen zusammenführt als das Gespräch? Und die Musik ist eine Sprache, die sogar die unterschiedlichsten Kulturen zusammenführt und weltweit auf Verständigung rechnen kann.

Es kann wirklich ein therapeutischer Befreiungsakt sein, wenn ein Mensch, der gewissermaßen eine leblose und tonlose Stimme hatte, der immer nur einen Bruchteil seiner stimmlichen Veranlagung entfalten konnte, nun ein breiteres Spektrum von »sonoren« Möglichkeiten entdeckt. Die Stimme hat ihre eigene Melodie, sie bedarf der rhythmischen Steigerungen, sie muß Akzente setzen können und Sinn für ein unterschiedliches Tempo haben. Wieviel Liebe kann in einer Stimme sein, Einfühlungsvermögen und Zärtlichkeit, aber diese Fähigkeiten werden nicht einfach gelernt, sie gehen einher mit der Entfaltung der Gesamtpersönlichkeit. In der Stimme eines Menschen zeigt sich nicht weniger »Selbstoffenbarung« der Person als in seinem Antlitz oder in der Gestik und im Mienenspiel.

Im ersten Schrei nach der Geburt hat sich zum ersten Mal die Stimme des Neugeborenen zu Wort gemeldet. Hunger, Schmerzen oder Angstgefühle haben uns zu Rufenden und Schreienden gemacht, die Begegnung mit anderen führt uns in die Welt der Sprache. Wir lernen sprechen durch Nachahmung. Andere Stimmen wecken die eigene Stimme. »Sprechen und Hören ist Befruchten und Empfangen«, sagt *Novalis*. Ein Mensch kommt ja zur Entfaltung seiner Person, indem er zum Hörenden und Sprechenden wird, er wird angerufen und zur Antwort aufgefordert. So entfaltet sich seine Sprache zu einem »musikalischen Ideeninstrument«, wie ebenfalls Novalis es ausgedrückt hat.

»Nur durch die Rede wird Auge und Ohr, ja das Gefühl aller Sinne eins und vereinigt sich durch sie zum schaffenden Gedanken, dem das Kunstwerk der Hände und andrer Glieder nur gehorchen ... Man kann und muß also die feinen

Sprachwerkzeuge als das Steuerruder unsrer Vernunft und die Rede als den Himmelsfunken ansehen, der unsre Sinnen und Gedanken allmählich in Flammen brachte.«[134] *Herder* versteht also die Sprache in besonderer Weise als das Medium menschlicher Geistigkeit. Deshalb ist es auch wichtig, daß gedankliche Vorgänge nicht nur Vernunftspiele bleiben, sondern sprachlich formuliert und ausgesprochen werden. Dadurch bekommen Gedanken eine stärkere Bewußtheit und können in eine reflektierte Ordnung gebracht werden. Was ich einmal ausgesprochen habe, setzt sich besser und verläßlicher fest als das, was mir nur als plötzliche Idee durch den Kopf schoß.

»Sprich, aber sprich langsam!
Damit der heilige Sinn des Wortes
und der Klang der menschlichen Stimme
Silbe um Silbe in den Gedanken falle und sich löse wie
Tropfen roten Blutes, wie Purpursaft
In kristallenem Kelch« (*Paul Claudel*[135]).

Die Schönheit und der unermeßlich große Reichtum der Sprache hat wohl auch dazu geführt, daß die Vorstellung aufkommen konnte, die Sprache sei das besondere Geschenk Gottes an den Menschen. Gott selbst habe alles durch sein Wort hervorgerufen, er habe auch dem Menschen durch seine An-rede Leben und Geist geschenkt. Deshalb gilt das Sprachvermögen des Menschen auch als das bevorzugte Anzeichen der göttlichen Huld. Noch in den Überlegungen *Jacob Grimms* über den Ursprung der Sprache schlägt sich diese fromme Dankbarkeit nieder: »Vergegenwärtigen wir uns ihre schönheit, macht und mannigfaltigkeit, wie sie sich über den ganzen boden der erde erstreckt, so erscheint in ihr etwas fast übermenschliches, kaum vom menschen selbst ausgegangenes … Auch die erstaunende heilkraft der sprache, womit erlittenen schaden sie schnell verwächst und neu ausgleicht, scheint die der mächtigen natur überhaupt, und nicht anders als diese versteht sich die sprache darauf mit geringen mitteln auszurichten und volles haus zu halten: denn sie spart ohne zu geizen, sie gibt reichlich und vergeudet nie.«[136]

Sicher können wir *C. G. Carus* recht geben, der formuliert hat: »Jeder Mensch muß auch wieder gewissermaßen seine eigene Sprache in sich finden und haben, eine Sprache, die zwar zumeist durch ihre eigenthümlichen Denkformen und Wortfolgen ihre Besonderheit beweisen wird, die aber zugleich auch durch ihren besonderen Tonfall, Ausdruck, Klang und Gesammtcharakter eine Art luftiges Abbild, d. h. eben Spiegel, des gesammten Menschen nothwendig darstellen muß.«[137]

Stehen – gehen – greifen

Der Mensch ist der erste Freigelassene der Schöpfung;
er steht aufrecht.
Die Waage des Guten und Bösen, des Falschen und Wahren
hängt an ihm; er kann forschen, er soll wählen.
Wie die Natur ihm zwei freie Hände zu Werkzeugen gab
und ein überblickendes Auge, seinen Gang zu leiten,
so hat er auch in sich die Macht,
nicht nur die Gewichte zu stellen,
sondern auch, wenn ich so sagen darf,
selbst Gewicht zu sein auf der Waage.

Johann Gottfried Herder

Die Griechische Madonna (Orante) Ravenna

Die Arme

Die oberen Extremitäten befähigen uns in besonderer Weise zur zupackenden Tätigkeit. Der Deltamuskel vermittelt die Körperkraft des Rumpfes zu den Armen, und der Bizeps, der Armbeuger, ermöglicht uns die vielfältigen Aufgaben des Hebens, Schiebens, Tragens usw. Die Entlastung der Arme von den Aufgaben der Fortbewegung hat es dem Menschen ermöglicht, sie zu einem vielseitigen Organ auszubilden.

Der Arm steht in besonderer Weise für die Aktivität des Menschen. Er krempelt seine Ärmel auf, packt mit kräftigen Armen zu und sorgt dafür, daß die Arbeit erledigt wird. Wenn Menschen zusammenstehen und sich gegenseitig helfen, dann »greift einer dem anderen unter die Arme«. Wer dagegen mit »verschränkten Armen« bei der Arbeit zuschaut, der bleibt passiv und verweigert die Hilfsbereitschaft. Oder es »legt einer die Hände in den Schoß«, um auszuruhen, dann bleibt er in der Distanz und schaut nur mit zu, was andere treiben.

In der liebenden Begegnung spielen die Arme eine große Rolle. Schon von weitem breiten wir die Arme aus, gehen »mit offenen Armen« jemand entgegen, um ihn zu »umarmen« und »in den Arm zu nehmen«. Es ist allerdings etwas anderes, ob ich mich jemand »in die Arme stürze«, um Schutz und Beistand zu erhalten, oder ob ich von jemand »auf den Arm genommen werde«, was ja bekanntlich heißt, daß ich lächerlich gemacht oder mindestens geneckt werde. Ich kann aber auch zufällig »jemandem in die Arme laufen«, ihn also unbeabsichtigt treffen. Wenn es aber ein Freund ist und ich mich über das Wiedersehen freue, dann gehen wir vielleicht »Arm in Arm«, oder ich freue mich, »ihm den Arm zu reichen«.

Wer »einen langen Arm« hat, der besitzt Einfluß und kann seine Macht spielen lassen. Im Notfall muß ihm jemand »in den Arm fallen«, damit er seine Macht nicht mißbraucht. Wir wollen nicht, daß uns jemand »Arme und Beine zerbricht«, deshalb nehmen wir lieber »die Beine unter den Arm«, um so schnell wie möglich davonzulaufen.

In der Bibel ist oft vom »Arm des Herrn« die Rede. Gott verspricht den Israeliten, sie »mit hoch erhobenem Arm zu erlösen« (Ex 6,6). Und Jesaja ruft Gott auf: »Wach auf, wach auf, bekleide dich mit Macht, du Arm des Herrn« (Jes 51,9). Die Endzeit des messianischen Heils wird so geschildert: »Jerusalems Kinder wird man auf den Armen tragen und auf den Knien schaukeln. Wie eine Mutter ihren Sohn tröstet, so tröste ich euch« (Jes 66,12 f.). Einerseits wird also der starke Arm Gottes erhofft, andererseits aber auch der mütterlich tröstende und behütende Arm. Auch im Neuen Testament heißt es (im Magnificat): »Der Herr vollbringt mit seinem Arm machtvolle Taten: Er zerstreut, die im Herzen voll Hochmut sind« (Lk 1,51).

So wird also der Arm einerseits als Symbol der Stärke angesehen, die man erhofft oder fürchtet, dann aber auch wieder als Symbol liebevoller Kraft, die schützt und hegt, Inbegriff der Freundschaft und der Güte.

Die Arme spielen auch in der Gebärdensprache des Betens eine Rolle. Kreuzt der Beter die Arme und Hände vor der Brust, so soll das ein Zeichen der Demut sein: Ich komme mit verschränkten Armen, verzichte auf jede Tätigkeit, habe keine feindliche Absicht. Wehrlos und untätig bin ich, um ganz intensiv hören zu können. Eine andere, typische Gebetshaltung ist die mit hoch erhobenen Armen, die Empfangsbereitschaft für himmlische Kräfte ausdrückt (vgl. Ex 17,11–12).

Bei *Tertullian* heißt es: »Wir erheben die Hände nicht nur, sondern breiten sie aus, uns dem Leiden des Herrn nachbildend, bekennen wir im Gebet Christus.« Die ausgebreiteten Arme führen dazu, daß der Beter die Gestalt eines Gekreuzigten annimmt. Schon die frühe Kirche muß diese Gebetsgebärde gekannt haben, heißt es doch in der 27. Ode Salomos, einem frühchristlichen Hymnenbuch: »Ich streckte die Hände aus und weihte mich dem Herrn, denn das Ausbreiten der Hände ist *sein* Zeichen, und *mein* Ausstrecken ist das ausgestreckte Holz.«[138]

Die Hände

Nach Aristoteles ist die Hand das »Werkzeug aller Werkzeuge«, ihre Beweglichkeit und Feingliedrigkeit und der vielseitige Gebrauch der Hand durch den gespreizten Daumen macht sie tatsächlich zu einem idealen »Werkzeug«, wenn auch dieser Ausdruck nicht ganz zutreffend ist, weil die Hand ja mehr ist: die Selbstdarstellung des ganzen Menschen, ein Spiegel auch seiner seelischen Wirklichkeit.

Aus den Flossen der reptilischen Vorfahren des Menschen hat sich die Hand entwickelt, ist aber dabei nicht spezialisiert worden wie bei den meisten Landwirbeltieren, sondern hat ihre Fünffingrigkeit bewahrt und vervollkommnet. Durch die Verbindung mit den Knochen des Unterarms und das Kugelgelenk der Schulter wird die Hand noch vielseitiger. 27 Knochen hat die Hand, dazu natürlich Muskeln und Sehnen, die ihre Beweglichkeit ermöglichen, die Nervenbahnen machen sie lenkbar und führen zu der Feinfühligkeit des »Fingerspitzengefühls«.

Als sich der Mensch der Frühzeit aufrichtete und zum freien Stand kam, bekam er die Hände frei, sie waren nun nicht mehr für die Fortbewegung notwendig und konnten ihre neuen Aufgaben erfüllen. Nun wurden sie zu den Werkzeugen des *Handel*ns. Die Greifhand langt aus und packt zu, die Hand kann festhalten und loslassen. Die Faust ist der Inbegriff gesammelter Kraft und konzentrierter Macht, manchmal auch der ohnmächtigen Wut. Die Faust wurde auch zur Waffe im ursprünglichen Sinn, die erhobene Faust ist eine drohende Gebärde und kündigt die Bereitschaft zu einem aggressiven Akt an.

Die Fülle der Tätigkeiten unserer Hände läßt sich gar nicht in ein paar Sätzen aufzählen. Vom morgendlichen Anziehen der Kleider und der Körperwäsche über die Zubereitung der Speisen und die Nahrungszufuhr, die Handarbeit in ihrer ganzen Vielfalt (aber der Geistesarbeiter braucht die Hände nicht weniger) bis zu unseren Spielen und bis zur Begegnung mit anderen Menschen brauchen wir die Hände beinahe ununterbrochen. Wir entwickeln Geschicklichkeit und Findigkeit, üben die Gestaltungskraft und Ausdrucksfähigkeit ein, um alle Funktionen beherrschen zu können. Schon kleine Kinder wollen alles »begreifen«, tasten sich in die unbekannte Welt hinein, um sie besser verstehen zu lernen.

Nach anstrengender Handarbeit sind wir froh, die Hände einmal sinken zu lassen oder sie in den Schoß zu legen. Die hängenden Arme und die liegenden Hände drücken Passivität aus, die Ruhelage, die dann wieder von Bewegung und Beschäftigung abgelöst wird. – Aber das Herunterfallen der Arme kann auch ein Ausdruck der Resignation sein, die Enttäuschung führt dazu, auf jede Handlung zu verzichten.

Die tätige Hand kann nicht nur aufheben oder fallenlassen, verknüpfen und entwirren, stützen und halten, zerquetschen und drücken, sie kann auch werfen, wobei aber der ganze Arm, in gewisser Weise sogar der ganze Körper einbezogen wird. Auch zur Abwehr von Angriffen ist die Hand (und ist der Arm) besonders geeignet. Bei drohender Gefahr machen wir oft reflexartige Schutzbewegungen, um nicht an empfindlichen Stellen getroffen und verletzt zu werden. Die Faust des Boxers kann eine Geste der Bedrohung und der Abwehr sein. Aber auch die drohende Geste eines Redners kann warnend oder gefahrverheißend erhoben werden.

Es ist tröstlich, daß die Hand, die so kraftvoll und mächtig zupacken kann und uns als vielfältig verwendbares Werkzeug zur Verfügung steht, auch ein äußerst sensibles Organ ist. Die Hand kann formen und gestalten, dazu gehört nicht nur Kraft, sondern auch Einfühlung und Differenzierungsgabe. Wenn ein Goldschmied seine filigranartige Arbeit verrichtet oder der Uhrmacher winzige Elemente ins Gehäuse einsetzt, dann braucht er eine sichere Hand und ausgesprochenes Fingerspitzengefühl. Und wenn wir einen Säugling auf die Arme nehmen, merken wir schnell, daß ein so zartes Wesen besonders behutsam angepackt werden muß. Auch der Masseur bedarf neben der zupackenden Festigkeit sprechender Hände, die sich in einen Dialog mit dem Körper seines Patienten einlassen. Und die Liebenden geben sich gegenseitig in die Hände, sind diese doch in besonderer Weise die Instrumente der liebenden Vertrautheit. Hände können Freundlichkeit ausstrahlen, sie können zärtlich streicheln und dadurch tausend Nuancen von Gefühlen ausdrücken. Unsere Haut hungert nach Zärtlichkeit, und die Hände können diesen Hunger stillen.

Gewöhnlich ist die rechte Hand die geschicktere und kräftigere. Bei *Hildegard von Bingen* ist zu lesen: »Liegt doch die größte Kraft in der Rechten. Die Rechte ist es, die immerfort wirksam ist; demgegenüber besteht in der Linken eine Art Trägheit, und sie leistet nichts Besonderes.«[139] Dem ist allerdings entgegenzuhalten, daß gerade das Zusammenwirken der beiden Hände uns zu so vielen Tätigkeiten befähigt, wobei beide Hände ihre jeweiligen Funktionen erfüllen. Außerdem darf nicht vergessen werden, daß etwa 4% aller Menschen Linkshänder sind und daß bei ihnen die linke Hand die Dominanz hat.

Wie sehr die Hand oft für den ganzen Menschen steht, macht unsere Sprache immer wieder deutlich. Jemanden »in die Hände fallen« besagt ja, einem anderen Menschen ausgeliefert sein. Wenn ich mich jemand »in die Hand gebe«, hoffe ich, von ihm pfleglich behandelt zu werden. Wenn jemand »seine Hand auf etwas legt«, beansprucht er ein Recht darauf. »Eine Hand wäscht die andere«, sagt das Sprichwort, weil einer auf den anderen angewiesen ist und eine Tätigkeit, die »Hand in Hand« ausgeübt wird, leichter »von der Hand geht«. Mancher ist darauf angewiesen, daß jemand »seine schützende Hand« über ihn hält. Etwas muß »Hand und Fuß« haben, damit es eine sinnvolle Gestalt bekommt und nichts Wesentliches fehlt.

Werden wir zur Ehrlichkeit aufgefordert, dann heißt es: »Hand aufs Herz«, es ist eine Geste, die dem Eid nahesteht: Die innersten Kräfte werden angerufen und sollen Zeugnis für die Glaubwürdigkeit unserer Rede ablegen. Noch viel häufiger »geben wir uns die Hand« zur freundschaftlichen Begrüßung oder Verabschiedung. Vielleicht rührt die Geste daher, daß man sich waffenlos gegenübertrat und mit diesem Zeichen die partnerschaftliche Beziehung besiegeln wollte. – Der »Handschlag« war aber auch eine Art Bundesschluß, man wollte damit einen brüderlichen Beistand besiegeln, seine Verbundenheit ausdrücken oder einen Vertragsabschluß gültig machen. Der Handschlag kam auch bei Verkaufsabschlüssen vor, sogar bei der Soldatenwerbung und bei einer Verlobung.

Da wir das Spiel der Hände weniger kontrollieren als unsere Worte, deshalb kann die »Sprache« der Hände mehr zum Ausdruck bringen als der Betreffende selbst ahnt. Verkrampfte Hände können Zeichen großer Nervosität und Verspanntheit sein. Unruhe und Unsicherheit führen zu fahrigen und erregten Bewegungen der Hände. Wer die Hände in die Taschen steckt, will damit vielleicht seine saloppe Unbekümmertheit ausdrücken, er kann aber unfreiwillig auch seine Befangenheit offenbaren, er kann Gleichgültigkeit oder bewußte Unhöflichkeit damit demonstrieren.

Martin Schongauer, Noli me tangere
(Maria Magdalena und Jesus am Ostermorgen), Ausschnitt

Die offene Hand kann eine bittende Bewegung sein, der Bettler macht seine Hand zur Schale und hofft, daß man ihm etwas in seine Hand gibt. Aber auch der Schenkende macht eine Geste der offenen Hand, er will etwas mitteilen und hergeben. – Eine wegwerfende Handbewegung ist meist eine verächtliche Geste: Da wird ein Vorschlag verworfen, ein Angebot zurückgewiesen. Werden die Arme und Hände fragend erhoben, meist sind auch die Schultern gehoben, dann drückt die Geste aus: Ich weiß auch keine Lösung, es ist mir rätselhaft, wie wir zu einer Lösung kommen können, ich bin so ratlos wie du auch. Eine wegwischende Bewegung (wie man Fliegen vertreibt) drückt Unlust aus: Was da gesagt wurde, ist eine Zumutung, diese Lösung kommt überhaupt nicht in Frage.

Wer die Hände nach vorn streckt und die Handteller öffnet, will vielleicht sagen: Hier bin ich, waffenlos, ich habe nichts zu verbergen. – Aber die nach vorn gestreckten Hände mit nach oben aufgerichtetem offenen Handteller sind zuallererst eine abwehrende Geste, die den möglichen Feind fernhalten und sich selbst schützen will. – Die erhobene Hand erbittet Aufmerksamkeit, vor allem der Redner erwartet Ruhe, damit er sein Wort an die Menschen richten kann. Es kann aber auch eine herrscherliche Geste sein oder den Machtanspruch unterstreichen: Ich bin der Stärkere und erwarte eure Unterwerfung.

Wem »die Hände gebunden« sind, der ist zur Tatenlosigkeit verurteilt. Wer aber »ein Händchen hat«, dem muß man Geschicklichkeit attestieren. Weniger sympathisch erscheint es uns, wenn einer jemandem »aus der Hand fressen« muß, dann ist er offensichtlich in einem Abhängigkeitsverhältnis und muß ihm »in die Hände arbeiten«. Und wenn der Betreffende »seine Hand abzieht«, dann steht man schutzlos da und weiß keinen Ausweg. Wohl dem, der sich an einen wenden kann, der für ihn »seine Hand ins Feuer legt«: Das Bild ist aus der Zeit genommen, wo man durch ein Gottesurteil entscheiden ließ, ob jemand schuldig oder unschuldig sei. Blieb die Hand unversehrt, war die Unschuld bewiesen. – Wer seine Finger im Spiel hat, muß damit rechnen, daß er sich »die Hände verbrennt« oder sich mindestens »die Finger schmutzig macht«.

Eine besondere Rolle spielen die Gesten der Arme und der Hände bei der Überraschung und der Trauer. Da »schlägt einer die Hände überm Kopf zusammen« vor Staunen oder auch vor Schrecken, ein anderer ringt die Hände aus Verzweiflung oder Hilflosigkeit. Und bei der Trauer werden die Hände zum Himmel erhoben oder vor die Augen geschlagen. Das Erheben der Hände und der Arme ist im Kriegsfall das Zeichen der Kapitulation: Ich habe keine kriegerischen Absichten mehr, meine Waffen habe ich schon weggeworfen und unterwerfe mich jetzt der Gnade des Siegers.

Alle Religionen kennen die Geste der Segnung durch die Hand, meist als Handauflegung oder durch einen Segensgestus ausgedrückt. Dahinter steht der Gedanke der Kraftübertragung und Beauftragung. Vom Segnenden geht auf den Gesegneten eine Dynamis aus, die schützenden, stärkenden oder zu einer Aufgabe berufenden Charakter hat. Auch eine Heilwirkung wird von der Handauflegung erwartet.

Im Hinduismus und Buddhismus hat man bestimmte Formen der Hand- und Fingerhaltung ausgebildet (Mudras), die einen klar bestimmbaren Bedeutungsgehalt haben. Werden die Hände vor dem Kopf flach aneinander gelegt, so ist das ein Zeichen der Begrüßung und der Verehrung. Die Hände vor der Brust sind ein Gestus, der Wehrlosigkeit und gewollte Untätigkeit ausdrückt. Bei der Meditation werden die Arme auf die Schenkel gelegt, die Handflächen weisen nach oben, die Fingerspitzen berühren sich. – Die Geste des Predigers, der das »Rad der Lehre« in Bewegung setzt, ist: Die Hände sind vor der Brust, ein Finger der Linken liegt zwischen dem Daumen und den anderen Fingern der Rechten. Hängt die rechte

Hand nach unten und ist geöffnet, dann ist das eine Geste des Segens und der Liebe. Die erhobene Rechte besagt, wenn die Handfläche nach außen gekehrt ist: Hab keine Furcht, ich schütze dich. – Wenn die Rechte die Erde berührt, dann ist das eine Erinnerung an den Entschluß Buddhas, auf die Welt zu verzichten. Durch symbolische Handhaltungen und Fingerstellungen soll sich eine Identifikation mit Buddha ereignen, der Fromme wird selber zu Buddha.

Auch in vielen antiken Religionen spielen Handgesten und Armhaltungen eine wichtige Rolle. Wer das Götterbild berührt, stellt sich unter den Schutz der Gottheit und hofft auf Rettung und Beistand. In den Tempeln Mesopotamiens wurden vor den Götterbildern menschliche Gestalten mit erhobenen Händen aufgestellt, die offensichtlich von angesehenen Frommen errichtet worden waren. Der Gott sollte den Eindruck bekommen, daß diese Beterfiguren in der Haltung der Demut und der huldigenden Andacht verblieben. Auch in der biblischen Frömmigkeit ist es selbstverständlich, daß die Arme zur Sichtbarmachung der Glaubenshaltung benutzt werden.

»Ich breite die Hände aus und bete zu dir,
meine Seele dürstet nach dir wie lechzendes Land«
(Ps 143,6).
»Ich will dich rühmen mein Leben lang,
in deinem Namen die Hände erheben« (Ps 63,5).
»Wie ein Abendopfer gelte vor dir,
wenn ich meine Hände erhebe« (Ps 141,2).
»Höre mein lautes Flehen, wenn ich zu dir schreie,
wenn ich die Hände zu deinem Allerheiligsten erhebe«
(Ps 28,2).

Aber auch Gott kann man sich nur als ein Wesen vorstellen, das Hände hat und damit wirkt. Aus Erde vom Ackerboden hat er den Menschen geformt. Aber er kommt auch mit seiner hilfreichen Hand dem Menschen entgegen: »Denn ich bin der Herr, dein Gott, der deine rechte Hand ergreift und der zu dir sagt: Fürchte dich nicht, ich werde dir helfen« (Jes 41,13). Mit starker Hand führt Gott aus der Gefangenschaft (Ex 13,3), er wird gebeten, daß er seine Hand nicht von uns abzieht (1 Kön 8,57). Und in besonders anrührender Weise hat Jesaja die

Meister von Soriguerola, Betende Seele (Ausschnitt), Altar von Toses um 1300

Verheißung vermittelt: »Sieh her, ich habe dich eingezeichnet in meine Hände« (Jes 49,16).

Die Urkirche kannte wohl auch besonders ausgeprägt das Gebet mit erhobenen Händen. Im 1. Timotheusbrief heißt es (2,8): »Ich will, daß die Männer überall beim Gebet ihre Hände in Reinheit erheben.« Von *Makarios*, einem der ägyptischen Mönchsväter, ist das Wort überliefert: »Es ist nicht notwendig, viele Worte zu machen; es genügt, die Hände erhoben zu halten.«[140] Dieses Wort ist deshalb besonders wichtig, weil es unterstreicht: Die Geste selbst hat ihre Ausdruckskraft; wenn sie ganz intensiv vollzogen wird, dann braucht man gar keine Gebetsformeln mehr zu sprechen, der Körper selbst ist zu einem leibgewordenen Gebet geworden.

Bei *Origenes* heißt es: »Man darf nicht daran zweifeln, daß von den zahllosen Stellungen des Körpers die Stellung mit den ausgestreckten Händen und emporgerichteten Augen allen vorzuziehen ist, da man dann gleichsam das Abbild der besonderen Beschaffenheit, die der Seele während des Gebetes ziemt, auch am Körper trägt.« Hier geht es also um die sinnvolle Ergänzung des gesprochenen Gebets durch die Körperhaltung.

Wie wichtig diese Gebetshaltung angesehen wurde, wird einsichtig, wenn man die zahlreichen Darstellungen aus den römischen Katakomben bedenkt, die man einfach »Orante«, Beter, nennt. Es ist eine stehende Figur, die ihre Arme ausbreitet, die Innenflächen der Hände sind nach oben gerichtet. Auch auf frühchristlichen Sarkophagen findet sich dieser Typos häufig. Ob es sich um die typologische Darstellung der Kirche handelt, oder ob damit bestimmte verstorbene Angehörige der christlichen Gemeinde gemeint sind, immer ist ein Mensch »in Erwartung«, der sich vorbehaltlos öffnet und vertrauensvoll dem sich offenbarenden Licht entgegensieht.

Aber auch die gefalteten Hände und die verschränkten Finger sind alte Gebetsgebärden, die ihre Ausdruckskraft haben. Durch diesen Gestus sagt der Beter: Ich überantworte mich dir, ich übergebe mich deinem Schutz, ich bin dein Gefangener, unterwerfe mich deiner Gnade. Die zusammengefügten Hände sind ein Zeichen der Sammlung, der Beter will sich nicht ablenken lassen, er verzichtet auf Arbeit und Tätigkeit und bindet sich ganz an Gott. Nicht die Wendung nach außen ist jetzt wichtig, sondern die Versammlung nach innen, man bleibt in einem »inneren Strom«.

Auch das schuldbewußte Schlagen der Hände an die Brust als Zeichen der Reue und der Umkehr gehört zu der Gebetsgebärdensprache, man berief sich dabei auf das Gleichnis Jesu vom Zöllner (Lk 18,13), der »sich an die Brust schlug und betete: Gott, sei mir Sünder gnädig!« – Aber auch beim Totenkult war es üblich, sich an die Brust zu schlagen.

Das Händeklatschen kennen wir noch als Applaus, als freudige Zustimmung und Dankgestus nach einer künstlerischen Darbietung. Aber ursprünglich hat es durchaus seinen Platz im Bereich religiöser Gesten. Der Klatschende macht auf sich aufmerksam, er will seinem Jubel oder seiner Freude Ausdruck geben. Im Psalm 47,2 heißt es: »Ihr Völker alle, klatschet in die Hände!« und im Psalm 98,8: »Die Ströme sollen Beifall klatschen, die Berge alle frohlocken vor dem Herrn.« Wenn zum Gottesdienst noch spontane Reaktionen gehören dürfen und leibliche Gesten mit einbezogen sind, dann ist es naheliegend, auch dem Klatschen und Stampfen Raum zu geben. Von den Gottesdiensten Augustins in Tagaste wird jedenfalls häufig berichtet, daß die Teilnehmer in lautes Rufen oder Klatschen ausgebrochen seien.

Eine besondere Würde bekommen die Hände beim Empfang der Eucharistie in der katholischen Meßliturgie. In seinen mystagogischen Katechesen schrieb *Cyrill von Jersualem:* »Wenn du hingehst ..., so mach die linke Hand zu einer Art von Thron für die rechte als für die, welche den König in Empfang nehmen soll, und dann mach die flache Hand hohl und nehme den Leib Christi in Empfang und sage Amen dazu.«[141]

Eine andere Geste mit der segnenden Hand hat eine Bedeutung für den kirchlichen wie den alltäglichen Bereich bekommen: die Bezeichnung mit dem Kreuz. Die rechte Hand zeichnet auf die Stirn des zu Segnenden ein Kreuz, oder bei der Selbstbezeichnung berührt man die Stirn, die Brust und die beiden Schultern, stellt sich selbst also unter das Zeichen des Kreuzes. Dieser Gestus muß sich schon früh eingebürgert haben, steht doch schon bei *Tertullian,* der im 2. Jahrhundert lebte: »Bei jedem Schritt und Tritt, bei jedem Ein- und Ausgang, beim Ankleiden und beim Anziehen der Schuhe, beim Waschen, Essen, Lichtanzünden, Schlafengehen, Niedersitzen und anderen Tätigkeiten, die wir ausüben, drücken wir das Siegel des Kreuzes auf die Stirn.« Und *Cyrill von Jerusalem,* im vierten Jahrhundert lebend, schrieb: »Besiegeln wir vertrauensvoll mit den Fingern die Stirne, machen wir das Kreuzzeichen auf alles, auf das Brot, das wir essen, über den Kelch, den wir trinken! Machen wir es beim Kommen und Gehen, vor dem Schlafe, beim Niederlegen und Aufstehen, beim Gehen und Ruhen. Groß ist dieses schützende Zeichen.«[142]

In der religiösen Bildkunst kann die Hand Ausdrucksform für sehr unterschiedliche Funktionen haben. Häufig steht sie für den nahen, aber verborgenen Gott, der uns seine Hilfe zugesagt hat. Die aufwärts gestreckte offene Hand steht für den erwartungsvoll hoffenden Menschen. Christus wird häufig mit dem Redegestus des antiken Rhetors dargestellt, in der anderen Hand hält er die Schriftrolle. – An den Moscheen findet sich häufig ein nach oben gewandter Arm mit der fünffingrigen Hand. Sie soll den Muslim an die fünf Gebetsvorschriften des Islam erinnern: das Bekenntnis zu Allah, das Gebet, die Pilgerfahrt nach Mekka, das Fasten des Ramadan-Monats und die Almosengabe.

Kehren wir noch einmal zur sichtbaren Gestalt der Hand zurück. Sie kann feingliedrig und grazil sein, aber auch grob und von derber Form. Kinder haben meist eine zarte und weiche Hand, ältere Menschen eher eine magere und trockene. Der Handdruck des einen ist fest und kraftvoll, der des anderen schwammig und drucklos. In seiner Leibsymbolik unterscheidet *C. G. Carus* die »elementare Hand«[143], die auf dumpfere Gefühlszustände und schwerfällige Intelligenz schließen lasse und ein phlegmatisches Temperament; die »motorische Hand«, die einen kräftigen Willen und ausdauernde Arbeitskraft anzeigt und dem cholerischen Temperament zugehörig ist; dann die »sensible Hand«, die Ausdruck des Sanguinikers sei und durch Gefühl und Phantasie, Witz, Geistesschärfe und Willensstärke ausgezeichnet sei, und schließlich die »psychische Hand«, die er als die vollendete Handform ansieht, weil sie ein hohes Geistesorgan darstelle.

Der Deutung der Hand, ihrer besonderen Gestalt und Eigenart hat man immer eine wache Aufmerksamkeit gewidmet. So findet sich in *Shakespeares* Othello folgende Stelle:

»Diese Hand ist warm,
Dies deutet Fruchtbarkeit, freigeb'gen Sinn,
Heiß, heiß und feucht! Solch einer Hand geziemt
Abtötung von der Welt, Gebet und Fasten,
Viel Selbstkasteiung, Andacht, fromm geübt.«

Da aber Shakespeare diese Stelle dem Othello in den Mund legt, der die Hand seiner Frau Desdemona untersucht, ist nicht ganz klar, ob er diese Art einer Deutung der Beschaffenheit der Hand ernst meint oder sie gerade ad absurdum führen will.

Um eine andere Bedeutungsschicht geht es, wenn die Hand selbst betrachtet wird und aus den verschiedenen Linien (Lebenslinie, Schicksalslinie u. a.) der besondere Charakter und die Lebenserwartung abgelesen werden sollen. In der Chiromantie hat jede Besonderheit der Hand einen bestimmten Bedeutungsgehalt.

Unabhängig von möglichen Deutungsversuchen können wir manchmal die besondere Schönheit und Anmut von Händen bewundern. *Jean Rudolf von Salis* fielen z. B. die Hände von Rainer Maria Rilke auf: »Rilke hatte noch ein anderes Gesicht: seine Hand. Es war eine der ausdrucksvollsten, die ich je gesehen habe. Sie war schmal und braun und konnte greifen: Werkzeug und Physiognomie in einem.«[144]

So kommt man bei der Betrachtung der Hand nicht so schnell an ein Ende, immer wieder kommen neue Aspekte und Dimensionen dazu. Wir hätten »alle Hände voll zu tun«, wollten wir alle Bereiche der Hand berücksichtigen, und würden doch immer wieder »mit leeren Händen« daherkommen. Damit aber dieses Kapitel nicht die »Überhand« gewinnt, legen wir mit einem Zitat von *Quintilian,* einem Rhetoriklehrer des ersten Jahrhunderts, »letzte Hand« an: »Man könnte fast sagen, die Hände können sprechen! Benutzen wir sie nicht, um zu verlangen, zu versprechen, herbeizurufen, zu verabschieden, zu drohen, zu flehen, Widerwillen oder Furcht auszudrücken, zu bitten oder zu versagen? Benutzen wir sie nicht, um Freude, Leid, Bedenken, Geständnis, Reue, Maß, Menge, Zahl und Zeit anzudeuten; haben sie nicht die Kraft, zu ermutigen und zu verbieten, Billigung, Verwunderung oder Scham auszudrücken?«

Und wer auch jetzt noch nicht genug hat, kann den Versuch machen, »sich ins Fäustchen zu lachen«.

Die Finger

Es mag sein, daß unser Wort »Finger« mit »fangen« zusammenhängt, wenn wir »fingern«, dann wollen wir ja auch etwas einfangen – und der »Langfinger« ist der geschickte Dieb. Die Krallen der Raubvögel nennt man den »Fang«.

Durch die Beweglichkeit und das Geschick unserer Finger sind wir Menschen zu einer Fülle von Fähigkeiten und »Fingerfertigkeiten« instand gesetzt. Die handwerklichen Tätigkeiten, vor allem aber das künstlerische Tun (man denke an Schnitzarbeiten oder an das Geigenspiel) setzen besonderes »Fingerspitzengefühl« voraus, das Differenzierung und Nuancierung möglich macht. Die Zehnzahl unserer Finger und das Zehnersystem unserer Zahlen hängen sicher miteinander zusammen. Wer zu zählen beginnt, fängt an, seine Finger zu zählen – was an den Fingern einer Hand abzuzählen ist, kann leicht erkannt werden, sagt das Sprichwort. Und wenn man alle seine Finger abgezählt hat, muß man wieder von vorne beginnen.

Das Spiel der Finger begleitet unser Sprechen. Vor allem der Zeigefinger, oft auch der »Deuterling« genannt, wird dazu benutzt, um mahnend oder warnend ausgestreckt zu werden, er soll die Richtung weisen, die eingeschlagen werden soll, er unterstreicht ein Gebot oder Verbot. Ein hilfreicher Fingerzeig kann dem Unsicheren die ersehnte Weisung geben: Der gestreckte Zeigefinger soll aufmerksam machen, auf mögliche Ziele hinweisen, er setzt die nötigen Akzente, um das Wichtige herauszustreichen. Wird der Finger aufgerichtet, dann heißt es: Aufpassen, was jetzt kommt, ist besonders wichtig. Es mag sein, daß der Redner (oder der Lehrer) durch diese suggestive Geste auch nur sagen will: Ich weiß es genau! Hör gut zu, laß dich belehren!

Einen negativen Charakter bekommt das Fingerzeigen dann, wenn ein anderer denunziert werden soll: Ich war es nicht, der da war es, den müßt ihr packen! – Hier soll der Fingerzeig den anderen entlarven, damit man selbst ungeschoren davonkommt. Das Sprichwort sagt: Wer mit seinem Zeigefinger auf andere zeigt, sollte darauf achten, daß die anderen vier Finger auf ihn selbst weisen.

Unsere Arbeit ist in den allermeisten Fällen mit der Tätigkeit unserer Finger verbunden. Wer arbeiten will, der muß etwas unter die Finger bekommen, er darf auch keine Angst davor haben, »sich die Finger zu verbrennen«, vor allem dann, wenn man sich am Unerprobten versucht. Der Unerfahrene muß sich etwas »aus den Fingern saugen«, oder er wird dazu ausgenutzt, für einen anderen »die Finger ins Feuer zu halten«. Wer dagegen »keinen Finger rührt«, braucht sich nicht zu wundern, daß er nichts »in die Finger bekommt«.

Im Umgang mit anderen Menschen müssen wir aufpassen, daß wir nicht den Geschäftemachern »in die Finger fallen«, die uns nur zu gern »um den Finger wickeln« wollen. *Albrecht Goes* allerdings hat einer Erkenntnis seines Lebens so Ausdruck gegeben:

»Leben lehrt: Wer einen Finger gibt,
Dem wird gleich die ganze Hand genommen.«[145]

Manchmal ist es ganz gut, freundlich »durch die Finger zu sehen«, das heißt, etwas nicht ganz genau zu betrachten und fünfe gerade sein zu lassen. Allerdings: Manchmal muß man auch jemandem »auf die Finger klopfen«, damit er weiß, wo die Grenzen des Zumutbaren sind. Sonst wird es passieren, daß er »lange Finger« macht.

Wer einmal auf das Spiel seiner Finger achtet, der wird beobachten können, wie sehr es Ausdruck seiner Gefühlslage ist: Da steckt einer einen Finger in den Mund − als Reflex der Überraschung oder der Verunsicherung, als Ausdruck der Scham oder seiner Naivität. Oder es faßt einer seine Nase an und gibt damit seiner Nachdenklichkeit Ausdruck: Er sinnt darüber nach, was jetzt zu tun und wie zu entscheiden ist. Vielleicht packt er sich auch an seiner eigenen Nase und will nicht immer auf andere weisen. Und wenn wir das Gesehene oder Gehörte nicht mehr aushalten können, dann halten wir uns mit den Fingern Augen und Ohren zu. Wenn uns aber der Mund einen Streich spielt und etwas ausplaudern will, was nicht gesagt werden soll, dann halten wir uns schnell den eigenen Mund zu. Ein Zeichen der Ratlosigkeit und Verunsicherung kann es sein, wenn einer an seinen Fingernägeln herumbeißt. Wird einer vor Gericht aufgefordert, die Wahrheit zu sagen und nichts als die Wahrheit, dann muß er die Schwurfinger heben − zum Zeichen, daß jetzt jedes Wort aufrichtig gesprochen wird.

Die Beine

Unsere Gliedmaßen − die Arme und Beine − sind ähnlich strukturiert, obwohl sie ganz unterschiedliche Aufgaben zu erfüllen haben. Das Becken, die Beine und die Füße sind vor allem für unser »Stehvermögen« und unsere Gehfähigkeit verantwortlich. Das Hüftgelenk ist eines der beweglichsten Gelenke, die wir übehaupt mitbekommen haben, es ist die Voraussetzung dafür, daß wir auch Sprünge machen können und kräftig ausschreiten.

Unsere »Standfestigkeit« und unser festes Auftreten hängen mit der Art und Weise zusammen, wie wir »mit beiden Beinen auf dem Boden der Wirklichkeit stehen«. Wer »unumstößlich«

seinen Platz gefunden hat, fest »im Boden verwurzelt« ist und Beharrungskraft beweist, der ist wohl eine »gewichtige Persönlichkeit« geworden[146].

Wenn man von der Schwelle kommen will, muß man »seine Beine rühren«, und wirklich können die Beine erstaunlich viele Bewegungen durchführen, wenn sie gelenkig sind: Das Strecken und Krümmen, das Biegen und Spreizen ist ihnen möglich, das Springen, Hüpfen und Tanzen. Unser Sprachgebrauch macht deutlich, daß einer »auf die Beine kommt«, wenn er sich aufrichtet, aber auch, wenn er gesundet und sich erholt. Wer »schon früh auf den Beinen« ist, muß wohl fleißig und arbeitsam sein, wer es nicht ist, dem muß man »Beine machen«. Der Fleißige wird wohl »viel auf die Beine bringen«, man wird ihm auch manches »ans Bein binden«, und der Konkurrent wird versuchen, ihm »ein Bein zu stellen«. Und wenn einer sich auf eine gefährliche Reise macht, wünschen wir ihm seltsamerweise »Hals- und Beinbruch« in der Hoffnung, daß dieser Wunsch *nicht* in Erfüllung geht.

Das Knie

Durch die Kniegelenke werden die verschiedenen Knochen der Ober- und Unterschenkel in Verbindung gebracht, aber so, daß sie verschiebbar bleiben. Die Knorpel haben die Funktion, das Gelenk elastisch zu halten, wozu auch eine wäßrige Flüssigkeit hilft, die die Gelenkflächen gewissermaßen schmiert. Die Knochen geben dem Körper bei den Bewegungen den Halt und die Kraft, die Knorpel sorgen für einen harmonischen Bewegungsablauf, indem sie die Stöße auffangen und den Aufprall abfedern können.

Die Kniebeuge ist ein uralter Demutsgestus, er soll ein sinnenfälliges Zeichen der Unterwerfung oder der Buße sein, kann aber auch zum Ausdruck flehentlicher Bitte werden. Ein Mensch bleibt nicht im freien Stand, sondern beugt sich nach vorn, geht auf die Knie nieder und erhebt unter Umständen auch noch die Hände. In einem japanischen Gebet an Kuanyin, die Göttin der Barmherzigkeit, heißt es: »In Ehrerbietung und Demut liege ich vor dir auf den Knien; Tag und Nacht hängen meine Gedanken an deinem heiligen Angesicht. Ich klammere mich an deinen heiligen Namen und werfe mich zur Erde vor deinem heiligen Bilde.«

In despotischen Reichen war es üblich, daß die Untergebenen ihrem Herrn nur kniend begegneten. Die biblischen Traditionen machen deutlich, daß nur vor Gott diese Ehrfurchtshaltung eingenommen werden soll. »Vor ihm sollen niederfallen die Mächtigen der Erde, vor ihm sich alle niederwerfen, die in der Erde ruhen« (Ps 22,30). Wer sich so erniedrigt, kann Rettung erfahren: »Wendet euch mir zu und laßt euch erretten ... Vor mir wird jedes Knie sich beugen« (Jes 45,22f.). Im Neuen Testament ist es der erhöhte Herr, dem diese Kniebeuge gilt: »Gott hat Christus über alle erhöht und ihm den Namen verliehen, der größer ist als alle Namen, damit alle im Himmel, auf der Erde und unter der Erde ihre Knie beugen vor dem Namen Jesu« (Phil 2,9f.).

Ist das In-die-Knie-Gehen zunächst einmal ein Zeichen der Ohnmacht oder der Erschöpfung, dann wird es – bewußt vollzogen – zum Eingeständnis der eigenen Kleinheit und Abhängigkeit. Die Gebrochenheit wird nicht geleugnet, sondern betont, weil Gott als der Hohe und Heilige erlebt wird, vor dem ein Mensch aus eigener Machtvollkommenheit nicht bestehen kann. »Daher beuge ich meine Knie vor dem Vater, nach dessen Namen jedes Geschlecht im Himmel und auf Erden benannt wird« (Eph 3,14f.).

Es ist also etwas sehr anderes, ob jemand mit »schlotternden Knien« zusammensinkt, ob ihm »der Schreck in die Knie fährt« – oder ob er ehrfürchtig sein Knie beugt, vielleicht überwältigt von heiliger Scheu vor einem Mysterium. Übrigens verstand *Hildegard von Bingen* das Knie als ein »Organ der Festigung«[147]. Denn es kann schließlich nicht nur gebeugt werden, es dient auch nicht in erster Linie dazu, etwas »übers Knie zu brechen« oder es als Waffe zu benutzen (um mit dem Knie zu stoßen), sondern es hilft mir ja auch, mich aufzurichten und festen Stand zu gewinnen. Und der schnelle Gang des Menschen ist ihm nur durch das Kniegelenk möglich.

Die Füße

Obwohl wir gewöhnlich den Eindruck haben, wir *stünden* mit den Füßen auf dem Boden, müßten wir eigentlich präzisieren: Wir balancieren dauernd, um aufrecht stehen zu können. Der Fuß besteht aus einer Vielzahl von kleinen Knochen, die beweglich sind und so zusammengefügt, daß nur drei von ihnen den Boden berühren, einer ist der Hackenknochen, die beiden anderen befinden sich am Ballen. Sowohl beim Gehen wie beim Stehen müssen wir dauernd um das Gleichgewicht besorgt sein, müssen also das Gewicht verlagern, damit wir nicht hinfallen.

Durch die Füße behalten wir immer die Verbindung zur Erde, zu der wir gehören und von der wir abhängig sind. Nach dem antiken Mythos war Antaios der Sohn der Erdgöttin und bekam von seiner Mutter immerzu Kräfte zugeschickt, so daß kein Held es mit ihm aufnehmen konnte. Erst Herakles konnte ihn besiegen, indem er ihn hochhob, so daß er sich nicht mehr auf die Erde werfen und von neuem stärken konnte. Die mythische Weisheit macht uns auf die notwendige Erdverbundenheit aufmerksam. Noch in *Goethes* zweitem Teil des Faust heißt es:

»In der Erde liegt die Schnellkraft,
Die dich aufwärts treibt; berühre mit der Zehe nur den Boden,
Wie der Erdensohn Antäus bist du alsbald gestärkt!«

Beobachtet man die verschiedenen Fußformen der Menschen (die dann auch wieder zu unterschiedlichen Gangarten führen), dann kann man feststellen, daß es einen wenig differenzierten Fuß gibt, der verhältnismäßig plump ist, wenig geschmeidig und ohne harmonische Bewegungen, der zu einem trampelnden Gang neigt; daneben einen sensiblen Fuß, der beweglich und elastisch ist und ein elegantes Schreiten ermöglicht; schließlich einen athletischen Fuß, kraftvoll und muskelstark, was zu einem markanten und selbstbewußten Gehen führt.

Gemessen wird der Mensch »von Kopf bis Fuß«; damit ein Mensch zu sich kommen kann, muß er »auf die Füße« gestellt werden. Nützlich ist etwas erst, wenn es »Hand und Fuß« hat.

174

Gut ist der dran, der einen »geschmeidigen Fuß« hat, wenn er mit »sicherem Fuß« seinen Weg findet und schließlich »Fuß fassen« kann, also einen Stand findet, eine Heimat, wo er leben und arbeiten kann. Wir haben das Verlangen, »auf eigenen Füßen« stehen zu können, selbständig zu werden. »Wer steht, der sehe zu, daß er nicht falle« (1 Kor 10,12), mahnt uns die Bibel, aber es scheint Leute zu geben, die »immer auf die Füße fallen«.

Wer allerdings »auf großem Fuße lebt« und immer schon »einen Fuß in der Tür hat«, überall seine Beziehungen spielen läßt, der muß aufpassen, daß er nicht »den Boden unter den Füßen verliert«, weil er als »Bruder Leichtfuß« mit den Realitäten nicht so recht zurande kommt. Leicht wird er dabei »jemandem auf die Füße treten« und in Kompetenzstreitigkeiten geraten. Wohl ihm, wenn er dann »gut zu Fuß ist«, sich »stante pede« – stehenden Fußes – zur Flucht wendet und läuft, »soweit die Füße tragen«, sonst wird ihn noch ein »Fußtritt« an die Luft setzen (weil die Hand für ihn zu schade wäre), und er kann »seinen Fuß in fremdes Land setzen«. Allzuoft stehen unsere Erwartungen »auf tönernen Füßen«, so daß sie zusammenbrechen (Dan 2, 31–34). Wer bei der Verfolgung Angst bekommt, der meint, »Blei in den Füßen« zu haben, er steht dann »auf schwachen Füßen«. Vielleicht ist er »mit dem falschen Fuß zuerst aufgestanden«, nun hat er »kalte Füße bekommen« und soll nur aufpassen, daß er nicht »mit einem Fuß im Grabe steht«.

Wer die »fliegenden Füße« beim Tanze schwingt, der wird vielleicht bald »auf Freiers Füßen« zur Brautschau gehen. Seiner Angebeteten wird er »zu Füßen fallen« und »zu ihren Füßen sitzen«, um nur ja in ihrer Nähe sein zu können. Hoffentlich steht er dann nicht mit einem Rivalen »auf gespanntem Fuße« und muß sich mit »fliegenden Füßen« zur Flucht wenden.

In der religiösen Sprache ist der Fuß in erster Linie das Organ, das uns zum Gehen und Stehen im Angesicht Gottes befähigt. »Gott will unseren Weg auf den Weg des Friedens lenken« (Lk 1,79). Und Gott wird auch angerufen, seine Gläubigen aus der Gefahr zu retten: »Meine Augen schauen stets auf den Herrn, denn er befreit meine Füße aus dem Netz« (Ps 25,12). Und weil wir uns auf unseren Wegen so oft verirren oder in die Enge geraten, bittet der Psalmist: »Du hast meinen Füßen freien Raum geschenkt« (Ps 31,9). Wer unter dem Schutz des Höchsten wohnt, der hat die Hoffnung, auch in der Gefahr bewahrt zu werden: »Er befiehlt seinen Engeln, dich zu behüten auf all deinen Wegen. Sie tragen dich auf ihren Händen, damit dein Fuß nicht an einen Stein stößt« (Ps 91,11 f.). Als aber Jesus seinen Jüngern ein Zeichen der Demut und der Gesinnung eines Dienenden geben wollte, da wusch er ihnen die Füße (Joh 13,5 ff.). Er war sich nicht zu schade, die Arbeit eines Sklaven zu übernehmen.

Gewöhnlich sind unsere Füße mit Schuhen bedeckt, die sollen sie schützen und uns besseren Stand gewähren, uns zu größeren Wanderungen befähigen. Aber es ist wichtig, manchmal auch den Boden direkt wahrzunehmen, mit der Fußsohle und den Zehen den Sand zu spüren oder mindestens den weichen Teppich. Als Mose zu seiner Aufgabe berufen wurde, beim brennenden Dornstrauch, hörte er die Aufforderung: »Komm nicht näher heran! Leg deine Schuhe ab; denn der Ort, wo du stehst, ist heiliger Boden« (Ex 3,5). Es gibt also Erfahrungen, da müssen wir die Schuhe ausziehen und müssen barfuß stehen bleiben. Die Ehrfurcht vor dem heiligen Ort treibt ja heute noch die Muslime dazu an, ihre Schuhe auszuziehen, wenn sie in eine Moschee eintreten.

Obwohl unsere Füße fünf Zehen haben, ist ihre Greiffähigkeit ziemlich begrenzt, alles ist auf Stand und Gang hin ausgerichtet, dafür sind aber die Füße hervorragend ausgeprägt. Der elastische Fuß hat die Möglichkeit, sich federnd zu bewegen. Wenn man bedenkt, was der Fuß alles zu leisten hat an einem Tag, wie viele Lasten er herumschleppt und wie viele Wege er bewältigt, kommt man ganz schön ins Staunen.

Aufrichtung zum Stand

Wenige körperliche Tätigkeiten haben eine so nachhaltige Bedeutung wie die Aufrichtung zum freien Stand. »Die Gestalt des Menschen ist aufrecht; er ist hierin einzig auf der Er-

Farbtafel VI: Shiva Nataraja. Der hinduistische Gott Shiva als Tänzer. Indische Stoffmalerei, 20. Jh.

de«, sagt *Herder.* »Der Mensch ist der erste Freigelassene der
Schöpfung: er stehet aufrecht. Die Waage des Guten und Bösen, des Falschen und Wahren hängt in ihm: er kann forschen,
er soll wählen. Wie die Natur ihm zwei freie Hände zu Werkzeugen gab und ein überblickendes Auge, seinen Gang zu leiten: so hat er auch in sich die Macht, nicht nur die Gewichte
zu stellen, sondern auch, wenn ich so sagen darf, selbst Gewicht zu sein auf der Waage[148].

In der Evolutionsgeschichte war der Vorgang der Aufrichtung ein wesentlicher Schritt zur Menschwerdung. Nun er-
wachte das Selbstbewußtsein, ein Gefühl der eigenen Würde
konnte sich entfalten, der eigenen Kraft und Überlegenheit
über die Tierwelt. Wer stehen kann, der übt sich ein in die Un-
abhängigkeit seiner Existenz, er muß für sich einstehen und
erweitert schrittweise seinen Raum der Freiheit.

Auch in jeder individuellen Entfaltung eines Menschenkin-
des gehört die Aufrichtung und das Stehen-Können zu den
wichtigen Einschnitten seiner persönlichen Geschichte. Es
kann die Phase seiner völligen Abhängigkeit und Unbeholfen-
heit hinter sich lassen und schaut in seiner neuen Position ganz
anders in die Welt als bisher. »Das Aufrichten und Sichstrek-
ken wird das Symbol des Erwachsenen, der Überhebung und
zuletzt des Stolzes«, sagt *C. G. Carus*[149]. Damit wird angedeutet, daß dieses gesteigerte Selbstgefühl auch auf die Spitze getrieben werden kann, so daß sich Arroganz breitmacht und
die hochnäsige Verachtung anderer. Zum rechten Stand gehört es eben auch, sich selbst nüchtern einzuschätzen, seine
Kräfte zu erkennen, aber auch seine eigenen Grenzen wahrzunehmen. Die Extreme sind auf der einen Seite Kriecherei und
mangelndes Selbstgefühl, knechtische Unsicherheit und feh-
lende Würde, auf der anderen Seite Herrschsucht und Überheblichkeit.

Zum Stehen gehört ein Gefühl für das Gleichgewicht, immerzu muß man seinen Stand »ausbalancieren«, um nicht hin-
zufallen. In der Bibel heißt es: »Wer zu stehen glaubt, der sehe
zu, daß er nicht falle« (1 Kor 10,12). Gerade die Überheblichkeit und naive Selbstsicherheit kann zum Sturz führen. Aber
das »labile Gleichgewicht«, die permanente Schwebe, gibt unserem Leben auch seine Dynamik und führt uns zu einer aktiven Bewältigung des Daseins.

Carus macht darauf aufmerksam, daß unser Begriff »Gestalt« von »stellen« kommt. »Mehr als man glaubt ist der ganze Begriff des äußern Menschen gegeben in seinem ›Stehen‹, denn damit, daß er steht, hängt die eigenthümliche Bildung seines Hauptes zusammen, und dadurch, daß er steht, ist er anthropos, der aufwärts Schauende … Wie also davon, daß der Mensch aufrecht steht, nebst seiner Kopfbildung und deren freier Wendung, auch der Gebrauch aller seiner Sinne, sein freieres Athmen und seine Stimme, und der höhere Gebrauch seiner Arme und Hände abhängt, so muß nun auch begreiflicherweise in der Art, wie er steht, ein großes physiognomisches Moment all seines Wesens, und in der Bildung seiner ganzen untern Gliedmaßen, durch welche er steht, ein wichtiges symbolisches Zeichen seiner ganzen Art zu sein gesehen werden.«[150] Im Laufe unserer Entwicklung und während unserer leiblichen und seelischen Wachstumsprozesse müssen wir »Stand« gewinnen, wobei wir sowohl durch die Hilfestellung anderer als auch durch ihren Widerstand die eigene Position finden können. Im Stehen überblickt jeder »seine Welt«, kann die Nähe und Distanz zu anderen bestimmen und gewinnt einen Ausgangspunkt für seine Handlungsweise.

Wer »auf beiden Beinen« steht, bekommt einen festeren Stand, den Breitbeinigen stößt so schnell niemand um. Aber es gibt auch die Schwerfälligkeit, die sich an einem Ort festkrallt und nicht mehr fortzubewegen ist. Die Beine sind ja unsere Bewegungsorgane, deshalb können wir das Gewicht verlagern, können mit Standbein und Spielbein eine größere Dynamik auch ins Stehen bringen. Vor allem können wir uns aus dem Stand leicht »in Gang« bringen, können uns auf Ziele fortbewegen und aufeinander zugehen.

Wir sind Kinder dieser Erde, deshalb ist es wichtig, die Verbundenheit mit der Erde nie zu vergessen oder zu verleugnen. Auch wer noch so hoch springt, fällt immer wieder auf die Erde zurück, und wer sich aufrichten will und um festen Stand bemüht ist, braucht die »Fühlung« mit dem Boden. – Die »Erdung« trägt nicht nur zu unserer Verwurzelung bei, sondern ermöglicht uns auch die Aufrichtung, den sicheren Stand und die Schnellkraft, wobei die menschliche Polarität »Oben – Unten«, »Erde – Luftbereich«, »Gebundenheit – Freiheit« immer bedacht werden muß. »Der aufrechte Gang macht anfällig für Gleichgewichtsstörungen, der feste Gang und Stand werden zum Problem; der Rücken wird weniger biegsam, und der vom Boden nun weiter entfernte Kopf neigt auch zum ›Abheben‹ von der Realität.«[151] Auf seine heiter-ironische Weise hat schon *Wilhelm Busch* uns gemahnt:

»Wenn einer, der mit Mühe kaum
gekrochen ist auf einen Baum,
schon meint, daß er ein Vogel wär,
so irrt sich der.«

Die Bedeutung des Stehen-Könnens wird dadurch erkennbar, daß unsere Sprache so viele Verben kennt, die mit »stehen« und »stellen« zusammenhängen. Wir müssen für unsere Überzeugungen »ein-stehen«, eine Krisenzeit »durch-stehen«, einem Freund »bei-stehen« und einen Redenden »ver-stehen«. Weil uns Rechte »zu-stehen«, müssen wir auch Auseinandersetzungen »be-stehen« und Konflikte »aus-stehen«. Wer nicht recht stehen kann, der »ver-stellt« sich, stellt sich dumm an, steht nicht für seine Sache ein oder ist nicht »an-stellig«. Wer aber wirklich aufgerichtet ist, von dem ist zu hoffen, daß er auch »aufrichtig« ist, daß er für seine Worte einsteht und für seine Überzeugung »geradesteht«.

Das Stehen ist deshalb auch eine religiös bedeutsame Haltung. Wer ausschaut und etwas erwartet, der richtet sich auf, um besser sehen und hören zu können. Die Berufung des Ezechiel wird so geschildert: »Der Herr sagte zur mir: Stell dich auf deine Füße, Menschensohn; ich will mit dir reden. Als er das zu mir sagte, kam der Geist in mich und stellte mich auf die Füße. Und ich hörte den, der mit mir redete« (Ez 2,1 f.). Wer also schlafmützig ist, der bleibt unaufmerksam, will weder hören noch stehen. Ezechiel hört sich angesprochen, er wird in die Senkrechte gerufen, soll stehen lernen. Die eigene Schwere muß überwunden werden, erst der Stehende kann so hören, daß er auch zu antworten fähig ist. Der Geist muß kommen und ihm in die Beine fahren, dann erst ist der rechte Stand, ist die wahre Aufrichtung möglich.

Wie oft hat Jesus zu den Kranken und Lahmen gesagt: »Steh auf«, wie oft hat er Müde und Enttäuschte aufgerichtet, so ist es nicht verwunderlich, daß auch in der Liturgie das Stehen und das Aufrichten wichtige Gebetsgebärden sind, ganz schlicht, aber auch ganz elementar. »Steht richtig! Steht, auf daß der Friede des Herrn mit euch sei!« heißt es in der Äthiopischen Liturgie. Aber auch in der 2. Sure des Koran heißt es: »Steht vor Gott in Ehrfurcht!« Immer wieder werden wir zum Stehen aufgefordert, um uns zu sammeln, uns auf das Horchen einzustellen und den Ruf zu empfangen, der für unser Tun die Weichen stellt.

»Über allen zur Erde Gebückten steht der Mensch aufrecht da. Mit erhabnem Blick und aufgehobnen Händen steht er da, als ein Sohn des Hauses den Ruf seines Vaters erwartend«, hebt *Herder* hervor[152].

Das Gehen und die Bewegung

Das Gehenkönnen ist eine so wesentliche Fähigkeit des Menschen, daß man fast sagen kann: Es konstituiert ihn geradezu. Er ist ein Gehender, kommt »in Gang«, befindet sich auf seiner »Lebensreise« oder seinem »Lebenslauf«. Weil er immer ein Gehender ist, kann er sich »auf den Weg machen«, muß Abschied nehmen und davongehen, kann einen Aufstieg und einen Abstieg erleben, er kann in neue Lebensabschnitte eintreten, kann ankommen und weitergehen, aber auch untergehen.

Das Gehen ist nicht einfach die Tätigkeit der Füße oder der Beine, es geht immer der ganze Mensch, wenn auch die Füße besonders daran beteiligt sind. Füße und Beine repräsentieren den Menschen, insofern er ein Wanderer ist, ein Pilger auf dieser Erde, einer, der unterwegs ist und seinen Weg und seinen »Ort« sucht. Der aufrechte Gang gilt als der Inbegriff des menschlichen Selbstbewußtseins. Wer selbstsicher auftreten kann, gelassen seinen Weg geht, der demonstriert damit auch ein ungebrochenes Selbstwertgefühl.

Im Gehen entdecken wir die Welt, bewegen wir uns in die verschiedenen Bereiche der Wirklichkeit. Was erwandert wurde, bleibt uns in Erinnerung, die erstiegenen Berge und die durchschrittenen Täler bleiben im Gedächtnis haften. Manches muß mit den Füßen ausgeschritten werden, damit es von uns »erfahren« werden kann. Etwas davon muß *Nietzsche* erlebt haben, wenn er schreibt: »Unsere Gewohnheit ist, im

Freien zu denken, gehend, springend, steigend, tanzend, am liebsten auf einsamen Bergen oder dicht am Meere, da wo selbst die Wege nachdenklich werden.«

Der heutige Mensch mag mobiler geworden sein, er hat viel mehr Länder und ganze Erdteile »im Fluge« kennengelernt, aber die Gefahr besteht, daß er die elementare Form des gehenden Entdeckens dabei verlernt, die *Peter Handke* in der lakonischen Notiz festgehalten hat: »Gehen – innehalten – gehen: Ideale Seinsweise.«[153]

Wenn der Gang eines Menschen ein besonders aufschlußreiches Charakteristikum seines Wesens ist, dann taucht natürlich die Frage auf, wie sich die Bewegungsarten verschiedener Menschen unterscheiden. Auf einige Spezifika sei deshalb hingewiesen[154].

Eine straffe Gesamthaltung beim Gehen läßt darauf schließen, daß sich der Gehende nicht einfach treiben läßt, sondern ein Ziel hat und eine konkrete Tätigkeit beabsichtigt. Vermutlich hat er ein gesundes Selbstbewußtsein oder ist in einem emotionalen »Hoch«. Der ganze Körper ist am Vorgang des Gehens beteiligt, und die Spannung bestimmt den gesamten Bewegungsablauf. »Initiative« ist die deutlich wahrnehmbare Grundstimmung, wobei er wohl lieber selbst die Dinge bestimmt als sich bestimmen läßt.

Wird die Willensanspannung übertrieben, dann nimmt der Gang den Charakter des Verkrampften und Verbissenen an. Mit einer gewissen Sturheit wird noch das Ziel gesehen und alles andere unbeachtet links oder rechts liegen gelassen. Das Schritt-Tempo erhöht sich, die Zähne sind zusammengebissen, die Fäuste geballt, alles ist mit einer aggressiven Entschlossenheit auf das angestrebte Ziel hin orientiert.

Ein schwingender Gang wird einem heiteren Menschen gemäß sein, er fühlt sich gehoben, und sein Bewegungsablauf hat etwas Leichtes und Befreites. Sein Blick ist nicht eindeutig fixiert, sondern nimmt auch das wahr, was sich rund um ihn abspielt, er nimmt Anteil am Leben, und sein Grundvertrauen macht seine Bewegungen geschmeidig.

Sind die Bewegungen übermütig, schlenkert einer mit den Armen, dreht sich plötzlich im Kreise, steigert er seine Gesten und unterstützt sein Gehen durch ein Lied oder eine gepfiffene Melodie, dann ist es wohl nicht nur ein heiterer, sondern ein lustiger Mensch, der seinem Übermut freien Lauf läßt. Seine Bewegungsrichtung ist nicht stringent, auch zu einer Ablenkung ist er gerne bereit, wenn er etwas Anregendes oder Auffälliges entdeckt.

Ein mit sich in Harmonie lebender Mensch wird auch in seinen Bewegungen so erscheinen, daß man einen »rhythmischen Fluß« beobachten kann, die verschiedenen Bewegungsabläufe stehen in einem schwingenden Zusammenhang, so daß die Beine und Arme, der Kopf und der Rumpf einen harmonischen Zusammenklang ergeben.

Ebenso wird man bei anderen Menschen spüren können, daß ihnen die innere Balance fehlt, der Bewegungsablauf erscheint unausgeglichen, die Beine machen sich gewissermaßen selbständig, die Arme schlenkern ohne Koordination zur Gesamtbewegung, von einem rhythmischen Schwung ist nichts zu beobachten, ein Gefühl für die Gesamtheit des Körpers scheint es nicht zu geben.

Das gelassene Flanieren des Genießers wird sich daran erkennen lassen, daß die Bewegungen nicht besonders zielstrebig sind, er läßt sich gerne aufhalten und ablenken[155]. Die Körperhaltung ist entspannt, weil er nicht zu einer willentlichen Aktivität disponiert ist, sondern neugierig ist auf das, was auf ihn zukommt. So bleibt der Gang locker, beweglich, aber doch von der Elastizität des ganzen Körpers bestimmt.

Ganz anders wird sich ein müder Fußgänger darbieten. Von einer gespannten Muskulatur ist nichts zu sehen, der Körper ist schlaff geworden, vielleicht ist er nach vorn gebeugt, die Beine schreiten nicht zielstrebig nach vorn, sondern werden mühselig weitergeschleppt. Der Kopf ist nicht mehr beweglich, und der Blick hat seine Offenheit und seine Neugierde verloren.

Noch deprimierender erscheint der Gang eines zutiefst enttäuschten Menschen, der von Depressionen heimgesucht wird. Der Muskeltonus ist herabgesetzt, der Blick hat keinen Erwartungshorizont mehr, es wird nichts mehr erwartet. Die Schultern wirken so, als müßten sie schwere Last tragen, der Rumpf ist zusammengesunken, der Kopf scheint viel zu schwer zu sein, als daß man ihn frei tragen und nach oben heben könnte. Jeder Schritt ist eigentlich zuviel, die Augen suchen keinen

Blickkontakt mehr, vielleicht werden sie zugedrückt, damit sie nicht mehr viel sehen müssen. Er nimmt an nichts mehr Anteil und erwartet auch nicht, daß jemand an ihm Interesse anmeldet. Schwermütig ist der Gang eines solchen Menschen, die Arme hängen herunter, und die ganze Gestalt sagt eigentlich immer nur: Es lohnt nicht.

Wieder anders begegnet uns der Bequeme, der Faulenzer: Auch er kommt schlapp daher, zieht seine Füße weiter, ohne sie wirklich zu heben. Offensichtlich scheut er die Anstrengung, so hat er sich den schleifenden Gang angewöhnt und schiebt sich mehr durch die Gegend, als daß er geht. Die Nachlässigkeit ist ihm zur zweiten Natur geworden, die Haltlosigkeit mag auch eine kalkulierte Pose sein, um auf seinesgleichen Eindruck zu machen. In *Büchners* »Leonce und Lena« kennzeichnet Valerio seine Lebensmaxime so: »Herr, ich habe die große Beschäftigung, müßig zu gehen; ich habe eine ungemeine Fertigkeit im Nichtstun; ich besitze eine ungeheure Ausdauer in der Faulheit. Keine Schwiele schändet meine Hände, der Boden hat noch keinen Tropfen von meiner Stirne getrunken, ich bin noch Jungfrau in der Arbeit; und wenn es mir nicht der Mühe zuviel wäre, würde ich mir die Mühe nehmen, Ihnen diese Verdienste weitläufiger auseinanderzusetzen.«[156]

Der idealistische Träumer wird den Boden unter seinen Füßen verlieren und einen Höhenflug antreten, als wäre er schon auf Wolken entrückt und bräuchte die banalen Gegebenheiten der Realität gar nicht mehr zur Kenntnis nehmen.

Wer kein Selbstbewußtsein hat und von Schüchternheit überwältigt ist, der wird alles daransetzen, möglichst geräuschlos seinen Weg zu finden, damit niemand auf ihn aufmerksam wird. Sein schleichender Gang ist eine Schutzmaßnahme, am liebsten würde er sich in Luft auflösen. Menschen mit Platzangst gehen am liebsten »an der Wand entlang«, im Schatten, im Windschatten eines anderen. Ihr Körper bittet um Entschuldigung, daß er da ist, der Schritt kann nicht Raum greifen, sondern macht immer wieder einen Rückzieher.

Demgegenüber hat der Aufgeregte keine Mühe, von sich einzunehmen und seinen Raum auszunutzen. Seine Motorik bordet über, und er braucht auch Platz, um seinen Eifer abzureagieren. Wenn seine Schritte hart widerhallen, ist ihm das nur recht, und wenn ihm andere ängstlich ausweichen, ist das die richtige Reaktion auf seine Gegenwart. Mit bissiger Ironie hat schon *Montaigne* die aufgeblasene Art mancher seiner Zeitgenossen karikiert, die sich so bewegen, daß sie als bedeutsamer erscheinen, als sie sind: »Unsere Welt ist nur auf Schauwerk gerichtet: die Leute blähen sich mit lauter Wind und bewegen sich in Luftsprüngen wie die Bälle.«[157] Wenn solche unverfrorene Gestikulierer in die Sphäre anderer eingreifen und deren Intimität stören, macht ihnen das gar nichts.

So können wir also ein breites Spektrum verschiedener Gehweisen beobachten, der Verlegene und Verunsicherte stolpert, strauchelt, schwankt, der Selbstsichere entfaltet mit jedem Schritt Eleganz und Grazie, der nächste verbreitet Lärm und Unruhe, ein anderer gleitet unbeobachtet und gleichsam ätherisch durch den Raum. Und jeder sagt mit seiner Gangart sehr viel über sich aus, über seine Selbsteinschätzung, seinen Charakter, seine gegenwärtige Stimmung usw.

Im christlichen Daseinsverständnis ist das ganze menschliche Leben als eine »peregrinatio«, eine Pilgerschaft, begriffen worden. Wenn das Leben ein langer Gang ist, mit Zwischenstationen und Ruhepausen, aber immer auch mit einem anschließenden Wiederaufbruch, dann muß diese Daseinsform des pilgernden Wanderns wenigstens manchmal ausdrücklich vollzogen werden. Schon im Altertum und durch das ganze Mittelalter gab es die großen Wallfahrten zu den heiligen Stätten in Palästina und zu den Apostelgräbern in Rom und in Santiago de Compostella. Und es gab und gibt die Prozessionen und Umgänge, zu Kirchen und Heiligtümern. Allmählich nähert man sich der heiligen Zone und bereitet sich gehend auf die Ankunft am Gnadenort vor. Es ist ein wanderndes Meditieren, in gleichbleibender Bewegung ist man auf ein Ziel hin unterwegs. *Nikolaus von Cues* hat dieses Daseinsverständnis, das auf der »Nachfolge Jesu« beruht, so ausgedrückt: »Jesus lehrt uns, daß wir Wanderer sind, und gleichzeitig, daß wir ohne Sorge sein sollen. Was wir in diesem Leben brauchen, das will uns Gott von Tag zu Tag geben, bis wir uns von dieser Erde verabschieden.«

»Seid Wanderer«, so heißt schon ein Jesuswort im Thomasevangelium. »Wir haben hier keine bleibende Stätte«, drückt das der Verfasser des Hebräerbriefes aus (Hebr 13,14). Allzu fest soll man nicht in der Welt einwurzeln, beweglich müssen wir bleiben auf der Suche nach der Heimat[158].

Das Tanzen

Wenn wir in einer beschwingten Stimmung sind, dann wollen wir nicht einfach unseren Weg gehen, brav einen Schritt nach dem anderen vollziehen, wir fangen an zu hüpfen, springen in die Höhe, machen große und kleine Sätze – und eh wir es recht bemerken, kommt ein Rhythmus in unser hüpfendes Springen, eine tänzerische Bewegung. Der Rhythmus gehört zu unserem Dasein, das Herz schlägt rhythmisch, die Pulse klopfen rhythmisch, der Atem ereignet sich rhythmisch, was Wunder, daß unsere Bewegungen einen Rhythmus annehmen.

Es ist zu vermuten, daß der Tanz die älteste Kunstform ist,

Schale des Epiket
Griechische Vasenmalerei

185

die der Mensch entwickelt hat, er steckte ihm gewissermaßen im Blut. Die rhythmischen und die melodischen Instrumente kamen erst allmählich hinzu, zunächst genügte wohl das Klatschen und Stampfen, das Klopfen auf alle möglichen Gegenstände, um einen Tanzrhythmus zu erzeugen und aus einer Gruppe von Menschen einen Tanzkreis werden zu lassen. Der Tanz war in seinen Ursprüngen sicher keine reine Unterhaltung, kein Gesellschaftsspiel, sondern die rituelle Selbstdarstellung einer Gemeinschaft, die sich zu einer Ordnung fügt und ihre Geheimnisse gestisch und mimisch ausdrückt. Alles kann durch die tänzerische Bewegung ausgedrückt werden, das Ängstigende und das Vertrauenerweckende, Haß und Liebe, Krieg und Frieden, Einsamkeit und Gemeinsamkeit, Sehnsucht und Erfüllung, Aggressivität und Freundlichkeit, Widerstand und Ergebung. Vor allem wurde aber wohl das Geheimnis von Tod und Leben ausgedrückt, die Erfahrung des Gottes, der das Leben schenkt und das Leben nimmt, der die Fruchtbarkeit gewährt, sie aber auch verweigern kann.

Wenn wir tanzen, dann hat das in den meisten Fällen nichts mehr mit unseren religiösen Traditionen zu tun, wir drücken damit unsere Lebensfreude aus, wollen die Gemeinschaft erfahren und demonstrieren Vitalität und leibliche Ausdrucksfähigkeit. Der Tanz schenkt uns eine zusätzliche Sprache, die mehr ausdrücken kann als alle Worte, da kann man seine Sympathie für einen Menschen ebenso ausdrücken wie seine Antipathie, man kann necken, locken und reizen, kann Liebeserklärungen abgeben und Körbe verteilen.

Im Tanz werden in gewisser Weise die Schwerkraft und die Trägheit überwunden, alles wird plötzlich leicht und schwebend. Nicht jeder ist so graziös wie eine Ballett-Tänzerin, es gibt auch unbeholfene Tänzer, die täppisch daherkommen, aber auch sie wollen in dem großen Reigen des Lebens ihren Platz finden und folgen der »Aufforderung zum Tanz«. Zwar tanzt der ganze Mensch, aber auf die Beweglichkeit und Sprungkraft der Füße kommt es natürlich besonders an.

In manchen Kulturen ist der Tanz zu einer ganz besonderen Blüte gekommen, eine Fülle von Gesten und Bewegungen gehört dazu, so daß eine lange Schulung nötig ist, den Reichtum der Variationen zu lernen. Vor allem in den Traditionen Indiens und Indonesiens, aber auch in Japan gehört der Tanz zu den großen Kunstformen, die sorgsam gehütet und weitergegeben werden. Auch in Europa ist die Kultur nicht denkbar ohne den Tanz, wobei jede Epoche eigene Stilrichtungen und Bewegungsrituale hervorgebracht hat.

Die religiösen Wurzeln des Tanzes sollten nicht in Vergessenheit geraten, kann doch der Tanz zu einer Ekstase führen, die als eine Vereinigung des Menschen mit Gott verstanden wurde. In der mystischen Verzückung des hingegebenen Tänzers geht das individualistische Ich verloren, und die Hingabe an die Gottheit wird auf überwältigende Weise erlebt. Der sakrale Tanz war deshalb in verschiedenen Religionen der intensivste Ausdruck des religiösen Lebens. Es kam wie ein Rausch über die Menschen, sie fühlten sich der Welt entrückt und dem ankommenden Gott nahe.

Die Bibel erinnert an Mirjams Tanz (Ex 15,20), die die Pauke in die Hand nahm und – gefolgt von allen Frauen – mit ihren Paukenschlägen den Tanz anführte. Und von David wird berichtet: »David und das ganze Haus Israel tanzten und sangen vor dem Herrn mit ganzer Hingabe und spielten auf Zithern, Harfen und Pauken, mit Rasseln und Zimbeln« (2 Sam 6,5). Trotz dieser biblischen Traditionen hat es der Tanz schwer gehabt, sich im Christentum zu behaupten, man fürchtete, die tänzerische Ekstase wäre nicht mehr zu kontrollieren, er würde magisch verstanden oder würde zu einer weltlichen Lustbarkeit ausarten[159].

Immerhin muß es in der frühen Christenheit auch Formen kultischen Tanzes gegeben haben, in den Zeugnissen gnostischer Gruppen ist häufig vom Tanz die Rede. So heißt es in den Johannes-Akten: »Wer nicht tanzt, erkennt nicht, was geschieht.« Jesus wird als der »himmlische Vortänzer« verstanden, der den Reigentanz der Gottesherrschaft anführt. »Ich bin das Wort, das alle Dinge spielen und tanzen macht.«[160]

Der Islam war dem sakralen Tanz zwar auch nicht wohlgesonnen, aber die Derwische, ein Orden der Sufi-Bewegung, brachten das tänzerische Element in die islamische Frömmigkeit hinein. Der Tanz stellt auf symbolische Weise die Seelenfreuden dar. Die Derwische schlagen auf die Erde und erheben sich plötzlich, was das Aufwachen aus dem Schlaf der Gleichgültigkeit bedeutet und letztlich die Auferstehung von den Toten. Im Tanz wird der Kreislauf der Werdeprozesse dargestellt, die Entfaltung der Schöpfung in ihren entscheidenden Phasen. Aber der Tanz ist nicht nur rückwärts gewandt, er will auch die Höherentwicklung des Menschen, seine mystischen Erfahrungen und die Stufen der Erkenntnis darstellen, bis der Kreis durchlaufen und der göttliche Ursprung wieder hergestellt ist. So wird die Menschwerdung, werden die Vorgänge des Werdens »durchtanzt«, das Außen und Innen, die Entfaltung der göttlichen Keime im Menschen, die Annäherung an die Gottheit. Wer sich Gott nähert, dem kommt er entgegen. Die rechte Hand wird geöffnet, um die göttliche Zuneigung zu empfangen, die linke Hand ist nach unten gerichtet, sie reicht die empfangene Gnadengabe an die unteren Bereiche weiter[161].

So konnte sich auch im Islam der sakrale Tanz behaupten, sagte doch der große persische Dichter *Rumi:* »Wer die Kraft des Tanzes kennt, wohnt in Gott.«[162] Und der gelehrte Theologe *Al Ghasali,* auch er ein Perser, versucht eine mystische Deutung des Tanzes, von dem eine geradezu mysterienhafte Umwandlung des Menschen erwartet wird: »Der Allmächtige hat das menschliche Herz so geschaffen, daß es einen Feuerstein mit einem verborgenen Feuer enthält. Erst durch Musik und Harmonie wird es erweckt und versetzt den Menschen in Ekstase. Diese Harmonien sind ein Echo der höheren Welt der Schönheit, es ist die Welt der Geister. Der Mensch soll daran erinnert werden, daß er eine innere Verwandtschaft hat mit dieser anderen Welt. Es wird in ihm ein tiefes und seltenes Gefühl geweckt, das er unmöglich erklären kann. Musik und Tanz ... entfachen all das, was an Liebeskraft im Herzen schläft, zu einer lohenden Flamme, zur irdischen, zur himmlischen, zur göttlichen, zur geistlichen Liebe.«[163]

Weil der Tanz den ganzen Menschen ergreift und ihn seine beseelte Leiblichkeit in einer Weise erleben läßt, wie das sonst selten möglich ist, ist es verständlich, daß er zu einem Ausdrucksmittel der kultischen Verehrung wurde. Wenn der religiöse Mensch sich als Leibwesen ausdrücken darf, dann drängt es ihn auch zur tänzerischen Geste, sei es, daß er seinen Dank abstatten, seine Bitten vortragen oder sein Lob künden will. Auch in der christlichen Mystik wird die innige Begegnung der Seele mit ihrem Herrn als eine Tanzbegegnung geschildert. Besonders eindrucksvoll hat das *Mechtild von Magdeburg* ausgesprochen: Die minnende Seele »sendet Boten aus, denn sie will tanzen ... Nun wird da ein schönes Lobtanzen. Nun kommt der Jüngling und spricht zu ihr: Jungfrau, tanzt also trefflich nach, was Euch meine Auserwählten vorgetanzt haben! Da spricht sie: Ich kann nicht tanzen, Herr, du leitest mich denn. Willst du, daß ich sehr springe, so mußt du selbst vorsingen. Dann springe ich in die Minne, von der Minne in Erkenntnis, von Erkenntnis in Genuß, von Genuß über alle menschlichen Sinne.«[164]

Wenn alles Lebendige in rhythmischen Figuren existiert und die ganze Welt in großen Tanzbewegungen sich formiert, auseinanderstrebt und wieder zu Ordnungen zusammenfindet, dann muß auch der Mensch seinen Platz in diesem kosmischen Reigen finden. Nach einer hinduistischen Tradition ist der Tanz der Ursprung aller Dinge, weil Shiva die Welt tanzend geschaffen hat. So wird der Tanz auch zu einem Medium, die Welt und das eigene Dasein zu verstehen und sein ahnendes Verständnis auszudrücken. Nietzsche läßt seinen Zarathustra sagen: »Nur im Tanze weiß ich der höchsten Dinge Gleichnis zu reden.«

Das Liegen

Im Liegen können wir die größtmögliche Entspannung finden, die Muskeln brauchen nicht mehr gespannt zu sein, die Füße brauchen nicht mehr zu tragen, die Hände nicht mehr zu arbeiten. Nach einem anstrengenden Tag mit viel Bewegung haben wir großes Verlangen, uns in einer liegenden Haltung wieder zu erholen, damit sich die Kräfte regenerieren und wir in den Schlaf sinken können. Selbst im Schlaf kann man noch unterschiedliche Körperhaltungen beobachten. Man sagt, wer zusammengerollt liege wie ein Embryo, weise damit auf seine Schutzbedürftigkeit hin. Er hat den Wunsch nach einem Mittelpunkt, einem Kern, um den herum sich das Leben aufbaut. Wer auf dem Bauch liege, wolle auf die Neigung zur Selbstbestimmung hinweisen, gegen Überraschungen und Eingriffe in seine Sphäre sei er allergisch. Die Rückenlage gilt als die »Königsform« des Liegens. Wer so liegt, macht deutlich, daß er in Sicherheit ist und aus einer Bejahung des Daseins existiert.

Auch die Seitenlage kündet Ausgewogenheit und Selbstsicherheit, sie ist behaglich und zweckmäßig[165].

Ausgeprägter als das Stehen und das Sitzen betont das Liegen die Nähe zur Erde, die Verbundenheit mit dem tragenden »Grund und Boden«. Deshalb ist das Liegen auch eine Gebärde der Hingabe. Ich muß mich hergeben, muß den aufgerichteten Stand verlassen und mich nach unten gleiten lassen. Von *Isidor von Sevilla* wird das Wort überliefert: »Humilis dicitur humi acclinis« – demütig wird genannt, wer sich der Erde zuneigt.

So ist es naheliegend, daß es auch Frömmigkeitsformen gibt, die das Niederwerfen und Sich-auf-die-Erde-Legen als Geste der Hingabe und der Verehrung pflegen. Wer eine starke Erfahrung gemacht hat und wie von einem Blitz geblendet wurde, der stürzt vielleicht auf den Boden, wie es von Paulus bei seinem Damaskuserlebnis berichtet wird (Apg 9,1–9). In der Ostkirche ist die »Kopfprozession« verbreitet, bei der sich der Betreffende immer wieder auf die Erde niederwirft und auf diese Weise bei seinem Weg immer nur eine Körperlänge weiterkommt.

Das Niederwerfen vor einem Menschen verstehen wir vor allem als flehentliche Bitte und demütigendes Schuldbekenntnis. In China war der Kotau ein üblicher Huldigungsbeweis vor dem Kaiser oder dem Mächtigen. Im Islam ist vor allem die Moschee der Ort, wo man sich niederwirft und – nach Mekka gewandt – seine Gebete spricht. Die Proskynesis oder Prostratio (das ausgestreckte Sichlegen) erscheint uns heute nur noch als Geste der Verehrung Gottes, als Bitthaltung oder Zeichen der Hingabe an seinen Willen sinnvoll.

Eine andere – gelassenere – Einstellung zum Liegen kommt in einem Psalm zum Vorschein:

»Ich lege mich nieder und schlafe ein,
ich wache wieder auf, denn der Herr beschützt mich«
(Ps 3,6).

Das Schlafen

So wie Tag und Nacht abwechseln, eine helle und eine dunkle Phase, so brauchen wir Menschen Wachzeiten und

Schlafzeiten, wobei die Schlafrhythmen und die Schlafzeiten bei verschiedenen Menschen sehr unterschiedlich sein können. Unsere Sprache macht uns darauf aufmerksam, daß wir in den Schlafzustand »sinken« oder in den Schlaf »fallen«. Das Eintreten in den Schlafzustand ist ein Hinübergleiten aus dem Wachen und der bewußten Wahrnehmung seiner selbst in einen unbewußten Zustand. Im Schlaf entspannt sich der Körper, die Verspannungen können sich lösen, es wird eine »Gegenwelt« erreicht, wo die Gesetze der Wachwelt nicht mehr gelten. Sehr originell hat *Novalis* diese Kontrastwelt gekennzeichnet: »Mich dünkt der Traum eine Schutzwehr gegen die Regelmäßigkeit und Gewöhnlichkeit des Lebens, eine freie Erholung der gebundenen Fantasie, wo sie alle Bilder des Lebens durcheinander wirft, und die beständige Ernsthaftigkeit des erwachsenen Menschen durch ein fröhliches Kinderspiel unterbricht.«[166]

Wer in einer übergroßen Anspannung lebt und auch am Abend nicht zu größerer Ruhe und Gelassenheit kommen kann, findet häufig keinen Schlaf. Das Einschlafen gelingt nur, wenn man bereit ist, seine Neigung zur dauernden Kontrolle und willentlichen Lebensregelung aufzugeben und sich herzugeben. Wer von Ängsten gepackt ist und sich immerzu gegen wirkliche oder vermeintliche Feinde zur Wehr setzen muß, findet nicht zur leiblichen Entspannung und ist bestrebt, sich dauernd wachzuhalten. Vor dem Einschlafen darf man seinen Körper in seiner Schwere und Müdigkeit verspüren. Der Einschlafende muß dem Absinken zustimmen, das ja immer auch mit einem Verlöschen des klaren Bewußtseins verbunden ist.

Im Schlaf tritt eine Regression ein, wir werden wieder zu Kindern, die sich zusammenkuscheln. In gewisser Weise treten wir den Abstieg in den Mutterschoß an, wir gelangen zur Urphase des Daseins zurück. Wenn man bedenkt, daß schon in einem orphischen Hymnus der griechischen Antike der Schlaf ein Bruder des Todes genannt wird, kann man ermessen, daß die Angst vor dem Einschlafen auch mit einer unbewußten Angst vor dem Tod zusammenhängen kann. Die Kunst des rechten Einschlafens ist wohl die einzige Form einer Einübung in das Sterbenkönnen.

Ruhiger Tiefschlaf hängt mit einer regelmäßigen tiefen Atmung zusammen, weil dadurch der Körper zu einer größeren

Entspannung kommt und das Körpergefühl sich als wohliger Zustand einstellen kann. Von *Goethe* wird erzählt, er sei leicht und rasch eingeschlafen. Offenbar schlief er auch gerne – und zwar in dem Bewußtsein und in dem Gefühl, er stehe mit dem Weltganzen in einem tiefen und geheimen Zusammenhang. Er verstand es jedenfalls, sich dankbar und glücklich dem Lebensganzen hinzugeben.

Es ist ja ein erstaunliches Phänomen, daß wir ein Drittel unserer Lebenszeit verschlafen – und es wäre sicher ganz verkehrt, diese Zeit als verschwendet oder verloren hinzustellen. *Novalis* hat gewußt: »Schlafen ist ein Verdauen der Sinneneindrücke.«[167] Wer sich diese Zeit nicht gönnt, kann die vielen Erlebnisse der Wachzeit nicht verarbeiten. Erst das Hinuntertauchen ins Reich des Unbewußten und der Eintritt in die dunkle Sphäre der nächtlichen Stille bringt uns wieder »ins Lot«, korrigiert die Einseitigkeiten des rationalen Bewußtseins und trägt zur Regeneration unserer Kräfte bei.

Und weil wir im Schlafzustand Traumerfahrungen machen dürfen, verlieren wir die Enge und Begrenztheit unserer Individualität und werden mit den unendlich weit zurück reichenden Erfahrungen der kollektiven Menschheit konfrontiert. Lange vor Sigmund Freud und Carl Gustav Jung hat schon *Friedrich Nietzsche* die These aufgestellt: »Der Traum bringt uns in ferne Zustände der menschlichen Kultur wieder zurück und gibt uns ein Mittel an die Hand, sie besser zu verstehen.«

Wo das Leben
und die Hoffnung wohnen

Geschlecht enthält alles,
Leiber, Seelen, Meinungen, Beweise, Reinheit, Zartheit,
Resultate, Verkündigungen, Gesänge, Befehle, Gesundheit,
Stolz, das mütterliche Mysterium, die Milch des Samens.
Alle Hoffnungen, Wohltaten, Spenden, alle Leidenschaften,
Lieben, Schönheiten und Wonnen der Erde.
Alle Herrschaft, alles Gericht, Götter und Führerschaften
der Erde.
Alles dies ist im Geschlecht beschlossen
als Teile von ihm und als seine Rechtfertigungen.

Walt Whitman

Der Bauch

In gewisser Weise steht der Ausdruck »Bauch« für den ganzen Unterleib, für den Teil des Körpers, der vor allem die Verdauungsorgane aufnimmt und damit für die Selbsterhaltung zu sorgen hat. Aber im Bauch der Frau befinden sich auch die Geschlechtsorgane, so wird der Bauch zum entscheidend wichtigen Körperteil für die Fortpflanzung.

Die zerkaute Speise wird vom Magen aufgenommen und durch die Tätigkeit der von den Drüsen bereitgestellten Säfte und die Aktivität der Muskelfasern zerkleinert und durchmischt. Dieser so entstandene Speisebrei wird dem Zwölffingerdarm, weitergegeben (der »Magenpförtner« muß ihn durchlassen), wo die Säfte der Leber und der Bauchspeicheldrüse ihre Arbeit tun können zum Abbau der Speisen. Im Dünndarm wird die suppig gewordene Nahrung durch die Zotten in der Darmwand aufgesogen und dem Aufbau des Körpers zugeführt. Eine besonders wichtige Aufgabe hat die Bauchspeicheldrüse, die die Fermente liefert, um die Stärkemoleküle aufzubrechen und in Glukose (Traubenzucker) und Maltose zu verwandeln, ebenso werden Kohlehydrate und Eiweiß abgebaut. Nachdem diese Elemente und die Fette abgebaut sind, gelangen die unverdauten Reste in den Dickdarm, wo sie durch Mikroben aufgearbeitet und für den Ausstoß vorbereitet werden.

Im Bauch befindet sich auch die Harnblase, wo sich die Flüssigkeit sammelt, die durch die Harnröhre wieder abgegeben wird. Die Blase nimmt die Flüssigkeit auf, die beim Filtern des Blutes durch die Nieren angefallen ist. Der Großteil des im menschlichen Organismus befindlichen Wassers wird durch die Kapillare und Bläschen der Nieren so gefiltert, daß es dem Blut wieder zurückgeleitet werden kann.

So lebenswichtig der Bauch für unser Dasein ist, genießt er trotzdem keine besondere Wertschätzung. Oft dient er als Inbegriff für die Gefräßigkeit des Menschen und die übergroße Betonung der Stillung des Hungers. Wer seinen egoistischen Impulsen folgt, der »dient seinem Bauch« (Röm 16,18), ja sein »Gott ist der Bauch« (Phil 3,18), wie Paulus schreibt. Beleibten Menschen wird dann leicht der Vorwurf gemacht, sie

194

hätten beim Essen kein Maß und würden einen Kult um die Mahlzeiten machen.

Es ist auffällig, daß in der süd- und ostasiatischen Welt dem Bauch mehr Respekt entgegengebracht wird. Hier ist die Mitte des Leibes ja der Sitz des Lebens. Graf *Dürckheim* sagt: »Nichts widerspricht dem westlichen Schönheitsideal unserer Zeit mehr als der dicke Bauch.«[168] Im Zen-Buddhismus gilt die Leibmitte als die Entsprechung der Erdmitte (Hara), als Schwerpunkt des Körpers. Die Gestalt des Buddha wird meist beleibt dargestellt. Der Meditierende konzentriert sich auf seinen Nabel als seinen Mittelpunkt.

Fu-te-chen-shen, der »Gott, der den Menschen Freude bringt«,
volkstümlicher Gott Taiwans

Übrigens kennt auch der Westen durchaus eine Freude am Bauch. Er ist in vieler Hinsicht das Zeichen der Lebensfreude und der Bejahung des Daseins. »Auf vollem Bauch steht ein fröhlich Haupt«, sagt das Sprichwort. Wer seinen Bauch nicht negiert, kann leichter zufrieden sein, zum inneren Frieden finden und aus einer größeren Gelassenheit leben. Wer sich nichts gönnt und nicht genießen kann, neigt zu schlechter Laune, ist unzufrieden, gönnt auch anderen nichts und verliert die Lust am Leben. Eßstörungen und Verdauungsstörungen hängen miteinander zusammen. Gier, Neid und Mißgunst führen zur Verstopfung. Dagegen weiß das Sprichwort: »Ist der Bauch satt, so ist das Herz froh.« Wer allerdings von Ängsten gejagt wird und sich feige den Auseinandersetzungen entzieht, kann auch nicht gelassen die Speisen in sich aufnehmen, er wird zu Durchfall neigen.

Der »Ort der Seele«, die innere Mitte des Menschen, wird nicht immer mit dem Herzen bezeichnet, sondern auch in den Eingeweiden angesiedelt. Die »viscera« sind der Bereich, wo der Mensch barmherzig sein kann, mitfühlend und teilnahmsvoll. Vielleicht kam man auf diese Lösung durch die Nähe der Eingeweide zur Gebärmutter. Der Bauch der Frau ist ja der Inbegriff der bergenden Höhle. Während der Schwangerschaft hütet die Mutter das werdende Leben, wärmt und schützt es, gibt ihm alles, was es für seine künftige Existenz braucht.

So versteht man den Bauch dann auch als Ort der Wiedergeburt. Man muß ins Dunkel der Unterwelt hinabsteigen, muß in den Bauch der Erde zurückkehren − oder wie Jona vom Fischbauch verschlungen werden −, um neues Leben zu gewinnen und wiedergeboren zu werden. Ein wirkliches Ja zur eigenen Existenz kann nur der sprechen, der ein Verhältnis zum eigenen Bauch hat, in seinem Denken, Fühlen und Handeln von seinem Bauch ausgeht und sich in seiner Mitte konzentrieren kann.

Die Verdauung

Die Nahrung, die wir aufnehmen, muß zunächst in einem komplizierten Prozeß in seine chemischen Elemente aufgelöst werden, damit sie in der Form kleinster Moleküle durch die Darmwände ins Blut gelangen und als Bausteine Verwendung finden können, mit denen das Wachstum und die Erneuerung unseres Körpers vor sich gehen und die nötige Körperwärme erzeugt werden kann. Die drei grundlegenden Nährstoffe sind Kohlehydrate (die eigentlichen Energiequellen), Eiweißstoffe, die die »lebende Substanz«, das Protoplasma, aufbauen, und Fette, die einen hohen Energiewert haben. Das Blut ist der Transporteur des Sauerstoffs und der Verteiler der Nahrungsstoffe, die dorthin gebracht werden müssen, wo der Körper diese Elemente braucht.

Während der Körper nur wenige Minuten ohne Sauerstoff leben kann und nur wenige Tage ohne Wasser, hält er es sehr viel länger ohne Nahrungszufuhr aus. Das hängt damit zusammen, daß er Stoffe speichern und in mageren Zeiten wieder abrufen kann, damit die Versorgung gesichert wird. Immerzu werden diese Vorräte ergänzt; während der Körper eine gewisse Zeit »von der Substanz« leben kann, bleibt der Körperhaushalt im Gleichgewicht. Die Leber z. B. verarbeitet Kohlehydrate zu Glykogen und gibt sie — je nach Bedarf — an die Blutgefäße ab. Der jeweilige Energieverbrauch bringt es dann mit sich, daß Glykogen nachgeliefert werden muß. Und damit der Nähr- und Brennstoff nicht ausgeht, haben wir Hungergefühle und nehmen Nahrung zu uns. Bleibt die Zufuhr aus, dann werden zunächst die Zuckervorräte herangezogen, dann die Fettpolster im Körper. Die Leber kann sich in einer solchen Phase auf die Hälfte vermindern, die Muskulatur bis zu einem Drittel, Herz und Hirn dagegen werden kaum berührt.

Menschen haben unterschiedlich starke Hungergefühle, manche sind starke Esser, aber »schlechte Futterverwerter«, andere dagegen essen eher sparsam, können aber die aufgenommene Speise besser verarbeiten. Vom Pykniker sagt man, daß er unter Umständen weniger Nahrung brauche als die ewig Hungrigen, obwohl er zur Rundlichkeit neigt. Seine Eigenschaften sind Zufriedenheit, Ausgeglichenheit und seelische Harmonie. Er neigt zur Behaglichkeit und ist wegen seines Humors und seines inneren wie äußeren Gleichgewichts ein angenehmer Hausgenosse. Der Astheniker dagegen wirkt eher ungesättigt, ihm sagt man größere Ichhaftigkeit nach, manchmal sogar Herzlosigkeit. Gier führt nicht zur Körperfülle, sondern eher zur Hager- und Magerkeit.

Die Verdauungsorgane müssen für ihre Arbeit bereit sein. Zunächst müssen die Nährstoffe auf ihre Verdaulichkeit und Bekömmlichkeit untersucht werden. Schon Geruch und Geschmack sind Unterscheidungsorgane, die in der Lage sind, die Speisen zu »prüfen«. Der Speichel muß seine Dienste tun, die Speisen müssen mundgerecht bereitet werden; wenn alles zusammenkommt, Nase und Gaumen zustimmen, das Hungergefühl sich regt, dann »läuft uns das Wasser im Munde zusammen«. Das Hinunterschlucken ist ein Zeichen der Annahme, das Würgen und Erbrechen ein Zeichen der Ablehnung. Wir können und wollen nicht alles schlucken und verdauen, manches ist uns »zum Kotzen«: ein Ekelgefühl wird wach, ein Widerstand gegen das Vorgesetzte. Auf manche Speise haben wir ausgesprochen Lust, bei anderen meldet sich ein Brechreiz, manches Geschluckte liegt uns im Magen oder kommt uns zum Hals heraus. Und manchmal werden wir auch auf schnelle Befriedigung verzichten, damit die Unersättlichkeit nicht überhand nimmt und die Einverleibungsgier uns nicht in Abhängigkeit bringt.

Die Eßkultur ist ein wichtiger Teil des kulturellen menschlichen Lebens überhaupt. Die krankhafte Verweigerung von Speise und die Unfähigkeit, sich am Essen zu freuen, sind dabei ebenso Zeichen der Unkultur wie die wilde Fresserei und die schnelle Einverleibung kostbarer Speisen, ohne sie in Muße genießen zu können. Lebensbejahung setzt auch das Wohlbehagen beim Essen voraus. »Wer nicht genießen kann, wird ungenießbar«, sagt sehr treffend ein neueres Sprichwort. Wer sich nichts gönnt und anderen noch weniger, der nimmt übel und gerät in Übelkeit. Ärger führt aber zur Magenverstimmung, weil er sich auf den Magen schlägt, das Unverdaute liegt schwer im Magen. Wer zuviel »in sich hineinfrißt«, braucht sich nicht zu wundern, daß es ihm schließlich »wie ein Stein im Magen« liegt. Dann ist er verstimmt und verliert seine gute Laune. Manches von der jeweiligen Stimmung und Laune läßt sich am Munde ablesen: ob einer lachen kann oder weinen muß, ob er griesgrämig oder frohgemut schaut. »Man muß keine Nerven haben, man muß einen fröhlichen Unterleib haben«, hat *Nietzsche* gesagt. Eine gute Verdauung trägt viel zu diesem »fröhlichen Unterleib« bei.

Hunger und Durst melden sich übrigens nicht nur über den leeren Magen und über den empfindungsfähigen Gaumen. Auch im seelischen Leben haben wir Hunger und das Verlangen, Neues aufzunehmen. Und wie es bei den Speisen den Nimmersatt gibt, der nie genug bekommt, so gibt es auch bei der geistigen Kost den Neugierigen, der mehr in sich hineinschaufelt, als er verdauen kann. Aber auch bei dieser Zufuhr an geistigem Nachschub gibt es den Speisenverweigerer, der immer schon satt und träge ist und kein Verlangen hat, sich um die Befriedigung dieser Bedürfnisse zu mühen.

Wir sollten uns immer den Hunger erhalten und ihn nur soweit befriedigen, daß wir fröhlich leben können und uns schon auf die nächste – leibliche oder seelische – Speise freuen können.

Werner Bergengruen hat in einem Gedicht den Menschen einmal den »Sohn des Hungers« genannt, der immer etwas von seinem Hunger behalten müsse, damit er lernt, sich von Gott selbst wirklich erfüllen zu lassen.

> »Mensch, dem alle Schöpfung sich gewährt,
> Mensch, der du ein Sohn des Hungers bist,
> ach, du wirst getränkt und wirst genährt
> immer nur für eine schmale Frist.
>
> Immer wieder stehst du ungeletzt,
> unersättlich wie im Anbeginn,
> umgetrieben, immer neu gehetzt!
> Jede Fülle schwindet vor dir hin.
>
> Aber der die Ungenügsamkeit
> dir und allem Leben eingesenkt –
> sei gewiß: er hält den Quell bereit,
> der mit ewiger Genüge tränkt.«[169]

Das Geschlecht

Der Mensch ist ein Geschlechtswesen. Das bedeutet nicht nur, daß er Genitalien hat, sondern daß er auch in seinem Denken und Empfinden, in seinem Selbstverständnis und der Wahrnehmung der Welt von seinem Geschlecht bestimmt ist. Das ganze Leben hindurch werden Mann und Frau ihre individuelle Existenz, die zwischenmenschlichen Beziehungen, die kulturellen und gesellschaftlichen Zusammenhänge von ihrem Geschlecht her zu verstehen suchen. Und die Zusammengehörigkeit der Menschen beider Geschlechter, ihr Verlangen nach Begegnung, die Sehnsucht nach einem Partner oder einer Partnerin, sie drücken sich nicht nur durch das sexuelle Triebverlangen aus, sondern auch in den Bildern der Phantasie, in Träumen und Wunschvorstellungen. Neben dem vitalen Selbsterhaltungstrieb und dem leiblichen Hunger gibt es sicher keine andere Grundkraft, die sich so bestimmend und bewegend zu Wort meldet wie die Sexualität.

Die Entscheidung, welches Geschlecht ein Mensch bekommt, wird schon im Moment der Zeugung getroffen. Eine befruchtete Eizelle ohne eigenes X-Chromosom wird zu einem männlichen Wesen, ein weibliches Wesen entsteht mit dem X-Chromosom. Schon in der Frühphase läßt sich erkennen, ob ein Embryo männlich oder weiblich ist. Aus der Keimdrüse entfaltet sich beim Mädchen das weibliche Genital, die Eierstöcke, beim Jungen die Hoden, beim Mädchen bilden sich die Scheide und die Clitoris, beim Jungen der Hodensack und das Glied. Es vergehen aber viele Jahre, bis nach der Ausbildung der sekundären Geschlechtsmerkmale die geschlechtliche Reife abgeschlossen ist und das ausgeprägte Bewußtsein des Menschen als Geschlechtswesen sich bemerkbar macht. Die Frau bekommt rundere Hüften, die Brüste bilden sich aus, Schambehaarung und die Haare in den Achselhöhlen treten auf, die Fettpolsterung verändert das gesamte Erscheinungsbild des Körpers. Vor allem die monatliche Blutung macht deutlich, daß das Mädchen zu einer jungen Frau herangewachsen ist. – Beim Mann vergrößern sich die Hoden und der Penis, die Schambehaarung und das Sprießen des Bartes lassen ebenso erkennen wie der Stimmwechsel, daß aus dem Jungen ein junger Mann geworden ist.

200

Nach der sexuellen Reife ist es möglich, daß sich Mann und Frau geschlechtlich vereinigen. Die Schwellkörper der Genitalien beider Geschlechter füllen sich mit Blut, so daß die Scheide ebenso wie das Glied anschwellen können. Die sexuelle Erregung bereitet die Einführung des Gliedes in die Scheide vor. Durch die Ejakulation werden Millionen von Samenzellen durch die Samenflüssigkeit ausgestoßen.

Im Becken der Frau befindet sich die birnenförmige Gebärmutter, der Uterus. Haben sich eine weibliche Eizelle und eine männliche Samenzelle vereinigt, dann nistet sich das befruchtete Ei in der Gebärmutter ein und schlägt dort gleichsam Wurzel. Es bildet sich die Placenta, der Mutterkuchen, von der die Leibesfrucht ernährt wird. Beim Geburtsvorgang weitet sich die Scheide und ermöglicht es dem ausgewachsenen und nun auch außerhalb des Mutterschoßes lebensfähigen Kind, den Schoß zu verlassen. Es muß dann noch abgenabelt werden, damit es seine eigene Existenz beginnen kann: Nun muß er selbst atmen, Nahrung aufnehmen und verdauen und sich an seine veränderte Umgebung gewöhnen.

Mann und Frau unterscheiden sich auch in ihrer Konstitution deutlich voneinander. Der Mann ist in der Regel knochiger als die Frau, besonders die Schädelknochen, aber auch der Schultergürtel, das Rückgrat und die Beine sind stärker ausgebildet. Die Gesamterscheinung wirkt eckiger und massiger, während die Frau rundere Formen hat, grazilere Knochen, eine weichere Kontur. Das hat zur Folge, daß die Frau anpassungsfähiger ist. Bei einer solchen kursorischen Typisierung darf aber nicht übersehen werden, daß es zahlreiche Ausnahmen gibt und daß sich das Erscheinungsbild der Geschlechter im Laufe der Zeit ändern kann, zumal dann, wenn die Rollenverteilung sich wandelt und die konventionelle Aufteilung in Berufe und Aufgaben ihre Starre verliert. Trotzdem ist nicht zu übersehen, daß bestimmte Charakteristika sich gleich bleiben. – Allein die Frau kann ein Kind empfangen, austragen und gebären. Die Gebärmutter ist der größte Muskel, den es im menschlichen Organismus gibt, er hat eine erstaunliche Dehnungsfähigkeit, kann große Lasten tragen und sich nach der Geburt wieder zurückbilden.

Da die gegenseitige Anziehung der Geschlechter und das sexuelle Verlangen nach einer Vereinigung mit einem Menschen des anderen Geschlechts groß ist und da die Freude und das Lustgefühl bei der geschlechtlichen Vereinigung eine so unvergleichliche Intensität hat, hat der ganze Bereich der menschlichen Sexualität nicht nur eine unübersehbare Bedeutung für das individuelle Leben jedes einzelnen, sondern auch für die Gesellschaft und die gesamte Menschheit. So verwundert es nicht, daß schon die ältesten erhaltenen Bildwerke der altsteinzeitlichen Jäger, in denen menschliche Frauengestalten dargestellt sind, die Geschlechtsmerkmale deutlich herausgestellt haben. Oft werden bei den Statuetten gar keine Ge-

Ithyphallischer Shiva mit seiner Gemahlin als Liebespaar, Fragment 4. Jh. Indien, hinduistische Plastik

sichtszüge betont, dagegen ist die Größe der Brüste als wichtiges Merkmal herausgestellt und auch die Vulva bekommt einen eigenen Akzent.

In den matriarchalischen Gesellschaften waren die Muttergottheiten der Mittelpunkt kultischer Verehrung. Die Vorgänge der Zeugung und der Geburt hatten eine sakrale Bedeutung, weil die Erhaltung und Weitergabe des Lebens von diesen Prozessen abhingen und durch religiöse Symbole und kultische Feiern geschützt werden mußten. Alles Leben kam aus der »mütterlichen Höhle«, die Mutter war Inbegriff des Bergenden und Schützenden, sie entließ das künftige Lebewesen, war Garantin der Fruchtbarkeit. Die erhaltenen Statuetten sind wahrscheinlich Talismane und Kultbilder, die die weitere Fruchtbarkeit sichern sollten. Deshalb ist es verständlich, daß der breite Unterleib und die Vulva betont werden. In der indischen Kunst wird die mütterliche Grundkraft Shakti genannt (was Kraft und Energie bedeutet) und in der Gestalt einer Schale dargestellt, die den weiblichen Schoß (Yoni) repräsentiert. Höhle, Haus, Gefäß, Schale, jede Öffnung kann zu einem weiblichen Symbol werden, vor allem, wenn damit Bergung, Schutz und Nahrung verbunden wird.

Der Phallus, das männliche Glied, wird als das Symbol der schöpferischen Kraft und Zeichen der Zeugungsmacht verstanden. Im Zeugungsgeschehen partizipiert der Mensch am Schöpfungswerk der Götter und an der generativen Kraft der Natur. Der Strom des Lebens geht weiter, der Prozeß dieser Weitergabe darf nicht unterbrochen werden. Den Phallusdarstellungen hat man auch eine apotropäische Wirkung zugeschrieben, sie sollten Dämonen und böse Mächte abhalten. Säulen und Türme, Obelisken, aber auch Waffen (z. B. die Lanze, das Schwert und der Pfeil), ebenso manche Tiere (Fisch, Schlange) gelten als phallische Symbole. In den griechischen Mythen war vor allem Zeus der zeugende Gott, aber auch im Dionysos-Kult, in der Hermes-Verehrung und in den Mysterien der Demeter spielte die Phallusdarstellung eine Rolle. Der Fruchtbarkeitsgott Priapos und die Satyrn wurden oft mit riesigen Phalli dargestellt, und noch bei den Satyrspielen trugen die Schauspieler große lederne Phalli.

In den Mythen hat man selbstverständlich die Geschlechtsmerkmale und Symbole nicht isoliert verehrt, sondern in ihrem Zusammenhang. Erst in der Vereinigung der Gegensätze, in der Begegnung des männlichen und des weiblichen Prinzips, wird die Einheit der Welt erkennbar. Himmel und Erde gehören zusammen, vereinigen sie sich, dann wird die »heilige Hochzeit« gefeiert. Der Himmel macht die Erde fruchtbar, die Sonnenstrahlen wecken das schlafende Leben. Zeus und Hera waren die Repräsentanten des göttlichen Elternpaares in der griechischen Welt, in der indischen Tradition Shiva und Shakti, veranschaulicht im Lingam und im Yoni, dem Phallus und der Vulva. In vielen Weltgegenden wurde auch die Weltachse, die in der Erde ruht und zum Himmel ragt, als Vereinigung von Himmel und Erde verstanden.

Auf ganz hintergründige Weise wird die Zusammengehörigkeit und die gegenseitige Anziehung der beiden Geschlechter in einem Mythos des »Gastmahls« von *Platon* gedeutet. In seiner Preisrede auf den Eros erzählt Aristophanes von einem ursprünglichen Menschengeschlecht, das mannweiblich war,

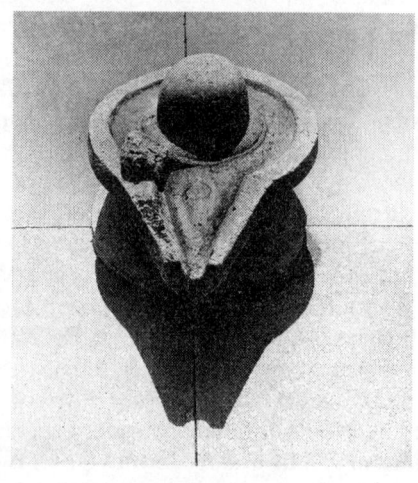

Yoni-Lingam
Chola, 13. Jh., Höhe 37 cm
Traditionelle indische Darstellung des göttlichen Phallus und der Vulva

»Gestalt und Name aus beidem, Männlichem und Weiblichem, zusammengesetzt ... Jeder Mensch hatte eine runde Gestalt, so daß Rücken und Seiten im Kreise herumgingen; und jeder hatte vier Hände und ebenso viele Beine und zwei einander ganz ähnliche Gesichter auf einem kreisrunden Halse und einen gemeinschaftlichen Kopf für beide einander gegenüberstehende Gesichter und vier Ohren sowie doppelte Schamteile und alles übrige, wie man es sich hiernach vorstellen kann.« Die Götter aber zerschnitten diese Ganz-Menschen in zwei Hälften, »wie wenn man Früchte zerschneidet«. Nun sind die Menschen nur noch Hälften und haben das Verlangen, die verlorene Entsprechung wieder zu finden: »Nachdem nun die Gestalt entzweigeschnitten war, sehnte sich jeder Teil, mit seiner anderen Hälfte zusammenzusein, und sie umfingen sich mit den Armen und schlangen sich ineinander.«[170] Das also ist die Ursprungsstunde der Liebe: »Seit so langer Zeit ist die Liebe zueinander den Menschen angeboren, um die ursprüngliche Natur wiederherzustellen, und Eros versucht, aus zweien eine zu machen und die menschliche Natur zu heilen.« Schöner und plausibler ist wohl die geschlechtliche Anziehung nie beschrieben und gedeutet worden. Der Mythos reicht weiter und kann mehr zum Verständnis beitragen als jede nüchterne Erklärung und jeder naturwissenschaftliche Aufweis.

Immerhin hat auch der Arzt und Naturforscher *Paracelsus* eine plastische Sprache gefunden, um die Zweigeschlechtlichkeit verstehbar zu machen: »Das Empfindliche will haben ein empfindliches Gegenüber.« Behutsam beschreibt er die sexuelle Sensibilität mit »Empfindlichkeit«, die aufeinander bezogen ist, also das Gegenüber braucht. »Wenn ein Mann eine hübsche Frau sieht, so gibt es ihm einen Gegenwurf und die Ursache seiner Spekulation.« Vielleicht ist es nötig, darauf hinzuweisen, daß »Spekulation« nicht das grüblerische Sinnieren meint, sondern die Schaufreude, die Lust der Augen. Die sexuelle Empfindungsfähigkeit wird ja durch alle Sinne angeregt, in besonderer Weise durch die Augen. Paracelsus entwirft in einer kühnen Kontur eine ganze Philosophie der Geschlechterbeziehung, wenn er schreibt, Zeugung und Geburt »stehet in beiden Menschen und ist je eine dem andern eingebildet, der Mann der Frauen und umgekehrt. Also wird in ihnen beiden eine vollkommene Phantasei*. Denn ein Mensch allein hat nur eine halbe Phantasei, aber sie beide haben eine ganze Phantasei; denn also hats Gott geschaffen.« Mann und Frau sind aufeinander angewiesen, vor allem, was die Erzeugung von Nachkommen angeht. Paracelsus drückt es so aus: »Gott will in zweien und nit von einem einen Menschen haben.«

Bei aller Betonung der Geschlechterspannung und der gegenseitigen Anziehung darf doch nicht unterschlagen werden, daß jeder Mensch auch in sich steht und seinen Weg der Reifung und Mündigwerdung gehen muß. Obwohl jeder Mensch durch sein spezifisches Geschlecht geprägt ist, hat er doch die Grundveranlagung des anderen Geschlechts auch in sich. Das hat schon *Novalis* gewußt, wenn er schrieb: »Der Mann ist gewissermaßen auch Weib, so wie das Weib Mann.« Novalis glaubt sogar, daß ein Mensch erst dann fähig zur Ehe wird, wenn er die innere Spannung in sich selbst akzeptiert und in eine gewisse Harmonie gebracht hat. »Nur insofern der Mensch mit sich selbst eine glückliche Ehe führt – und eine schöne Familie ausmacht, ist er überhaupt ehe- und familienfähig.«[171] Die seelische Balance kann also nicht einfach von einem anderen Menschen erwartet werden (daß er uns ergänzt, voll befriedigt und erfüllt), sondern muß im eigenen Menschsein gesucht werden. In einem Gedicht, das er »Wendung« genannt hat, weil es eine Wende in seiner Einstellung zur Frau gebracht hat, fordert *Rainer Maria Rilke* sich selbst auf, die inneren Bilder, die gefangenen, ernst zu nehmen: »Siehe innerer Mann, dein inneres Mädchen.«[172] – Es ist auffällig, wie ähnlich diese Vorstellung dem Modell *C. G. Jungs* ist, der von der »Anima« im seelischen Leben des Mannes und vom »Animus« in der Psyche der Frau spricht. »Da nun die Anima ein beim Manne hervortretender Archetypus ist, so steht zu vermuten, daß bei der Frau ein Äquivalent vorhanden sein muß, denn wie der Mann durch Weibliches kompensiert ist, so die Frau durch Männliches.«[173] Dieses Äquivalent ist nicht nur in der realen Begegnung von Mann und Frau zu suchen, sondern in der eigenen seelischen Wirklichkeit, weil sich das Männ-

---

* Mit »Phantasei« bezeichnet Paracelsus das »Gegenbild«, das der Mann von der Frau in sich trägt und die Frau vom Mann.

liche und das Weibliche nicht nur polar gegenüberstehen, sondern schon in unserem Unbewußten beieinander sind, aber danach verlangen, miteinander versöhnt zu werden.

Die Entfaltung der menschlichen Sexualität und ihrer Wirkkraft ist (unabhängig, ob jemand heiratet oder nicht) so wichtig, daß bei einer völligen Verkümmerung oder einer Kastration auch der Gefühlsbereich sich nicht normal entwickeln kann. Kastraten haben keine starken Affekte, sie bleiben im engen Bereich des eigenen Ich und können es nicht auf andere Menschen hin überschreiten. Eine Trägheit und Abstumpfung ist für sie typisch. Das Geschlecht ist also die Voraussetzung auch der seelischen Liebe und der Bereitschaft, sich für andere einzusetzen. Wer bereit ist, sich mit der Not anderer Menschen zu solidarisieren und ihnen zur Seite zu stellen, kann das nur aus einer inneren Offenheit, die letztlich auch von den Kräften des Geschlechts gespeist wird. Wenn *Lacordaire* gesagt hat: »Es gibt nicht zweierlei Liebe«, dann schwingt etwas von dieser verbindenden Grundpotenz mit, die sich eben nicht nur in der Erfüllung sexueller Triebwünsche ausleben kann, sondern auch in einer opferbereiten Liebe, die zu einem Verzicht und zu geben bereit ist, wenn es nichts mehr zu empfangen gibt.

Aber es ist ganz selbstverständlich, daß zunächst einmal das geschlechtliche Verlangen nicht zum Verzicht, sondern zu einer Erfüllung drängt. Das ist auch die Grundlage der biblischen Anthropologie, denn in der Genesis heißt es: »Es ist nicht gut, daß der Mensch allein bleibt. Ich will ihm eine Hilfe machen, die ihm entspricht« (Gen 2,18). Und im »Hohenlied« hat die Bibel ja auch einen zauberhaften poetischen Hymnus auf die geschlechtliche Liebe bewahrt.

»Verzaubert hast du mich, meine Schwester Braut,
ja verzaubert mit einem Blick deiner Augen ...
Wie schön ist deine Liebe, meine Schwester Braut,
wieviel süßer ist deine Liebe als Wein ...
Ein Lustgarten sproßt aus dir,
Granatbäume mit köstlichen Früchten,
Hennadolden, Nardenblüten ...
Die Quelle des Gartens bist du,
ein Brunnen lebendigen Wassers, Wasser vom Libanon...

Durchwehe meinen Garten, laß strömen die Balsam-
düfte...
Ich komme in meinen Garten, Schwester Braut;
ich pflücke meine Myrrhe, den Balsam;
esse meine Wabe samt dem Honig,
trinke meinen Wein und die Milch.
Freunde, eßt und trinkt, berauscht euch an der Liebe! ...
Wie schön sind deine Schritte in den Sandalen, du Edelge-
borene.
Deiner Hüften Rund ist wie Geschmeide, gefertigt von
Künstlerhand.
Dein Schoß ist ein rundes Becken,
Würzwein mangle ihm nicht« (Hl 4;5;7).

Wenn man diesen herrlichen Lobpreis auf die Liebe hört,
hat man den Eindruck, daß er nicht mehr übertroffen werden
kann. Aber in jeder Generation versuchen die Dichter wieder
neu, diesem »unserem größesten innigsten Geheimnis«, wie
Rilke in einem Brief schreibt, Ausdruck zu geben. Beschrei-
bungen helfen nicht, nur starke Bilder und gefüllte Symbole,
die der Phantasie genügend Raum lassen und unsere Ge-
fühlskräfte in Bewegung sezten, werden diesem Thema aller
Themen gerecht. *Walt Whitman* versucht, aus dem scheinbar
so privaten Geschehen auszubrechen und die Verflochtenheit
mit allem Geschehen in der Welt anzudeuten:

»Geschlecht enthält alles, Leiber und Seelen,
Meinungen, Beweise, Reinheiten, Zartheiten, Ergebnisse,
Weiterverbreitung,
Gesänge, Befehle, Gesundheit, Stolz, das Wunder der Mut-
terschaft, die Milch des Samens,
Alle Hoffnungen, Wohltaten, Spenden, alle die Leiden-
schaften, Lieben, Schönheiten, Wonnen der Erde,
Alle Regierungen, Richter, Götter, Führer der Erde,
Diese sind im Geschlecht enthalten als seine Teile und seine
Rechtfertigung.«[174]

So schreibt ein Mann. Sieht eine Frau die geschlechtliche
Erfahrung anders, sucht sie andere Bilder und Vergleiche?
Das Werk von *Else Lasker-Schüler* ist voll von der Sehnsucht
nach Liebe, das Glück bebt noch nach, das sie erfahren durfte,

aber auch die Enttäuschungen und Einsamkeiten werden nicht verschwiegen.

»Doch in der kurzen Liebesouvertüre
Entschwanden wir von dieser Erde fort
Durch Paradiese bis zur Himmelstüre«[175],

so kann sie dichten. Liebe ist für sie der Inbegriff des Lebens. Wie kann man noch weiterleben, wenn die Liebe gestorben ist? Solange es aber die Liebe gibt, hat der Tod keine Macht.

»Kinder sind unsere Herzen,
Die möchten ruhen müdesüß.

Und unsere Lippen wollen sich küssen,
Was zagst du?

Grenzt nicht mein Herz an deins –
Immer färbt dein Blut meine Wangen rot.

Wir wollen uns versöhnen die Nacht.
Wenn wir uns herzen, sterben wir nicht.

Es wird ein großer Stern in meinen Schoß fallen.«[176]

Es ist wichtig, daß immer wieder neu der Versuch gemacht wird, die geschlechtlichen Erfahrungen zu verdichten und Worte und Bilder zu finden, damit dieser Kernbereich menschlicher Existenz nicht ins Banale und Beliebige abrutscht. Es gibt ja eine geschwätzige und triviale Art, über den Bereich des Geschlechtlichen zu reden, so daß alles zur beliebigen und austauschbaren Selbstbedienung zur Verfügung steht. Daß der Schoß auch seinen Schutz braucht, daß die ganze Zone des Geschlechts ein geheimnishafter Bereich ist, ob uns das wieder aufgehen kann? Von einer beengenden Prüderie wollten wir befreit werden, aber das Gefühl für Intimität sollte dabei nicht verlorengehen.

Die Verse Else Lasker-Schülers können einem nachgehen:

»Die heilige Liebe, die ihr blind zertratet,
Ist Gottes Ebenbild ...!
Fahrlässig umgebracht.«[177]

Das Gesäß

Unter den menschlichen Körperteilen hat das Gesäß die geringste Achtung und Anerkennung, was schon deshalb verwundert, weil seine schönen Rundungen ja eigentlich ästhetisch wohlgeformt sind und eine sinnliche Ausstrahlung haben. Trotzdem sprechen wir − mit einer abwertenden Betonung − vom »Hintern«, vom »Schinken«, und selbst die Bezeichnung »Allerwertester« ist eher eine ironische Kaschierung der geringen Einschätzung unserer »Sitzfläche«. Jemandem »den Hintern zeigen« ist geradezu der Inbegriff einer Beleidigung und Verachtung und die Götzsche Aufforderung das Kraftwort schlechthin.

Dieser Körperteil hat mehr Anerkennung und Aufmerksamkeit verdient, weil das Gesäß mit seinen Muskeln für unsere Bewegungsabläufe wichtig ist und natürlich auch die sitzende Aufrichtung ermöglicht. Freilich ist die Gesäßpartie nicht immer von anziehender Gestalt. Der Schlemmer wird schwerfällig und massig und setzt zu viel »Sitzfleisch« an. Vielleicht trägt gerade die geringe Achtung des Gesäßes dazu bei, daß die ganze Körperpartie vernachlässigt wird, man sich ihrer schämt und sie dadurch nicht in unser Körperbewußtsein gerät.

Wie ist diese Einschätzung zu erklären? Zu dem Bereich des Gesäßes gehört ja auch der After mit seiner Funktion der Darmentleerung. Und weil der »Stuhlgang« nicht gerade zu den Vorgängen gehört, über die man öffentlich spricht und die von unserem Bewußtsein betont werden, wird die ganze Körperzone mit einem gewissen Tabu belegt. Alles, was mit Kot zu tun hat, wird als ekelerregend angesehen, schon früh werden Kinder zu einer peinlichen Sauberkeit angehalten, so daß diese Körpervorgänge mit dem »Ruch der Peinlichkeit« belegt sind.

Diese Verdrängungsvorgänge haben nun weitreichende Folgen. Alles Verdrängte meldet sich ja wieder zu Wort, und die Neigung zu einer kotigen und zotigen Sprache hängt sicher damit zusammen, daß die natürlichen Vorgänge der Ausscheidung innerlich nicht akzeptiert worden sind und sich nun auf diese Weise bemerkbar machen. Was nicht in einer offenen und sachgemäßen Weise ausgedrückt und besprochen werden kann, meldet sich auf Umwegen wieder in einer »anrüchigen« Sprache.

Der After gehört zu den besonders wichtigen Schließmuskeln, die dazu dienen, die körperliche Innenwelt von der Außenwelt abzugrenzen und mit ihr in Verbindung zu bringen. Da sie sich öffnen und schließen können, regulieren sie die Entleerung im rhythmischen Wechsel von Schließen und Öffnen, zusammenschließender Spannung und Entspannung. Sie sind aber auch störanfällig und beeinflussen unser Befinden und unseren Gesundheitszustand.

Wird in der Sauberkeitserziehung der frühen Kindheit zu früh damit begonnen, dem Kind seinen Kot abzuverlangen, bevor nämlich die Kontrolle über die analen Schließmuskeln erreicht wurde, verkrampft sich die ganze Körperzone. Der Körper wird angespannt, das Becken zusammengezogen und der Unterleib blockiert. Es mag sein, daß ein ganzes Leben lang diese Panzerung der festgehaltenen Gesäßmuskeln beibehalten wird und die Darmentleerung zu einem schwierigen und problematischen Geschäft wird. Die zusammengepreßten Hinterbacken sind dann das Zeichen einer Unfreiheit, die das Loslassen erschweren.

Sigmund Freud hat die Zusammenhänge zwischen dem Phänomen der Verstopfung und dem Seelenleben einsichtig gemacht. Wer aufnehmen will, muß auch wieder hergeben können. Das Geben-Können setzt aber ein Verhältnis zum Besitz voraus. Wer alles Gegessene behalten will und nicht hergeben kann, wird krank. Das Bewahren- und Behaltenkönnen ist ebenfalls eine wichtige Fähigkeit, nur darf das Erworbene nicht mit geiziger Gier festgehalten werden.

Der Analbereich ist auch Sitz von Gefühlen, seine Nähe zum Genitalbereich läßt vermuten, daß eine Verhärtung und Blockierung dieser Region auch die menschliche Geschlechtlichkeit in Mitleidenschaft zieht. Nun ist diese Körperzone nicht ohne weiteres vom Intellekt beeinflußbar. Um so wichtiger ist es, daß wir diesen Bereich in unser Körpergefühl einbeziehen und durchleben, damit die Muskelverspannungen und Verkrampfungen abgebaut werden können.

Das Sitzen

Wenn wir liegen, ist der Körper in einer ausgesprochenen Ruhelage, wenn wir stehen, ist der Leib aufgerichtet und bereit zur Fortbewegung. Der Sitzende ruht zwar, aber er kann dabei aufmerksam sein. Die Beine können ausruhen, aber die Sinne und der Verstand haben die Möglichkeit, hellwach zu sein. Die sitzende Haltung ist zwar nicht auf äußere Aktivität hin orientiert, aber dafür ist eine Versenkung nach innen möglich, die Beziehung zum eigenen Grund wird hergestellt. Der Sitzende kann sich einfach ausruhen, vor allem nach schwerer körperlicher Arbeit, er kann aber auch um eine gesammelte Ruhe bemüht sein, um äußerlich oder innerlich hörbereit zu werden.

Das Sitzen kann auf sehr unterschiedliche Weise vor sich gehen. Da ist einmal das friedliche Sich-Ausruhen, hingegossen in einen Sessel, behaglich werden die Beine ausgestreckt, so daß man den Ruhezustand recht genießen kann. Die Muskulatur ist gelockert, die Sehnen und Bänder sind in eine bequeme entspannte Lage gebracht. Es gibt aber auch das eher unruhige Hocken, wenn jemand »auf Abruf« wartet oder sich bedroht und verunsichert fühlt. Hier ist das Sitzen nicht entspannt, sondern gerade spannungsgeladen, Muskeln und Sehnen können sich sogar verkrampfen.

Von besonderer Bedeutung ist das meditative Sitzen. Gerade der unruhige und überaktive Gegenwartsmensch braucht als Kontrast nicht so sehr das nachlässige »Herumhängen« auf einem Sessel, sondern eine Sitzhaltung, in der Elastizität und Lockerheit, feste Form, aber ohne Starre, zum Ausdruck kommt. *Graf Dürckheim* weist auf die Reithaltung hin, bei der aufrechter Sitz ohne Verspannung gefordert ist. Die Wirbelsäule soll sich aus eigener Kraft aufrichten können, und der ganze Mensch kann unangestrengt »seine Form« finden. Das ruhige Sitzen kann zu einem Heilmittel gegen die innere Sprunghaftigkeit werden. Die Zerfahrenheit und die Überaktivität legen sich, Gelassenheit kommt auf, die Annahme der eigenen Person und der ruhige Umgang mit seiner eigenen Tiefe werden möglich.

In vielen Religionen wird das rechte Sitzen gepflegt, im Hinduismus wird es »asana« genannt, im Zen-Buddhismus ist das

Sitzen (Za-Zen) die entscheidende geistige Übung. Aber auch die Ostkirche (vor allem der Hesychast auf dem Mönchsberg Athos) pflegt das rechte Sitzen, und alle Meditationsmeister weisen darauf hin, daß es keine Meditation gibt ohne die sorgsame Übung des rechten Sitzens.

Nicht vergessen sollte man, daß in der Kultur- und Geistesgeschichte wie in der Politik das thronende Sitzen der Könige und Herrscher ein bedeutsames Phänomen war. Der Machthaber bewies seine Überlegenheit durch sein Sitzen, seine Diener und Untergebenen umstanden ihn. Auch der Richter sitzt auf seinem Richterstuhl und spricht von dort sein Urteil. Wenn es in der Geheimen Offenbarung heißt, daß auch die Gläubigen in der Herrlichkeit mit Christus auf dem Thron sitzen werden, dann wird die Sehnsucht des Menschen angesprochen, zu einer königlichen Würde aufzusteigen. »Wer siegt, der darf mit mir auf meinem Thron sitzen, so wie auch ich gesiegt habe und mich mit meinem Vater auf seinen Thron gesetzt habe« (Offb 3,21).

Solange wir auf der Erde leben, haben wir das Liegen, das Stehen und das Sitzen nötig, in einem entsprechenden Wechsel. In den Psalmen wird aber die ruhige Überzeugung ausgesprochen, daß wir immer vor dem Angesicht Gottes sind, was wir auch tun.

»Herr, du hast mich erforscht, und du kennst mich.
Ob ich sitze oder stehe, du weißt von mir.
Von fern erkennst du meine Gedanken« (Ps 139,1 f.).

Das Schöne ist verletzlich,
das Kostbare muß gehütet werden

Man kann versuchen, die Geschichte der Welt
von außen zu rekonstruieren, indem man in ihren
verschiedenen Prozessen das Zusammenspiel der atomaren,
molekularen oder zellularen Verbindungen beobachtet.
Man kann diese selbe Arbeit noch wirksamer von innen her
versuchen, indem man den von der bewußten Spontaneität
schrittweise verwirklichten Fortschritten folgt
und die von ihr nacheinander überschrittenen Schwellen
festhält.
Die aussagestärkste und zutiefst wahre Weise,
die universelle Evolution zu erzählen,
wäre wahrscheinlich,
die Evolution der Liebe nachzuzeichnen ...
Zum Manne hin durch die Frau hindurch
geht in Wirklichkeit das Universum voran.
Die ganze Frage ist, daß sie einander erkennen.

Pierre Teilhard de Chardin

Der nackte Leib

Da wir zumeist in Regionen wohnen, die vom Klima nicht gerade verwöhnt werden, sondern immer wieder von Kälte, Regen und Schnee überrascht werden, ist es für uns selbstverständlich, daß wir Kleidung tragen, um uns gegen die Unbilden der Witterung zu schützen. Aber die Kleider haben nicht nur einen schützenden Charakter, sie schmücken uns auch und tragen dazu bei, daß wir uns in ihnen »darstellen« können, sie sind ein Mittel der Repräsentation. Alles, was der Mensch gestaltet, bekommt auch einen charakteristischen Stempel aufgedrückt. Unsere Kleider können Kunstwerke sein, zumal dann, wenn sie aus kostbaren Materialien bestehen und von einem wirklichen Meister gefertigt wurden. So ist aus unserer Kleidung ein kultureller Ausdruck geworden, den wir uns gar nicht wegdenken können, zumal jeder in Schnitt und Farbe seine eigene Wahl treffen und seinem Erscheinungsbild eine persönliche Note geben kann.

Es gibt Kleidungsstücke, die den Körper betonen und seine Formen entsprechend herausstellen, andere dagegen verbergen den Leib oder lassen ihn unförmig werden. Immer aber verhüllen wir die leibliche Gestalt und setzen nur manche Körperteile (z. B. den Kopf und die Hände) der Öffentlichkeit aus. Mittlerweile hat sich in unserem Kulturkreis ein Verhaltenscode herauskristallisiert, der unser Verhalten wesentlich bestimmt und die dezente Kleidung für den Normalfall unseres Lebens vorschreibt. Mit unserer Erziehung wird uns ein Schamgefühl vermittelt, das uns anleitet, den Leib zu verhüllen. Die Scham ist ein abgrenzend-verbergendes Verhalten, das darauf aus ist, die eigene Integrität zu schützen und vor Verletzung zu bewahren.

Im Laufe der letzten Jahre hat sich das Empfinden für die Schamgrenzen deutlich verschoben. Vor allem an den sommerlichen Stränden und in den Badeanstalten ist es keine Seltenheit mehr, daß Menschen nackt baden und sich sonnen. Eine solche Entwicklung muß nicht gleich als Zusammenbruch des Schamgefühls gewertet werden. Zunächst einmal kommt hier ein unbefangenes Leibgefühl zum Vorschein, eine Freude

an der eigenen Leiblichkeit. Es ist ja ein besonderes Freiheits-
gefühl, sich wenigstens manchmal der Kleider entledigen zu
können, um nun die unmittelbare Erfahrung der Luft und der
Sonne, des Wassers und des Sandes auf der Haut machen zu
können. Es können dabei Ängste abgebaut werden, und die
Versöhnung von Geistigkeit und Sinnlichkeit wird vielleicht
ein wenig vorbereitet. Auch in unserer »aufgeklärten« Gesellschaft gibt es noch eine weitverbreitete Prüderie, die leider
meist mit wirklicher Scham verwechselt wird. Das Schamgefühl schützt den Menschen und seine Geschlechtlichkeit, die
Prüderie ist ein von der Angst bestimmtes Schamgefühl. Wenn
eine übermächtige Scham von der Verdrängung des Geschlechts herrührt und mit einer Verachtung des Leibes einhergeht, dann hat sie eine gefährliche Wirkung und muß abgebaut werden.

Mit den Kleidern, die wir tragen, ist meist auch ein Rollen-
verhalten verbunden, die prägenden Muster einer übernom-
menen Konvention wirken sich aus. Können wir einmal die
Kleider abwerfen, dann mag es auch leichter gelingen, »aus
der Rolle zu fallen«, die Standesvorurteile hinter uns zu lassen, die soziale Kontrolle zu vergessen. Wohl müssen die Kleider wieder angezogen werden, schlüpfen wir auch wieder in
die Berufsrollen und übernehmen die gesellschaftlichen Aufgaben, aber die Erfahrung der hüllenlosen Freiheit bleibt vielleicht doch unvergessen.

Die Freude am Leib, gerade am unverhüllten, soll also nicht
schlechtgemacht werden. Hier geraten wir in eine Unmittel-
barkeit zur Natur, können einmal auf Versteckspiel und Ver-
hüllung verzichten. Und weil unsere Welt so sehr auf Schein
und Trug gebaut ist, die Kulissen und die Fassaden eine solche
Rolle spielen, deshalb ist die Entdeckung des Unverhüllten
ein wichtiger Gegenausschlag. Der nackte Körper darf natürlich nicht »ausgestellt« werden, vor allem ist es fragwürdig,
wenn sofort ein indirekter Schönheitswettbewerb stattfindet
und Normen aufgestellt werden, die sofort wieder Ängste und
Minderwertigkeitsgefühle aufkommen lassen.

In gewisser Weise ist die Bereitschaft, sich vor anderen
Menschen zu entkleiden, auch ein Vorgang, der Vertrauen
voraussetzt und einen gegenseitigen Respekt fordert. Eine andere Qualität bekommt die Nacktheit, wenn sie Ausdruck ei-

ner liebenden Begegnung ist und das Zeichen einer partner-
schaftlichen Verbundenheit wird. Die gegenseitige Freude am
Leib und an der Entdeckung seiner Geheimnisse wird zum
Ausdruck der partnerschaftlichen Liebe.

»Nackt bist du so natürlich wie eine deiner Hände,
glatt, irdisch, klein, vollkommen, transparent,
Mondlinien hast du, Apfelwege,
nackt bist du wie der nackte Weizen schlank.

Nackt bist du wie die Nacht auf Cuba blau,
hast Ackerwinden und Sterne in deinem Haar,
nackt bist du unerhört und gelb
wie in einem goldnen Kirchenraum der Sommer«,

so hat es *Pablo Neruda* gedichtet[178]. Gerade durch das Erleb-
nis der nackten Körper wird etwas von einer paradiesischen
Welt geahnt, die immer wieder entdeckt werden kann und
doch ihr Geheimnis behält. In der bildenden Kunst des
Abendlandes waren es fast ausschließlich Adam und Eva, die
man nackt darstellen konnte. Und es war die paradiesische
Welt des Wonnegartens, in der sich die nackten Ureltern auf-
hielten. Vielleicht steckt im Verlangen, sich manchmal der
Kleider entledigen zu können, eine Sehnsucht nach diesem
Garten Eden, wo der Mensch noch ganz er selbst sein konnte,
geschützt und geborgen − und die ganze Fülle eines reichen
Lebens war um ihn.

Die griechische Antike hatte bekanntlich ein unbefangene-
res Verhältnis zum Leib und auch zum nackten Körper. Die
großen Bildhauer der klassischen Zeit hatten sehr genaue
Kenntnisse von der menschlichen Anatomie und entwickelten
das Idealbild eines schönen Menschen in seiner Vollkommenheit. Die Läufer und Wettkämpfer der olympischen Spiele tra-
ten nackt zu ihren Wettspielen an. In der Ilias heißt es: »Sie
liefen nackt um Sieg und Lorbeer, zu Ehren des Zeus, dessen
glutstrahlendes Auge auf den heiligen Hainen Olympias ruhte.
Sie waren nackt wie Götter, sterblich wie Menschen und stolz
wie Männer, die um den Preis des Ruhmes streiten, Söhne der
Sonne, Söhne Griechenlands.«

Nun waren die olympischen Spiele ja nicht nur sportliche
Wettkämpfe, sondern Teil einer kultischen Feier zu Ehren der

Götter, vor allem des Zeus. Es mag sein, daß die Nacktheit der Athleten auch etwas mit einer kultischen Nacktheit zu tun hatte. Vor Gott kann man sich nicht verstecken, eine Verkleidung ist unmöglich, eine Rolle zu spielen ist sinnlos. Wer vor das Angesicht Gottes tritt, muß auf jede Maske und Larve verzichten, eine Haltung der rückhaltlosen Offenheit ist Voraussetzung. Deshalb gibt es in vielen Religionen eine kultische Nacktheit, die der Ausdruck für eine kultische Reinheit sein soll. Der schauende Gott erkennt den Menschen durch und durch, also verzichtet der Mensch auf jede Verkleidung.

Selbst im frühen Christentum stiegen die Täuflinge nackt in das Taufbad, wurden dort untergetaucht und bekamen erst nach dem Heraustreten das weiße Kleid als Zeichen der Wiedergeburt und des Gnadenlebens. Das Alte soll aufgegeben werden, der alte Mensch wurde wie ein Kleid abgelegt und der neue Mensch angezogen. »Nichts von Menschenhänden Gemachtes, kein Werk der Kultur sollte mit ihnen in das Wasser steigen, weil ja ein ganz neuer Mensch aus den Händen Gottes emporsteigen sollte«, so deutet *Odo Casel* dieses Geschehen[179].

Unter den Asketen und Einsiedlern gibt es auch die Nacktheit der absoluten Anspruchslosigkeit, der Reduzierung der Bedürfnisse. Man setzt sich völlig schutzlos der Witterung aus und will durch diese Entäußerung die vorbehaltlose Hingabe an den göttlichen Willen und die Absage an die Welt ausdrükken. – Im christlichen Mönchtum ist allerdings die Kutte das Zeichen des mönchischen Lebens. Von Franziskus wird jedoch berichtet, daß er sich, als er den Tod herankommen spürte, nach Portiuncula bringen ließ. Dort ließ er sich das Evangelium der Passion vorlesen, legte sich nackt, wie sein Herr am Kreuz, auf die nackte Erde und starb, nachdem er von einem Bruder wie ein Almosen einen fremden Rock angenommen hatte. Hier ist also die Entblößung eine Geste der Demut und des Abschieds: Nackt sind wir auf die Welt gekommen, nackt verlassen wir die Welt wieder.

Die kleine Seejungfrau, Bronzestatue von Eduard Eriksen, um 1920

In der mystischen Literatur des Mittelalters kann die Nacktheit zur Metapher der innigen Vertrautheit der Seele mit ihrem Herrn werden. Besonders eindringlich wird dieser Vorgang der mystischen Vereinigung von *Mechtild von Magdeburg,* die im 13. Jahrhundert im Kloster Helfta lebte, geschildert.

»Unser Herr spricht: Steht, Frau Seele! –
Was gebietest du, Herr? –
Entkleidet euch! –
Herr, wie soll mir dann geschehen? –
Frau Seele, Ihr seid so sehr mit meiner Natur vereint, daß
nichts zwischen Euch und mir sein kann … Darum legt von
Euch Furcht und Scham und alle auswendige Tugend … –
Herr, nun bin ich eine nackte Seele, und du in dir selbst ein
wohlgezierter Gott. Unser zweier Gemeinschaft ist ewige
Liebe ohne Tod.«[180]

Es gibt also sehr unterschiedliche Formen der Nacktheit,
das Zurückgeworfensein auf seine unmittelbare Leiblichkeit,
den asketischen Verzicht auf die Kleidung, die kultische
Nacktheit, um unverstellt der Gottheit gegenübertreten zu
können. In unseren Tagen mögen es völlig andere Gründe
sein, die die Menschen dazu treiben, sich ihrer Kleider zu entledigen. Aber etwas von dem Verlangen, dem Schöpfungsan-
fang nahe zu sein und sich Adam und Eva anzunähern, mag
schon – wenn auch unbewußt – bei diesem Tun mitspielen.

Der gebrechliche Körper

So viel Freude wir an unserem Körper haben können, wir
haben auch unsere Leiden durch ihn. Das fängt schon damit
an, daß er nicht die vollkommene Form hat, die wir uns wünschen, daß er anfällig ist und krank werden kann. Wie viele
Krankheiten wir in unserem Leben auszuhalten haben, wie oft
der Leib seinen »Dienst« versagt und daniederliegt, ohnmächtig sind wir darauf angewiesen zu warten, bis sich der Körper
wieder erholt hat und unsere Kräfte wieder zurückkehren.
Und im Laufe des Lebens müssen wir feststellen, daß die Erneuerungskräfte nachlassen: Unsere Ohren und Augen verlieren allmählich ihre Genauigkeit des Horchens und Sehens, die
Spannkraft der Muskeln und Sehnen schwindet, die Verkal-
kung der Knochen schreitet voran, das Herz wird anfällig, und
auch die übrigen Organe lassen in der Präzision und Verläßlichkeit ihrer Funktionen nach. Haben wir lange unseren Kör-
perkräften und der Belastbarkeit unseres Leibes vertrauen
können, dann müssen wir uns allmählich damit vertraut

machen, daß wir uns nicht mehr unbesehen darauf verlassen können, daß unser Herz und die Lunge die Bergtour verkraften, die Strapazen einer langen Wanderung aushalten oder daß wir eine lange Schwimmstrecke noch durchstehen.

Körperliche Krisen und Krankheitsphasen gehören zu unserem Dasein und brauchen nicht dramatisiert zu werden. Vor allem dann, wenn sich in solchen Zuständen auch wieder die Heilkräfte rühren, der Wunsch nach Gesundung ungebrochen ist und wir beobachten können, daß sich so viele Regenerierungsmöglichkeiten in uns befinden, können wir uns dem Körper mit seinen inneren Kräften überlassen, die zu einer Selbstregulierung in der Lage sind. Das Fieber hat ja auch eine heilsame Wirkung, gefährliche Stoffe können ausgeschieden werden, Wunden schließen sich und vernarben. − Dazu hat die moderne Medizin eine Fülle von hilfreichen Medikamenten entwickelt, die den Heilungsprozeß beschleunigen und die Abwehr- und Erneuerungskräfte intensivieren. Die Gefahr des Medikamentenmißbrauchs und der Abhängigkeit von bestimmten Medizinen ist allerdings die bedrohliche Kehrseite dieser Errungenschaften.

Zur Annahme der eigenen Leiblichkeit gehört auch das grundsätzliche Ja zu seiner Gebrechlichkeit und Anfälligkeit. Wenn wir immer wieder bewundernd zur Kenntnis nehmen, welche staunenswerten Prozesse des Gesundwerdens wir erleben dürfen, wird sich ein Gefühl elementarer Dankbarkeit breitmachen. In den Phasen der Krankheiten kommt es darauf an, nicht vorschnell zu resignieren und »den Kopf hängen zu lassen«, weil das die Widerstandskraft schwächt und den Heilungsvorgang erschwert. Und selbst der Schwerkranke oder der alte Mensch, der damit rechnen muß, nicht mehr gesund zu werden, kann beglückende Erfahrungen machen, weil er ebenfalls noch neue Eindrücke gewinnt und vielleicht sogar abenteuerliche Erlebnisse macht. Interesselosigkeit und abgründige geistige Ermüdung können Zeichen einer existentiellen Mutlosigkeit sein: Hier erwartet ein Mensch nichts mehr und hat eigentlich schon mit seinem Leben abgeschlossen. Dagegen kann sich in der letzten Lebensphase noch eine gewisse Neugierde und eine innere Wachheit erhalten, man spürt es oft an den Augen und dem Mund eines Menschen, auch an der Körperhaltung.

Die Krankheit kann auch zu einem Druckmittel gegen die Umwelt eingesetzt werden: Der enttäuschte und entmutigte Mensch deckt seine Verzweiflung über das Scheitern seines Lebens zu, indem er sich in die Krankheit flüchtet und nun die Aufmerksamkeit und die Hilfsbereitschaft seiner Umwelt erzwingt. Er gewinnt sogar Vorteile durch den siechen Zustand und verliert jede Lust, wieder wirklich gesund zu werden, weil er dann die Vorzüge des Krankheitsstandes einbüßen würde. Der hilflose Zustand eines Menschen ist ja auch eine Erpressungsmöglichkeit, um an die karitativen Empfindungen der Gesunden zu appellieren.

Den absolut gesunden Menschen gibt es nicht. Gesund kann am ehesten der genannt werden, der die Kraft hat, mit seinen Erkrankungen fertig zu werden, und immer wieder die Fähigkeit entwickelt, aufzustehen, neu anzufangen. Als Symbol mag das Wiederaufrichten stehen, das Aufwachen nach dem Schlaf, die Wiedergewinnung des Lebensmutes und der Vitalkräfte.

Körperpflege und Körperkult

Kostbarkeiten müssen gehegt und gepflegt werden. Unser Körper ist kein Besitz, sondern unsere Existenzweise in der Welt, das Sichtbarwerden unserer Person, deshalb verdient er Pflege. Die elementarste Form eines sorgsamen Umgangs mit seinem Leib ist die liebevolle Wahrnehmung seiner Eigenart, seiner Bedürfnisse, seiner Notwendigkeiten. Wer es gelernt hat, auf die besondere Sprache seines Leibes zu achten, wird ihn säubern, ihm die nötige Nahrung zuführen, wird ihn in seinen Funktionen einüben, ohne ihn zu überfordern, wird ihm die Ruhe gönnen, die er braucht, ihn aber nicht verwöhnen und verzärteln. Körperpflege ist weder die Versorgung einer Maschine noch die Schonbehandlung eines anfälligen Reitpferds. Jeder muß auf *sich* hinhorchen und sich fragen: Was tut *mir* gut, welche Hilfe habe *ich* nötig, wo habe ich *mich* verausgabt und muß mich wieder einholen, wie kann ich *mir* wieder auf die Beine helfen, *mich* einem Heilungsprozeß unterziehen, *mir* zur besseren Verleiblichung verhelfen?

Die Liebe zu uns selbst muß sich als Liebe zu unserer Leiblichkeit auswirken. Den konkreten Körper, den wir mitbekommen haben, müssen wir gern haben und annehmen. Er hat keine vollkommenen Formen, entspricht nicht dem Idealbild einer vorformulierten Schönheitsnorm, aber er ist mein Leib, ich *bin* es in dieser vorgefundenen Leiblichkeit. Und dieser Leib hat viele Anlagen und Möglichkeiten, die ich noch gar nicht alle entdeckt habe, es sind gewissermaßen noch unentdeckte Provinzen und Landschaften da, die erst im Laufe des Lebens wahrgenommen werden können. Deshalb experimentiert jeder mit den Grundkräften seiner Leiblichkeit, um herauszufinden, welche Möglichkeiten noch versteckt sind. Was wird ihm gut tun, welche Fähigkeiten müssen eingeübt werden, damit sie uns bereichern und das Gefüge unserer Person ergänzen?

Die Grundkonstitution meines Leibes kann ich nicht ändern, seine Größe und seine wichtigsten Gegebenheiten stehen fest, was ich aber nun vorfinde, kann ich lieben oder verachten, kann es verkümmern lassen oder fördern. Die liebevolle Annahme der eigenen Leiblichkeit wird auch die Kostbarkeit und Schönheit dieses Leibes entdecken, das besondere Geheimnis gerade dieser Gestalt.

Sportliche Betätigung wird die Muskeln elastisch halten, den Gang anmutiger erscheinen lassen und die Beweglichkeit steigern. Wer sich der frischen Luft und der Sonne aussetzt, wird ein gesünderes Aussehen bekommen als der Stubenhocker. Sorgsame Ernährung und gezügelter Appetit werden bewirken, daß der Körper nicht aufgeschwemmt wirkt und nicht an Übergewicht zu leiden hat. Die Haut, die Haare, die Hände und Füße bedürfen einer regelmäßigen Pflege, damit sie ihre Frische behalten und gesund bleiben. Es wäre gut, wenn solche Betätigungen als ein selbstverständlicher Dienst an unserer Leiblichkeit verstanden würden, nicht als Teil eines Konkurrenzkampfes, der das schicke und sportliche Aussehen als Mittel der Selbstdurchsetzung einbringt. Die Freude am guten Aussehen und an der körperlich-geistigen Beweglichkeit ist schon ein bedeutsamer Wert. Und andere Menschen, mit denen ich umgehe, haben es leichter, mich anzuerkennen und mich gern zu haben. Es hat durchaus auch etwas mit Nächstenliebe zu tun, wenn man auf das eigene Aussehen achtet.

Im Leben der Frau mag die Körperpflege und die Kosmetik eine größere Rolle spielen als im Leben des Mannes. Darüber sollte aber nicht vergessen werden, daß beide Geschlechter zunächst einmal die Liebe zu ihrem Leib lernen müssen und sich einüben sollen, ein Körpergefühl zu bekommen.

Nun neigen wir häufig zu Extremen: Entweder wir vernachlässigen unsere Leiblichkeit, achten weder auf die Empfindlichkeit der Haut noch auf die Anfälligkeit der inneren Organe, oder – wir idolisieren unseren Körper, unterziehen ihn einer kosmetischen Gewaltkur, überhäufen ihn mit Salben und Essenzen, wollen ihn durch Trainingsvorgänge zur Höchstleistung zwingen oder ihm durch chirurgische Eingriffe eine künstliche Idealgestalt verschreiben. Das Einheitsmaß der strahlenden Jugendschönheit wird auch dem alternden Menschen abverlangt, ein Gesundheitskult zwingt zu einem ungeheuren Aufwand, um die Spannkraft und die federnde Beweglichkeit zu behalten oder wenigstens vorzutäuschen. Dem natürlichen Alterungsprozeß soll ein Schnippchen geschlagen werden, und die raffinierte Werbung bietet uns mysteriöse Mittel an, die unsere geheimen Wünsche nur allzu genau ansprechen und mobilisieren.

Eine Gesellschaft, deren Mitglieder vor allem auf ihre Statussymbole setzen, um Eindruck zu machen und sich Ansehen zu erwerben, macht auch aus dem trainierten und leistungsfähigen Körper ein Statussymbol. Attraktivität und Fitneß werden zum Machtmittel im Konkurrenzkampf, so wird aus der Körperpflege ein hartes Dauertraining, damit der Körper besser ausgebeutet werden kann und leistungsfähiger ist. Der schöne Teint, die schmale Taille, die gestylten Haare, das eingeübte Lächeln sind die Kampfmittel bei der täglichen Selbstbehauptung. Vor allem die sexuelle Anziehungskraft wird zum Markenzeichen, wobei es natürlich nicht um Liebesfähigkeit geht, sondern um die unverbindlich konsumierbare Ware Sex.

Unsere Gegenwart hat zwar den Körper wiederentdeckt, aber sie hat ihn auch gleich wieder korrumpiert, weil die »Befreiung« von alten Zwängen gleich wieder in neue Zwangsgebilde anderer Art geführt hat. Die hemmungslose Ausbeutung vor allem des weiblichen Körpers in der Werbung führt dazu, daß nun stereotype Vorstellungen idealer Körperformen sich festsetzen. Der Vergleich mit den elfenhaften Figuren der Modebranche ruft nun geradezu zwangsläufig Minderwertigkeitskomplexe oder gar Schuldgefühle herauf.

Ob es uns gelingen wird, den Leib immer wieder lustvoll zu entdecken, seine Schönheit wahrzunehmen, ohne seine Makel zu verleugnen, ihn gesund zu halten, ohne ihn fetischhaft zu verehren, sich an seiner Spannkraft zu freuen, ohne ihn auf Superleistung zu trimmen? Zu Beginn unseres Jahrhunderts entstand die Jugendbewegung, die sich gegen die steifen Konventionen eines verknöcherten Bürgertums wandte. Von den damaligen Modezaren wollte man sich nicht vorschreiben lassen, wie man sich kleiden solle, wie man die Haare zu tragen habe. Junge Menschen suchten eine neue Natürlichkeit zu entdecken und fanden den Reiz des Schlichten. Auch der Jugendaufbruch der sechziger Jahre rebellierte gegen die fragwürdigen Lebensformen und die Abhängigkeit vom luxuriösen Leben und erprobte andere Modelle sinnvoller Existenz. Wir brauchen wohl auch jetzt wieder eine Bewegung von Menschen, die den Leib bejahen, auf ihn hören, sich in der Leiblichkeit verwirklichen wollen, ohne der neuen Künstlichkeit zu verfallen, ohne die totale Vermarktung mitzuvollziehen.

Die Ganzheit des Leibes

Wer sich mit der menschlichen Gestalt befaßt, der kann nicht bei den einzelnen Körperteilen stehenbleiben, und wenn sie noch so wichtig oder schön sind, er muß auch wieder den Leib als Ganzheit und Einheit zu erfassen suchen. Deshalb soll in diesem Schlußkapitel noch einmal der Leib in seiner Ganzheit als wunderbar gefügter Organismus bedacht werden.

Als ich − kurz nach dem Abitur und vor Beginn des Studiums − den »Seidenen Schuh« von *Paul Claudel* las, stieß ich auf eine Stelle, die mir ganz großen Eindruck machte − und heute noch macht: »Die Steine selber werden schreien, heißt es. Wollt Ihr dem Menschenleib allein seine Sprache weigern?«[181] Hier wurde ich hingewiesen auf eine lange unselige Tradition, die den Leib nicht wirklich ernst nahm, die ihm weder seine Würde zugestand noch ihm sein Mitspracherecht beim Gotteslob gewährte. Die Körperlichkeit war eher eine peinliche Angelegenheit, die zwar nicht zu leugnen war, aber

möglichst nicht groß herausgestellt werden sollte. Die leiblichen Begierden und Triebkräfte machten den Körper zu einem recht zwielichtigen Gebilde, erst der Geist und die seelischen Fähigkeiten waren es wert, den Menschen als ein großes
Geschöpf anzusehen und seine Berufung zum Partner Gottes
zu rechtfertigen. Deshalb war es ratsam, den Körper möglichst
zu vernachlässigen, ihn durch radikale Askese dienstbar zu
machen, damit sich der »befreite Geist« um so besser entfalten
könne. Nun las ich also bei Claudel: »Wollt ihr allein dem
Menschenleib seine Sprache weigern?« Hat er nicht selbst seine Größe und seine Herrlichkeit? *Spricht* nicht alles an ihm?
Müssen wir Menschen nicht »als Leibwesen« und in unserer
»Verleiblichung« unsere Person verwirklichen? – Das Wort
Claudels war wie eine Erlösung, es machte Mut, einen Weg zu
finden, der mit dem eigenen Leib auch die Welt ernst nahm
und nicht in einer Weltflucht das Heil suchte.

Zur gleichen Zeit las ich auch zum ersten Mal ein Buch von
Martin Buber und fand bei ihm einen Satz, der in meinem Leben Epoche machte: »In der Askese schrumpft das geistige
Wesen, die Neschama, zusammen, sie erschlafft, wird leer und
trübe; nur in der Freude kann sie wachsen und sich erfüllen,
bis sie, alles Mangels ledig, zum Göttlichen heranreift.«[182]
Blitzhaft wurde mir klar, daß es eine fragwürdige Form der
Askese gibt, die nicht befreit, sondern verkümmern läßt, die
gerade die Schöpfungswirklichkeit nicht annimmt, sondern
verleugnet, die traurig macht und nicht fröhlich. Wer kann
leugnen, daß die Askese auch ein notwendiger Vorgang ist?
Wir bedürfen der Übung, müssen uns in tausend Verzichthal-
tungen einlassen, aber die Freude und die Lebenslust dürfen
solche Übungen nicht antasten.

Unsere Menschlichkeit entfaltet sich im Gleichklang mit unserem leiblichen Wachstum und der Entfaltung unserer Sinne.
Das Sehendwerden ist ebenso ein sinnenhafter Prozeß, wie es
ein Vorgang unserer Gehirnkräfte ist. Die Hilfsbereitschaft
und die emotionale Zuwendung ist auf unsere Hände angewiesen, damit wir zupacken können und dem anderen Menschen
beistehen. Das Zusammenwirken aller unserer Organe mit
dem Gehirn ist so staunenswert, daß wir aus der Verwunderung nicht mehr herauskommen, wenn wir erst einmal darauf
aufmerksam geworden sind.

Im Laufe seines Lebens wird ein Mensch immer identischer mit seinem Leib. Er hat eine unverwechselbare Art zu gehen und sich zu bewegen, seinen Kopf zu halten, Hand- und Armbewegungen zu machen. Das Gesicht bekommt seine Furchen und Falten, alle Freuden und Nöte hinterlassen ihre Spuren, die Beglückungen sind ebenso erhalten geblieben wie die Enttäuschungen. Und wie einer seine Haare frisiert oder sich mit Kleidern umgibt, bleibt – aufs Ganze gesehen – auch meist erhalten. Unsere Bekannten erkennen wir schon aus der Ferne, ihre Gestik oder ihr Gang signalisieren uns ihre Nähe. Oft ist es ein charakteristischer Zug um die Augen oder den Mund, der in uns ein Gefühl der Sympathie auslöst und der uns die Verbundenheit mit ihm wichtig erscheinen läßt.

Aber wir geraten auch immer wieder in eine Routine leiblicher Vollzüge. Mit einer gewissen Automatik führen wir unsere körperlichen Handlungen aus und sind nicht mehr mit unserer ganzen Person darin anwesend. Oder der Körper erschlafft, weil seine innere Spannkraft nachgelassen hat, Müdigkeit und allgemeine Mattigkeit führen zu einer geringen Aufmerksamkeit für die Prozesse in unserem Leib. Deshalb ist es ungemein wichtig, daß wir uns immer wieder auf den Leib besinnen und den Energieströmen, die uns durchfließen, freie Bahn schaffen. Damit ist nicht nur an sportliche Übungen gedacht (so wichtig sie sein mögen), sondern auch an »geistige Exerzitien«.

Wer sich darum bemüht, meditative Übungen zu machen, wird schnell merken, daß sie zunächst einmal leibliche Übungen sind: Man muß sich um das rechte Sitzen bemühen, damit die Wirbelsäule aufsteigen kann, man muß darauf achten, daß der Körper nicht verkrampft ist, sondern eine gewisse Beweglichkeit behält, damit auch der Geist »in der Schwebe« sein kann. Der Atem muß ruhig gehen, ohne daß er künstlich dirigiert wird. Wer so in seinem Körper »dasein« kann, wird auch zu seiner eigenen Mitte durchstoßen können und eine wohlgespannte Ruhe erfahren.

Aber auch im Stehen und in der Bewegung läßt sich eine meditative Körpererfahrung machen. Wer am Morgen nach dem Aufstehen ein paar Minuten ruhig am Fenster steht, seinen aufgerichteten Leib intensiv wahrnimmt, die Arme nach den Seiten ausbreitet und sich so öffnet, Arme und Kopf nach oben hebt, um sie dann ganz langsam wieder sinken zu lassen, wird eine beglückende Freiheitserfahrung machen, die den ganzen Tag vorhält.

In einem Gedicht hat *Werner Bergengruen* den Leib zum Symbol einer Glaubenshaltung erhoben:

»Du Mensch nach Gott gebildet bist.
Dein Leib ist Gleichnis: Kreuz und Christ.
Gerammt in Grund der Hauptstamm steht,
Seitab der Schultern Querholz geht.
Erkenn das Kreuz. Du hängst daran,
Schmerzenskind und Schmerzensmann.

Halswirbel führen den Sprossenlauf
Der Jakobsleiter himmelauf.
Verhüllt von dunklen Rippen brennt
Herz: ewiges Licht und Sakrament.
Verborgener Felsborn pocht und schwillt.
Neig dich vor allem Menschenbild.«[183]

In ein paar Zeilen ist die ganze Menschengestalt in ihrer wesentlichen Besonderheit eingefangen. Nicht nur das Baugesetz und die Struktur des Leibes, sondern auch die Dynamik und das Lebensgesetz werden angedeutet. Und der Schlußgedanke macht deutlich: Wenn schon in der körperlichen Gestalt so viel Geheimnisvolles sich andeutet, welche Ehrfurcht müssen wir vor allen Wesen haben, die einen Leib durchwohnen, die uns in ihrer Leiblichkeit begegnen. Wenn wir bedenken, daß unser »Selbstgefühl«, das Empfinden für den eigenen Wert und die personale Würde, ganz wesentlich mit unserer Leiberfahrung zusammenhängt, können wir einer Leibverachtung nicht mehr das Wort sprechen. Unsere ganze Lebensreise ist auch eine Entdeckungsfahrt, um diese leib-seelisch-geistige Wirklichkeit unseres Selbst besser kennenzulernen. *Ernst Bloch* spricht von dem »homo ignotus in uns«[184], dem immer noch unbekannten Menschen, der sich um den aufrechten Gang bemüht und versucht, sich endlich erheben zu können. Es sind noch manche Reisen in unentdecktes Land zu unternehmen.

Aber nicht nur der aufrechte Gang muß gelernt werden und die stolze Erhebung, sondern auch das Sich-Beugen und Sich-klein-Machen. Wer sich nur erheben will, gerät allzuleicht in eine größenwahnsinnige Selbstüberschätzung. Das Gefühl der Kraft verführt zu Überheblichkeit und zur Herrschaft über andere. Deshalb leitet uns die Gegenbewegung des Abstiegs dazu an, auch die Grenze unserer Möglichkeiten anzuerkennen. Wer stark ist, hat die Verantwortung, sich denen zuzuwenden, die noch schwach sind. Wer steht, muß damit rechnen, daß andere sich an ihm aufrichten wollen, um auch in den Stand zu kommen. »Kein Mensch lebt für sich allein«, sagt die Bibel (Röm 14,7), das bedeutet auch, daß die Menschen füreinander verantwortlich sind und sich keiner dieser solidarischen Verbundenheit entziehen kann. Zur inneren Beweglichkeit gehört es, daß wir uns hergeben können, also nicht auf einer selbstherrlichen Position beharren, sondern uns beugen, wenn es die Situation erfordert.

Wer sich erhebt, kann die eigenen Kräfte entdecken, die in ihm aufsteigen, die ungelebten Möglichkeiten wahrnehmen, die darauf warten, die eigene Existenz zu befruchten. Wer sich niederbeugt, macht deutlich, daß er nicht nur für sich da ist, sondern auch anderen zugewandt ist. Er bezeugt aber durch seine Haltung auch, daß er die Relativität seiner »Größe« zugibt und sich einer größeren Wirklichkeit unterstellt, er weiß sich einer Wirklichkeit untergeordnet, vor der er sich verneigen kann.

Vom heiligen *Dominikus* wird berichtet, daß er sehr unterschiedliche Gebetshaltungen einnehmen konnte, je nachdem, welcher Art sein Gebet war. Die Vielfalt seiner Gebetsgebärden macht deutlich, daß er mit großer Selbstverständlichkeit seinen Leib in das Gebet einbezog.

1. Die *Verbeugung* war eine Geste der Demut: Wenn sich der Mensch seinem Gott gegenüberstellt, kann er sich nicht brüsten und auf seine Größe berufen, er muß seine Abhängigkeit bekennen und in einer Gebärde zum Ausdruck bringen.

2. Das flache *Ausstrecken auf der Erde:* Wir sind aus der Erde geformt und gehören zur Erde. Die Humilitas ist die Geste, die sich zur Zugehörigkeit zur Erde bekennt. Vielleicht drückt uns auch die Belastung von Schuld nieder, und wir hoffen, aufgehoben zu werden.

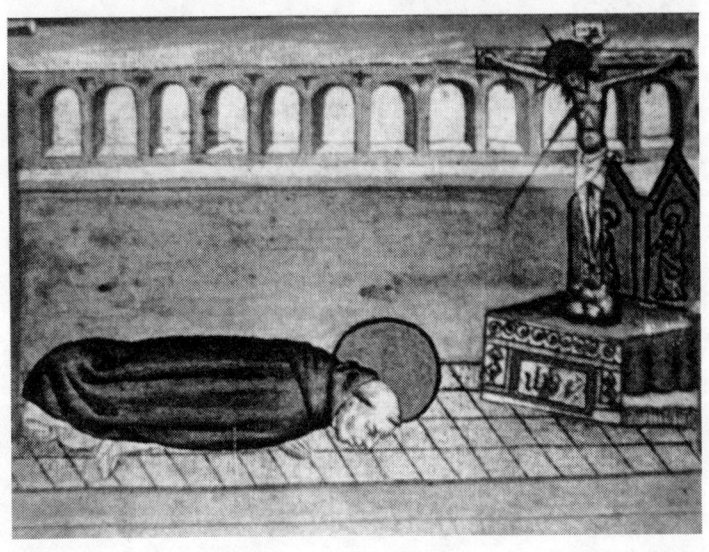

3. Das *Stehen:* Diese Haltung entspricht einmal dem menschlichen Selbstbewußtsein, sie macht aber auch die Hörbereitschaft deutlich. Partner stehen einander gegenüber und sind bereit, sich horchend zu begegnen.

4. Das *Ausbreiten der Hände* signalisiert die innere Öffnung des Menschen. Er möchte sich nicht verschließen, sondern ist bereit zur Hingabe und zur Aufnahme des berufenden und sendenden Wortes.

5. Das *Falten der Hände:* Der Mensch verzichtet auf eigenes Tun, er übergibt sich mit seinem ganzen Sein Gott.

6. *In Kreuzgestalt ausgestreckte Hände:* Der Beter nimmt die Gestalt des gekreuzigten Herrn an und will damit die Haltung des Gehorsams Jesu übernehmen. Die ausgestreckten Arme sind aber auch in die ganze Welt gerichtet und nehmen die Schöpfung mit in die Geste hinein.

7. Die *Hände über dem Kopf erhoben:* Der Beter streckt sich nach oben aus und baut eine Brücke zum Himmel, um den Anbruch der Herrschaft Gottes zu erflehen.

8. Das stille *Sitzen* und meditative Lesen: Nachsinnend und horchend wird das Wort Gottes aufgenommen. Der Anrede durch Gott wird im Innern eine Wohnung bereitet.

9. Das meditative *Gehen* bei der Wanderung: Auch die Bewegung kann zu einer Weise des »beschaulichen« Betens werden. Das Gebet verbindet sich mit den regelmäßigen Schritten, der zurückgelegte Weg erinnert uns an den Wegcharakter unseres Daseins.

Vielleicht können wir zu glaubwürdigeren Frömmigkeitsformen erst dann kommen, wenn wir auch die Bedeutung der Gebetsgebärden wieder entdecken und sie — auf unsere Art — einüben.

Der Glaube wird ja nicht nur »mit dem Kopf gedacht«, er wird auch nicht einzig mit dem Mund bekannt, er muß »getan« werden, gestisch ausgedrückt, gerufen und getanzt, mimisch unterstrichen, mit den Händen ertastet, mit den Beinen erlaufen, mit den Lippen gefühlt, mit der Zunge geschmeckt. Mit welcher Eindringlichkeit schildert der erste Johannesbrief, warum die eigenen Glaubenserfahrungen weitergegeben werden müssen: »Was wir gehört haben, was wir mit unseren Augen gesehen haben, was wir zu schauen und unsere Hände zu tasten bekamen: vom Wort des Lebens reden wir. Und zwar: Das Leben ist zum Vorschein gekommen, und wir haben gesehen und bezeugen und berichten euch vom unendlichen Leben, das beim Vater war und uns erschienen ist. Was wir gesehen und gehört haben, berichten wir auch euch — damit auch ihr Gemeinschaft mit uns habt« (1 Joh 1,1—3). Der Briefschreiber kann sich gar nicht genug tun im Nachweis der sinnenhaften Eindrücke, die er gesammelt hat und die er nicht für sich behalten kann.

Vergleicht man die leiblichen Ausdrucksformen der Frömmigkeit verschiedener Religionen, dann wird ersichtlich, daß sie nirgendwo fehlen und daß sie sich weithin gleichen. Da müssen Prozessionswege zurückgelegt werden, werden Waschungen vorgenommen, bestimmte Gewänder werden angelegt, Verbeugungen und Handgesten haben einen wichtigen Stellenwert. Segnungen und Kraftübertragungen durch Handauflegung finden sich überall. Die religiöse Gemeinschaft bekundet ihre Zusammengehörigkeit durch das Umstehen eines Altars oder die Tischgemeinschaft und das verbindende Mahl. Die wiegende Bewegung der Muslime beim Koranlesen unterscheidet sich nicht sehr von der Gebetsform der Juden an der Klagemauer; der Leib verlangt nach einem rhythmischen Tun, deshalb haben die Gesänge und Hymnen eine so hohe Bedeutung. Der Leib ist der Tempel des Heiligen Geistes, sagt Paulus, deshalb sollen wir Gott mit unserem Leib verherrlichen (1 Kor 6,19f.). Ist diese Aufforderung von den Christen überhaupt schon wirklich gehört worden? Hat man sich schon gefragt, was das zu bedeuten hat? Wohl gibt es bei der Sakramentenspendung die Waschungen und Salbungen, wer aber versteht solche rituelle Vorgänge als Heiligung des Leibes, als Auszeichnung unserer Körperlichkeit? Hier soll doch ein Tempel eingeweiht werden!

Die *jüdische Mystik* kennt sogar die Vorstellung, daß Gott sich in einer mystischen Urgestalt, dem *Adam Kadmon,* kundgetan habe. Die Menschengestalt hat etwas von diesem kosmischen Urmenschen, der einen Strahl der Gottheit in sich aufgenommen hat. Und weil der menschliche Leib ja viele Glieder hat, muß auch in allen Körperteilen ein Funke von dieser göttlichen Schöpfungskraft enthalten sein. Weil aber die Menschen in Sünde und Schuld gefallen sind, deshalb sind diese Lichtfunken versteckt und verborgen und müssen erst allmählich wieder zusammengeführt werden, damit die wahre Gestalt, wie Gott sie haben wollte, sich entfalten kann. Der »Brückenschlag« von Gott zur Welt, die Stufen der Selbstmitteilung Gottes, sind im Bild des Sefirothbaumes veranschaulicht. Dieser zehnteilige »Baum« wächst von oben nach unten und erschließt in seinen verschiedenen Ausprägungen jeweils eine Weise der göttlichen Nähe und Kraft. − Dieser Sefirothbaum wird aber auch als »Adam Kadmon« verstanden, als Darstellung des kosmischen Urmenschen, der noch die Lichthaftigkeit Gottes in sich hatte. Und jede Sefira (Zahl, Name. Singular von Sefiroth) kann dann auch mit einem Körperteil in

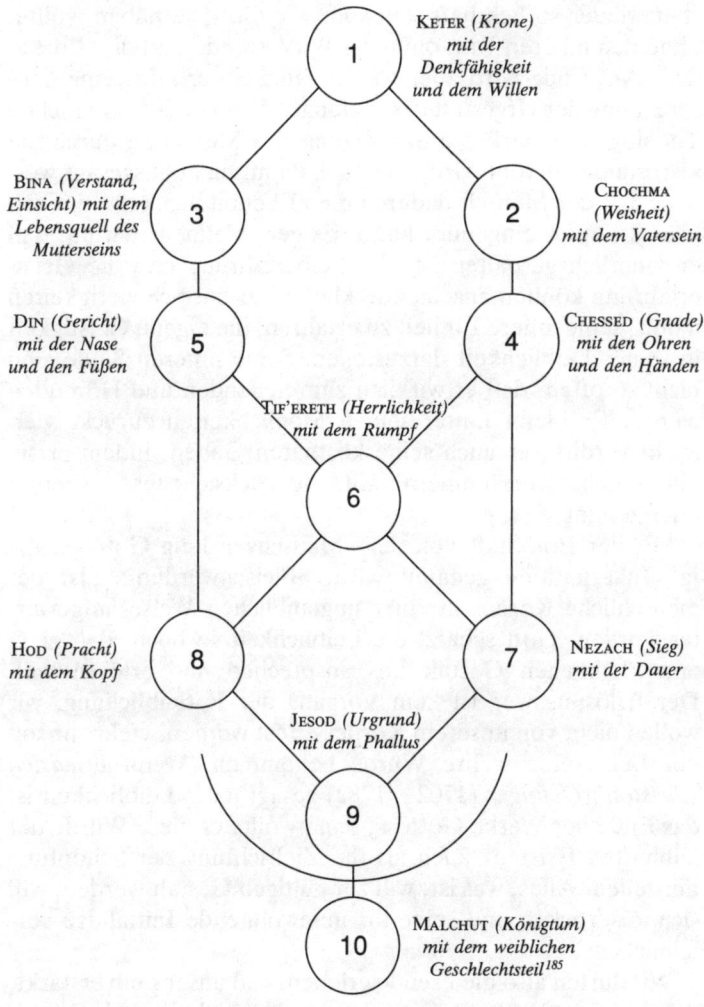

KETER *(Krone)*
mit der
Denkfähigkeit
und dem Willen

BINA *(Verstand,*
Einsicht) mit dem
Lebensquell des
Mutterseins

CHOCHMA
(Weisheit)
mit dem Vatersein

DIN *(Gericht)*
mit der Nase
und den Füßen

CHESSED *(Gnade)*
mit den Ohren
und den Händen

TIF'ERETH *(Herrlichkeit)*
mit dem Rumpf

HOD *(Pracht)*
mit dem Kopf

NEZACH *(Sieg)*
mit der Dauer

JESOD *(Urgrund)*
mit dem Phallus

MALCHUT *(Königtum)*
mit dem weiblichen
Geschlechtsteil[185]

Verbindung gebracht werden oder mit einer Befähigung des Menschen.

Trotz der Sünde Adams ist der menschliche Körper so heilig, daß seine verschiedenen Teile mit den göttlichen Kräften und dem Heilswirken in Zusammenhang gebracht werden können. Und die Sehnsucht geht dahin, daß die leibliche Gestalt wieder so lichthaft sein soll, wie Gott sie haben wollte, ohne den inneren Riß, ohne die Widerstände und die Blockaden. Am Ende wird aber wieder ein Leib erhofft, eine Entsprechung der Urgestalt des Anfangs. Wenn in der christlichen Theologie so stark die Schädigung des Menschen durch die »Erbsünde« betont wird, dann soll damit nicht ausgesagt werden, daß der Mensch dadurch die »Ebenbildlichkeit« mit seinem Schöpfer eingebüßt hätte. Es geht vielmehr darum, daß er innerlich gespalten ist, die Leiberfahrung und die Geisterfahrung können auseinanderklaffen, er hat Schwierigkeiten damit, seine innere Einheit zu erfahren, die eigene Geistigkeit in seiner Leiblichkeit darzustellen. Seine inneren Sinne sind nicht so offen, daß er wirklich zum Sehenden und Hörenden würde. Er bleibt hinter seinen Möglichkeiten zurück, vielleicht verdirbt er auch seine kostbaren Gaben, indem er sie mißbraucht, verkümmern läßt, sie rücksichtslos ausbeutet oder zerstört.

Mit der Botschaft von der »Menschwerdung Gottes«, die ja »Inkarnation« genannt wird, »Fleischwerdung«, ist der menschliche Körper in einer unglaublichen Weise aufgewertet worden. Gott schätzt die Leiblichkeit so hoch, daß er in einer leiblichen Gestalt uns ansprechen und erlösen will. Der Erlösungsweg ist kein Vorgang der Entleiblichung, wir wollen nicht von unserem Körper erlöst werden, vielmehr soll der Leib seine wahre Würde bekommen. Wenn *Friedrich Christoph Oetinger* (1702 – 1782) gesagt hat: »Leiblichkeit ist das Ende der Werke Gottes«, dann wollte er diese Würde der leibhaften Existenz auch als die Zielrichtung der Schöpfung hinstellen. Alles, was ist, will zur gültigen Gestalt werden, will sich ausdrücken und seine ihr innewohnende Initialidee verleiblichen.

Wir dürfen also die Freude erleben, daß unser Leib erstarkt, durch seine Kräfte, seine Ausdrucksfähigkeit und Gestaltungsmöglichkeit sich auch unser Selbstbewußtsein festigt und wir »stehen« können, uns aufrichten und wirksam werden in der Schöpfung. Gott ist nicht eifersüchtig auf diese Eigenkraft des Menschen, im Gegenteil, er will ja, daß dadurch die Welt vorangetrieben wird. In einem kühnen Gebetstext hat der große spätmittelalterliche Theologe und Philosoph *Nikolaus Cusanus* (1400 –1464) diesem Gedanken Ausdruck gegeben:

»Wie wirst DU dich mir geben,
wenn du nicht erst MICH selbst mir gibst?
Wie ich so im Schweigen der Betrachtung ruhe,
hast du, Herr, mir in der Tiefe
meines Herzens geantwortet.
Du sagst zu mir:
Sei du dein, so werde ich dein sein!
O Herr, du Beglückung in aller Wonne,
du hast es zur Sache meiner Freiheit gemacht,
daß ich mein sein kann, wenn ich so gewollt habe.
Wenn ich nicht mir gehöre,
dann gehörst auch du nicht mir.
Insofern drängst du mich zu meiner Freiheit,
da du nicht mein sein kannst,
wenn ich mich nicht selbst besitze.
Dies hast du aber in meine Freiheit gestellt,
du nötigst mich nicht, sondern wartest,
daß ich selbst wähle, mir zu gehören.«

Cusanus hört: »Sei du dein, so werde ich dein sein!« Und
wir dürfen vielleicht ergänzen: Sei du in deinem Leib, und ich
werde in deinem Leib sein. Nimm dich in deiner Leiblichkeit
ernst, denn Gott will dich in deiner Leiblichkeit haben und will
sich in deiner Leiblichkeit ausdrücken.

Anmerkungen

Obwohl ich versucht habe, die Herkunft der Zitate, die in diesem Buch verwendet wurden, anzugeben, fehlt bei einigen Texten die genauere Quelle. In diesen Fällen konnte ich den ursprünglichen Ort nicht mehr auffinden. Ich bitte um Verständnis.

1 *Theophrastus Paracelsus,* Der gefangene Glanz, Freiburg 1948, 50: »Das müssen wir wissen, daß der heilige Geist, der uns inspirieret ist durch Gott den Vater, ohn den Leib nichts handle, das ist, er lässet nicht den Leib machen, was er will, und daß er auch im Leib sein soll und wolle, denn Leib und Geist ist ein Ding, und müssen eins sein.«

2 *Johann Gottfried Herder,* Mensch und Welt, Jena 1942, 120.

3 *Ivan Illich,* Selbstbegrenzung. Eine politische Kritik der Technik, Reinbek 1975, 30.

4 Die Thymusdrüse kontrolliert die Lebensenergie des menschlichen Körpers. Sie liegt in der Mitte der Brust unter dem oberen Teil des Brustbeins. Sie kann − als Reaktion auf akuten Streß − innerhalb eines Tages um die Hälfte schrumpfen. Ihre Aufgabe ist es, den Energiestrom des ganzen körperlichen Haushaltes zu lenken und immer wieder dafür zu sorgen, daß die Harmonie der Lebensenergie hergestellt wird. Man kann sie als entscheidend wichtiges Bindeglied zwischen Geist und Leib verstehen, sie wird bei seelischen Belastungen mitbelastet, sorgt aber auch für Gesundheit, wenn sie ihre aktive Rolle spielen kann. − Vgl. dazu: *John Diamond,* Der Körper lügt nicht, Freiburg 1990.

5 *J. G. Herder,* Mensch und Welt, 126.

6 *Hildegard von Bingen* lebte von 1098 bis 1179, vor allem im Rheingau war sie als Äbtissin tätig. Unter ihren vielen theologischen (insbesondere visionären), ethischen und pharmakologisch-medizinischen Schriften ragt als ihre anthropologische Hauptschrift »De operatione Dei« hervor, die hier in der von *Heinrich Schipperges* herausgebrachten Ausgabe herangezogen wird: »Welt und Mensch«, Salzburg 1965, 27.

7 *Hildegard von Bingen,* Welt und Mensch, 44.

8 *Jakob Böhme,* Schuster, Philosoph und Seher, lebte von 1575−1624 in Görlitz. Seine erste bedeutende Schrift hat den Titel: »Aurora oder Morgenröte im Aufgang«, Freiburg 1977.

9 *J. G. Herder,* Mensch und Welt, 111.

10 *Michel de Montaigne* (1533−1592), Essais, Zürich 1953, 836.

11 AaO 837.

12 AaO 838.

13 *Johann Caspar Lavater* (1741−1801), Pfarrer und Physiognomiker in Zürich. Das Zitat steht in den »Physiognomischen Fragmenten«, München 1948, 15.

14 AaO 18.

15 *Georg Christoph Lichtenberg* (1742−1799) war Naturwissenschaftler an der Universität Göttingen. Die Zitate stammen aus den »Aphorismen«, Leipzig 1944.

16 AaO 51.

17 AaO 53.

18 AaO 53.

19 AaO 57.

20 AaO 62.

21 AaO 38.

22 AaO 41.

23 *Friedrich Nietzsche* (1844 –1900), Philosoph und Dichter, Gesamtausgabe, Bd. 13, Leipzig 1912, 251.

24 *Ruth C. Cohn*, Von der Psychoanalyse zur themenzentrierten Interaktion, Stuttgart 1975, 202.

25 *Friedrich Nietzsche*, Werke, Bd. III, München 1956, 787. Vgl. auch Gesamtausgabe, Bd. 13, 247 f.

26 *Friedrich Nietzsche*, Also sprach Zarathustra, Köln o. J., 26 f.

27 *Karl Rahner*, Der Leib als Symbol des Menschen, in: Schriften zur Theologie, Band IV, Einsiedeln 1960. Vgl. auch *Karl Rahner*, Geist in Welt, München 1957.

28 *Gustav Siewerth*, Der Mensch und sein Leib, Einsiedeln 1953, 15.

29 *Romano Guardini*, Die Sinne und die religiöse Erkenntnis, Würzburg 1950, 21.

30 *Gustav Siewerth*, aaO 41.

31 *Carl Friedrich von Weizsäcker*, Die Geschichte der Natur. Zwölf Vorlesungen, Göttingen 1962, 97.

32 *Hildegard von Bingen*, Welt und Mensch, 80.

33 AaO 91.

34 AaO 95.

35 AaO 96.

36 AaO 166.

37 *Walt Whitman* (1819 –1892), amerikanischer Lyriker. – Sein Hauptwerk lautet: »Grashalme«, Reinbek 1968, 20 f.

38 AaO 91.

39 AaO 93.

40 AaO 98.

41 Ich zitiere aus der Ausgabe: »Das Hohelied und das Buch Ruth«, aus dem Hebräischen von *Alisa Stadler*, Salzburg 1990, 16.

42 *Friedrich von Hardenberg* nannte sich als Dichter *Novalis*. Zitiert wird nach der von mir herausgebrachten Ausgabe: »Novalis – Im Einverständnis mit dem Geheimnis«, Freiburg 1980, 55.

43 AaO 60.

44 *Paul Claudel* (1868 –1955), französischer Dichter und Diplomat. Das Zitat steht in der zweiten der »fünf großen Oden«, Freiburg 1947, 48.

45 *Paul Claudel*, Kleines Stundenbuch, Zürich 1954, 41.

46 Der Text von *Ursula Adam* findet sich bei: *Jochen Jung* (Hg.), Mein Körper. Literaturalmanach 1985, Salzburg 1985, 12.

47 *Rudolf zur Lippe*, Am eigenen Leibe, in: *Dietmar Kamper und Christoph Wulf* (Hg.), Die Wiederkehr des Körpers, Frankfurt 1982, 26.

48 *Alexander Lowen*, Der Verrat am Körper, Reinbek 1982, 66.

49 *Stanley Keleman*, Leibhaftes Leben, München 1982, 38.

50 *Carl Gustav Carus* (1789 –1869), Mediziner und Maler. Sein für uns wich-

tigstes Werk ist »Symbolik der menschlichen Gestalt«. Ein Handbuch zur Menschenkenntniß«, Leipzig 1858[2], 3.

51 AaO 19.

52 *Johann Wolfgang Goethe*, Maximen und Reflexionen, in: Werke 5, Wiesbaden o.J., 1236.

53 *C. G. Carus*, aaO 6.

54 *Robert Gernhardt*, Siebenmal mein Körper, in: *Jochen Jung* (siehe Anm. 46) 84.

55 *Hermann Hesse*, Der Liebende, aus: Gesammelte Werke, Frankfurt 1970.

56 *Heinrich Heine*, Das Hohelied, aus: Werke, Frankfurt 1984.

57 *Johann Wolfgang Goethe*, Zitat in: *Gert Mattenklott*, Der Übersinnliche Leib, Reinbek 1982, 25.

58 *Friedrich Nietzsche*, Menschliches, Allzumenschliches.

59 *Stanley Keleman* (siehe Anm. 49) 56f.

60 *Victor Poucel*, Gegen die Widersacher des Leibes, Freiburg 1955, 49.

61 *Lao-tse*, Tao-Te-King, Kap. 76, Stuttgart 1961, 107.

62 *Gerda Boyesen*, Über den Körper die Seele heilen, München 1987, 147f.

63 *Robert Musil* beschreibt in seinem »Mann ohne Eigenschaften« (Hamburg 1952, 1408) einmal diese wohltuende Erschlaffung: »Die selige Erschöpfung, in der man sich gegen nichts mehr wehren kann, auch gegen sich selbst nicht, aber die Welt ferne wie einen blassen Lärm vor den unendlich tiefen Gängen des Ohrs hört.«

64 *Karlfried Graf von Dürckheim*, Hara. Die Erdmitte des Menschen, Planegg 1959[2].

65 *Gerda Alexander*, Eutonie. Ein Weg der körperlichen Selbsterfahrung, München 1976, 19.

66 *Alfons Rosenberg*, Kreuzmeditation. Die Meditation des ganzen Menschen, München 1976, 35.

67 *Gustav Siewerth* (siehe Anm. 28) 56.

68 *Karl Ledergerber*, Mit den Augen des Herzens, Freiburg 1988, 16. Vgl. auch *Heinrich Schipperges*, Die Welt des Herzens. Sinnbild, Organ, Mitte des Menschen, Frankfurt 1989; *Morus* (Richard Lewinsohn), Eine Weltgeschichte des Herzens, Hamburg 1959.

69 *Gustav Siewerth* (siehe Anm. 28) 56.

70 *Romano Guardini*, Die Bekehrung des Aurelius Augustinus. Der innere Vorgang in seinen Bekenntnissen, München 1959[3], 61, 62.

71 *Romano Guardini*, Christliches Bewußtsein. Versuche über Pascal, München 1962, 117.

72 *Else Lasker-Schüler*, sämtliche Gedichte, München 1977, 201.

73 *Novalis* (siehe Anm. 41) 60.

74 AaO 69.

75 *Bettina von Arnim*, Meine Seele ist eine leidenschaftliche Tänzerin, Freiburg 1982, 126.

76 *Hildegard von Bingen*, Heilkunde, Salzburg 1957[3], 101.

77 Vgl. dazu *Gerold Becker*, Die Ursymbole in den Religionen, Graz 1987, 122.

78 *Matthias Claudius*, Werke, Dresden o.J.

79 *Mechtild von Magdeburg*, Das fließende Licht der Gottheit, Kempten o.J.

80 Aufrichtige Erzählungen eines russischen Pilgers, Freiburg 1975[2], 113.

81 *Mircea Eliade,* Yoga. Unsterblichkeit und Freiheit, Frankfurt 1985, 66.

82 *Karlfried Graf von Dürckheim,* (siehe Anm. 64) 174.

83 AaO 179.

84 *Johann Wolfgang Goethe,* das fünfte Gedicht der »Talismane«, in: West-östlicher Divan, Zürich 1952, 11.

85 *Stanley Keleman* (siehe Anm. 49) 25.

86 *Alfons Rosenberg* (siehe Anm. 66) 57f.

87 *Mircea Eliade* (siehe Anm. 81) 123.

88 AaO 245. Vgl. dazu auch: *Arnold Bittlinger,* Das Vaterunser. Erlebt im Licht von Tiefenpsychologie und Chakrenmeditation, München 1990.

89 *Alfons Rosenberg* (siehe Anm. 66) 67.

90 *J. G. Herder* (siehe Anm. 2) 269.

91 AaO 270.

92 *Hildegard von Bingen,* Welt und Mensch (siehe Anm. 6) 85f.

93 AaO 170.

94 AaO 112.

95 *C. G. Carus* (siehe Anm. 50) 235.

96 *M. Montaigne* (siehe Anm. 10) 825.

97 *C. G. Carus,* 192.

98 Vgl. dazu: *August Nitschke,* Körper in Bewegung, Stuttgart 1989, 89.

99 *Philipp Lersch,* Gesicht und Seele, München 1955, 139.

100 Vgl. dazu: *Norbert Glas,* Das Antlitz offenbart den Menschen. Eine geistgemäße Physiognomik I und II, Stuttgart 1974/76.

101 *Erich Kretschmer,* Körperbau und Charakter, Berlin 1951.

102 Vgl. dazu *Hermann Strehle,* Mienen, Gesten, Gebärden, München 1954.

103 *Novalis* (siehe Anm. 41) 49f.

104 *Gottfried Keller,* Schlußzeilen des Gedichts »Abendlied«.

105 *August von Platen,* Beginn des Gedichts »Tristan«.

106 *Cyrus Atabay,* Ode an die Augen, in: An- und Abflüge. Gedichte, München o.J., 62.

107 *Heinrich Plessner,* Philosophische Anthropologie, Frankfurt 1970, 68.

108 *Victor Poucel* (siehe Anm. 60) 247.

109 *Stanley Keleman* (siehe Anm. 49) 37.

110 *Ernest Hello,* Der Mensch, Leipzig 1935, 46.

111 Vgl. *H. Strehle* (siehe Anm. 102) 113f.

112 *Robert Musil* (siehe Anm. 63) 1320.

113 *Catull,* Göttergleich erscheint mir der Mensch, in: Römische Liebeslyrik, München 1959, 15.

114 *Hildegard von Bingen,* Welt und Mensch (siehe Anm. 6) 155.

115 *C. G. Carus* (siehe Anm. 50) 210.

116 AaO 244.

117 *Alfred A. Tomatis,* Der Klang des Lebens, Reinbek 1990.

118 *C. G. Carus,* 182.

119 *Rainer Maria Rilke,* Duineser Elegien – Die Sonette an Orpheus, Zürich 1951, 177.

120 *C. G. Carus,* 233.

121 *Carl Zuckmayer,* Das Essen, aus: Gedichte, Frankfurt/M.

122 *Philipp Lersch* (siehe Anm. 99) 102.

123 *Catull,* Laß uns leben, in: Römische Liebeslyrik (siehe Anm. 113) 11.

124 *Properz,* Oh, wie bin ich so selig!, in: Römische Liebeslyrik, 101.

125 Die vierundzwanzig Sonette der *Louize Labé* (übertragen von Rainer Maria Rilke), das Zitat ist der Anfang des achtzehnten Sonetts, Wiesbaden 1948, 39.

126 *Else Lasker-Schüler,* Sämtliche Gedichte (siehe Anm. 72).

127 *C. G. Carus,* 202.

128 Vgl. *Hanns Bächtold-Stäubli/Eduard Hoffmann-Krayer,* Handwörterbuch des deutschen Aberglaubens, Berlin 1987, Bd. 3, 1260.

129 AaO 1246.

130 *C. G. Carus,* 199.

131 Vgl. die Untersuchungen von *Ingeborg Welpe* und *Wolfram Bernhard* in: Homo Bd. 39; vgl. *Robert Ornstein,* Die Psychologie des Bewußtseins, Frankfurt M. 1976.

132 *Hildegard von Bingen,* Heilkunde (siehe Anm. 76) 163f.

133 *Walter F. Otto,* Die Musen und der göttliche Ursprung des Singens und Sagens, Düsseldorf 1955, 73.

134 *Johann Gottfried Herder,* Ideen zur Philosophie der Geschichte der Menschheit, Berlin o.J., 37.

135 *Paul Claudel,* Kleines Stundenbuch, Zürich 1954, 30.

136 *Jacob Grimm,* Über den Ursprung der Sprache, in: Selbstbiographie, München 1984, 159.

137 *C. G. Carus,* 257.

138 Vgl. *Hennecke-Schneemelcher,* Neutestamentliche Apokryphen Bd. II, Tübingen 1964, 608.

139 *Hildegard von Bingen,* Heilkunde (siehe Anm. 76) 266.

140 Vgl. *Thomas Ohm,* Die Gebetsgebärden der Völker und das Christentum, Leiden 1948, 256. – Dieses Buch ist eine Fundgrube für die religiöse Gebärdensprache in den verschiedenen Kulturen.

141 *Cyrill von Jerusalem,* Einweihung in die Mysterien des Christentums, Freiburg 1954², 57.

142 Weitere Hinweise und Texte bei *Thomas Ohm* (siehe Anm. 142).

143 *C. G. Carus,* Symbolik der Hand, in: Geheimnisvoll am lichten Tag, Leipzig 1944, 151−194.

144 *Jean Rudolf von Salis,* Rilkes Schweizer Jahre, Frankfurt 1975, 230.

145 *Albrecht Goes,* Nehmen, geben ..., aus: Gedichte, Frankfurt 1950.

146 Bei *Hans F. Geyer* fand ich in seinem Philosophischen Tagebuch I: Von der Natur des Geistes (Freiburg 1969, 94) folgenden Eintrag: »Vielleicht sind heute die Beine wichtiger als der Kopf. Also stärken wir die Pfeiler! Denn die Beine sind es, die uns vorantragen, sie sind es, die den Kopf in eine neue (nicht zuletzt *physische*) Situation bringen, sie sind es, die ihm eine neue Perspektive verschaffen. Der Kopf ist heute das aus dem Untergrund auftauchende Periskop, die Beine aber das Prinzip seiner Bewegung, seiner wechselnden Sicht. Die Beine sind es, die dem Geist physisch zu einer neuen Lage, zu einem neuen Ausgangspunkt verhelfen.«

147 *Hildegard von Bingen,* Der Mensch in der Verantwortung, Salzburg 1972, 145.

148 *J. G. Herder,* Ideen (siehe Anm. 136) 40.

149 *C. G. Carus,* Symbolik der menschlichen Gestalt (siehe Anm. 50) 270.

150 AaO 327.

151 *Hans-Peter Dreitzel,* Der Körper in der Gestalttherapie, in: *Kamper/Wulf* (siehe Anm. 47) 56.

152 *J. G. Herder,* Ideen, 55.

153 *Peter Handke,* Die Geschichte des Bleistifts, Frankfurt/M 1985, 452.

154 Vgl. dazu: *Gertraud Kietz,* Der Ausdrucksgehalt des menschlichen Ganges, Leipzig 1948.

155 »Schon im Wort Müßiggang liegt Weisheit, denn echte Muße gibt es nur beim Gehen«, sagt *Carl Zuckmayer.*

156 *Georg Büchner,* Leonce und Lena, in: Dramen, Frankfurt/M. 1962, 10.

157 *Michel de Montaigne,* Essais (siehe Anm. 10) 818.

158 Vgl. dazu: Udo Tworuschka, Sucher, Pilger, Himmelsstürmer. Reisen im Diesseits und Jenseits, Buchreihe Symbole, Stuttgart 1991.

159 Seit einigen Jahren werden ernsthafte Versuche gemacht, den religiösen (und sakralen) Tanz wieder in die Kirche und ihre liturgischen Vollzüge zurückzubringen. Auf einige wichtige Publikationen sei deshalb hingewiesen.
Teresa Berger, Liturgie und Tanz, St. Ottilien 1985
Maria-Gabriele Wosien, Sakraler Tanz, München 1988
Maria-Gebriele Wosien, Tanz als Gebet, Linz 1990
Hilda-Maria Lander/Maria-Regina Zohner, Meditatives Tanzen, Stuttgart 1987.

160 Johannesakten, in: *Hennecke-Schneemelcher,* Neutestamentliche Apokryphen, Bd II, Tübingen 1964, 125−176.

161 Vgl. *Hellmut Ritter,* Der Reigen der »Tanzenden Derwische«, in: Zeitschrift für vergleichende Musikwissenschaft 1 (1933), 28−40.

162 *Rumi* − Ich bin Wind und du bist Feuer, Düsseldorf 1978.

163 *Al Ghasali,* Das Elixier der Glückseligkeit, Düsseldorf 1959.

164 *Mechtild von Magdeburg,* Das fließende Licht der Gottheit, Kempten o. J., 57f.

165 Vgl. *S. Dunkell,* Körpersprache im Schlaf. Schlafhaltungen und ihre Bedeutung, München 1977.

166 *Novalis* 115.

167 AaO 111.

168 *Karlfried Graf von Dürckheim,* Hara (siehe Anm. 64), 70.

169 *Werner Bergengruen,* Unersättlich, in: Die heile Welt. Gedichte, München 1950, 129.

170 *Platons* Gastmahl oder Von der Liebe, Stuttgart 1949, 62−65.

171 *Novalis,* 42.

172 *Rainer Maria Rilke,* Wendung, in: Die Gedichte, Frankfurt/M. 1986, 870.

173 *Carl Gustav Jung,* Die Syzygie: Anima und Animus, in: Welt der Psyche, Zürich 1954, 90.

174 *Walt Whitman,* Grashalme (siehe Anm. 37) 98.

175 *Else Lasker-Schüler,* Gedichte (siehe Anm. 72), 200.

176 AaO 171.

177 AaO 203.

178 *Pablo Neruda,* aus dem XXVII. Sonett der Hundert Liebessonette, in: Viele sind wir. Späte Lyrik, Darmstadt 1972, 100.

179 *Odo Casel,* Das christliche Kult-Mysterium, Regensburg o. J. 82.

180 *Mechtild von Magdeburg* (siehe Anm. 165) 60.

181 *Paul Claudel,* Der Seidene Schuh oder Das Schlimmste trifft nicht immer zu, Salzburg 1949[4], 134.

182 *Martin Buber,* Die jüdische Mystik, in: Die Geschichten des Rabbi Nachman, Frankfurt/M. 1955, 17.

183 *Werner Bergengruen,* Membra Vestra Templum sunt Dei Vivi, in: Figur und Schatten. Gedichte, München 1958, 90.

184 *Ernst Bloch,* Antwort an Marcuse, in: Neues Forum XVI (1969).

185 Vgl. vor allem die Arbeiten von *Gershom Scholem,* Von der mystischen Gestalt der Gottheit, Frankfurt 1977; Die jüdische Mystik in ihren Hauptströmungen, Frankfurt 1980; Zur Kabbala und ihrer Symbolik, Frankfurt 1973.

Literaturverzeichnis

Ursula Adam, in: *Jochen Jung* (Hg.), Mein Körper. Literaturalmanach 1985, Salzburg 1985

Gerda Alexander, Eutonie. Ein Weg der körperlichen Selbsterfahrung, München 1976

Al Ghasali, Das Elixier der Glückseligkeit, Düsseldorf 1978

Bettina von Arnim, Meine Seele ist eine leidenschaftliche Tänzerin, Freiburg 1982

Cyrus Atabay, An- und Abflüge. Gedichte, München, o. J.

Hanns Bächtold-Stäubli / Eduard Hoffmann-Krayer, Handwörterbuch des deutschen Aberglaubens, Berlin 1987

Gerhold Becker, Die Ursymbole in den Religionen, Graz 1987

Werner Bergengruen, Die heile Welt. Gedichte, München 1950

Werner Bergengruen, Figur und Schatten. Gedichte, München 1958

Teresa Berger, Liturgie und Tanz, St. Ottilien 1985

Arnold Bittlinger, Das Vaterunser. Erlebt im Licht von Tiefenpsychologie und Chakrenmeditation, München 1990

Ernst Bloch, Antwort an Marcuse, in: Neues Forum XVI (1969)

Jakob Böhme, Aurora oder Morgenröte im Aufgang, Freiburg 1977

Gerda Boyesen, Über den Körper die Seele heilen, München 1987

Martin Buber, Die Geschichten des Rabbi Nachman, Frankfurt am Main 1955

Georg Büchner, Dramen, Frankfurt/M. 1962

Carl Gustav Carus, Geheimnisvoll am lichten Tag. Von der Seele des Menschen und der Welt, Leipzig 1944

Carl Gustav Carus, Symbolik der menschlichen Gestalt. Ein Handbuch zur Menschenkenntniß, Leipzig 1858[2]

Odo Casel, Das christliche Kult-Mysterium, Regensburg o. J.

Catull, Göttergleich erscheint mir der Mensch, in: Römische Liebeslyrik, München 1959

Paul Claudel, Fünf große Oden, Freiburg 1974

Paul Claudel, Der seidene Schuh oder Das Schlimmste trifft nicht immer zu, Salzburg 1949[4]

Paul Claudel, Kleines Stundenbuch, Zürich 1954

Matthias Claudius, Werke, Dresden o. J.

Ruth C. Cohn, Von der Psychoanalyse zur Themenzentrierten Interaktion, Stuttgart 1975

J. C. Cooper, Illustriertes Lexikon der traditionellen Symbole, Wiesbaden 1987

Cyrill von Jerusalem, Einweihung in die Mysterien des Christentums, Freiburg 1954[2]

John Diamond, Der Körper lügt nicht, Freiburg 1990

Hans-Peter Dreitzel, Der Körper in der Gestalttherapie, in: Kamper/Wulf (s. dort)

Hans-Georg Drescher (Hg.), Der Mensch. Wissenschaft und Wirklichkeit, Wuppertal 1966

Karlfried Graf von Dürckheim, Hara. Die Erdmitte des Menschen, Planegg 1959[2]

S. Dunkell, Körpersprache im Schlaf. Schlafhaltungen und ihre Bedeutung, München 1977

Ken Dychtwald, Körperbewußtsein, Essen 1981

Mircea Eliade, Ewige Bilder und Sinnbilder. Über die magisch-religiöse Symbolik, Frankfurt/M. 1986

Mircea Eliade, Yoga. Unsterblichkeit und Freiheit, Frankfurt/M. 1985

Julius Fast, Körpersprache, Reinbek 1971

Helmut Freydank (u. a.), Erklärendes Wörterbuch zur Kultur und Kunst des Alten Orients, Hanau o. J.

Friedrich von Gagern, Der Mensch als Bild. Beiträge zur Anthropologie, Frankfurt/M. 1954

Jean Gebser, Ursprung und Gegenwart, München 1973

Arnold Gehlen, Der Mensch. Seine Natur und seine Stellung in der Welt, Bonn 1950[4]

Claudia Gehrke (Hg.), Ich habe einen Körper, München 1981

Robert Gernhardt, Siebenmal mein Körper, in: *Jochen Jung*, Mein Körper, Salzburg 1985

Hans F. Geyer, Philosophisches Tagebuch I: Von der Natur des Geistes, Freiburg 1969

Norbert Glas, Das Antlitz offenbart den Menschen. Eine geistgemäße Physiognomik, I. Band, Stuttgart 1979[4]

II. Band: Die Temperamente, Stuttgart 1982[3]

Norbert Glas, Haare des Menschen – eine Physiognomik, Stuttgart 1979

Albrecht Goes, Gedichte, Frankfurt/M. 1950

Johann Wolfgang Goethe, Werke Bd. 5, Wiesbaden o. J.

Erving Goffman, Verhalten in sozialen Situationen. Strukturen und Regeln der Interaktion im öffentlichen Raum, Gütersloh 1971

Jacob Grimm, Selbstbiographie, München 1984

Georg Groddeck, Der Mensch als Symbol. Unmaßgebliche Meinungen über Kunst und Sprache, Frankfurt/M. 1989

Anselm Grün / Michael Reepen, Gebetsgebärden, Münsterschwarzach 1988

Johannes Grunert (Hg.), Körperbild und Selbstverständnis. Psychoanalytische Beiträge zur Leib-Seele-Einheit, München 1977

Romano Guardini, Christliches Bewußtsein. Versuche über Pascal, München 1962

Romano Guardini, Die Bekehrung des Aurelius Augustinus. Der innere Vorgang in seinen Bekenntnissen, München 1959[3]

Romano Guardini, Die Sinne und die religiöse Erkenntnis, Würzburg 1950

Romano Guardini, Über das Wesen des Kunstwerks, Stuttgart 1949[2]

Peter Handke, Die Geschichte des Bleistifts, Frankfurt/M. 1985

Heinrich Heine, Werke, Frankfurt/M. 1984

Ernest Hello, Der Mensch, Leipzig 1935

Johann Gottfried Herder, Sämmtliche Werke, Dreizehnter Band, Stuttgart 1853

Johann Gottfried Herder, Mensch und Welt, Jena 1942

Johann Gottfried Herder, Ideen zur Philosophie der Geschichte der Menschheit, Berlin o. J.

Karl Herzog, Die Gestalt des Menschen in der Kunst und im Spiegel der Wissenschaft, Darmstadt 1990

Hermann Hesse, Gesammelte Werke, Frankfurt/M. 1970

Hildegard von Bingen, Der Mensch in der Verantwortung, Salzburg 1972

Hildegard von Bingen, Heilkunde. Das Buch von dem Grund und Wesen und der Heilung der Krankheiten, Salzburg 1957[3]

Hildegard von Bingen, Welt und Mensch, Salzburg 1965

Ivan Illich, Selbstbegrenzung. Eine politische Kritik der Technik, Reinbek 1975

Johannes Irmscher, Lexikon der Antike, Bindlach 1986[7]

Carl Gustav Jung, Der Mensch und seine Symbole, Olten 1986[9]

Carl Gustav Jung, Welt der Psyche, Zürich 1954

Jochen Jung (Hg.), Mein Körper. Literaturalmanach 1985, Salzburg 1985

Fritz Kahn, Der menschliche Körper, München 1967

Dietmar Kamper / Christoph Wulf (Hg.), Die Wiederkehr des Körpers, Frankfurt/M. 1982

Rudolf Kassner, Zur Physiognomik der Hand, in: Geistige Welten, Frankfurt/M. 1958

Stanley Keleman, Leibhaftes Leben. Wie wir uns über den Körper wahrnehmen und gestalten können, München 1982

Gottfried Keller, Sämtliche Werke, Bern 1931

Gertraud Kietz, Der Ausdrucksgehalt des menschlichen Ganges, Leipzig 1948

Mariann Kjellrup, Bewußt mit dem Körper leben (Eutonie), München 1980

Arthur Koestler, Der göttliche Funke. Der schöpferische Akt in Kunst und Wissenschaft, Bern 1968

Heinrich Krauss / Eva Uthemann, Was Bilder erzählen. Die klassischen Geschichten aus Antike und Christentum, München 1987

Erich Kretschmer, Körperbau und Charakter, Berlin 1951

Louize Labé, Die vierundzwanzig Sonette, Wiesbaden 1948

Hilda Maria Lander / Maria-Regina Zohner, Meditatives Tanzen, Stuttgart 1987

Lao-tse, Tao-Te-King, Stuttgart 1961

Else Lasker-Schüler, Sämtliche Gedichte, München 1977

Johann Caspar Lavater, Physiognomische Fragmente, München 1948

C. W. Leadbeater, Die Chakren. Eine Monographie über die Kraftzentren im menschlichen Ätherkörper, Freiburg 1986[6]

Karl Ledergerber, Mit den Augen des Herzens. Ein neues Denken breitet sich aus, Freiburg 1988

Philipp Lersch, Gesicht und Seele, München 1955

Georg Christoph Lichtenberg, Aphorismen, Leipzig 1944

Rudolf zur Lippe, Sinnenbewußtsein. Grundlagen einer anthropologischen Ästhetik, Reinbek 1982

Alexander Lowen, Der Verrat am Körper. Der bioenergetische Weg, die verlorene Harmonie von Körper und Psyche wiederzugewinnen, Reinbek 1982

Manfred Lurker, Die Botschaft der Symbole. In Mythen, Kulturen und Religionen, München 1990

Manfred Lurker, Lexikon der Götter und Dämonen, Stuttgart 1989[2]

Manfred Lurker, Wörterbuch biblischer Bilder und Symbole, München 1987[3]

Manfred Lurker, Wörterbuch der Symbolik, Stuttgart 1985[3]

Mechtild von Magdeburg, Das fließende Licht der Gottheit, Kempten o. J.

Elisabeth Moltmann-Wendel, Wenn Gott und Körper sich begegnen. Feministische Perspektiven zur Leiblichkeit, Gütersloh 1989

Michel de Montaigne, Essais, Zürich 1953

Raymond A. Moody, Lachen und Leiden. Über die heilende Kraft des Humors, Reinbek 1979

Robert Musil, Der Mann ohne Eigenschaften, Hamburg 1952

Pablo Neruda, Viele sind wir. Späte Lyrik, Darmstadt 1972

Friedrich Nietzsche, Also sprach Zarathustra, Köln o. J.

Friedrich Nietzsche, Gesamtausgabe, Bd. 13, Leipzig 1912

Friedrich Nietzsche, Menschliches Allzumenschliches. Ein Buch für freie Geister, Frankfurt/M. 1982

August Nitschke, Körper in Bewegung, Stuttgart 1989

Novalis, Im Einverständnis mit dem Geheimnis, Freiburg 1980

Novalis, Werke und Briefe, München 1962

August NItschke, Körper in Bewegung, Stuttgart 1989

Thomas Ohm, Die Gebetsgebärden der Völker und das Christentum, Leiden 1948

Robert Ornstein, Die Psychologie des Bewußtseins, Frankfurt/M. 1976

Walter F. Otto, Die Musen und der göttliche Ursprung des Singens und Sagens, Düsseldorf 1955

Theophrastus Paracelsus, Der gefangene Glanz, Freiburg 1948

August von Platen, Gedichte, Stuttgart 1968

Plato, Ein Gastmahl, Wiesbaden 1947

Heinrich Plessner, Philosophische Anthropologie, Frankfurt 1970

Victor Poucel, Gegen die Widersacher des Leibes, Freiburg 1955

Karl Rahner, Die ewige Bedeutung der Menschheit Jesu für unser Gottesverhältnis, in: Schriften zur Theologie III, Einsiedeln 1962, 47−60

Karl Rahner, Geist in Welt, München 1957

Karl Rahner, Schriften zur Theologie, Bd. IV, Einsiedeln 1960

Ingrid Riedel, Bilder in Therapie, Kunst und Religion, Stuttgart 1988

Ingrid Riedel, Formen, Kreis, Kreuz, Dreieck, Spirale, Stuttgart 1985

Rainer Maria Rilke, Duineser Elegien − Die Sonette an Orpheus, Zürich 1951

Helmut Ritter, Der Reigen der »Tanzenden Derwische«, in: Zeitschrift für vergleichende Musikwissenschaft 1 (1933)

Lutz Röhrich, Lexikon der sprichwörtlichen Redensarten I und II, Freiburg 1973

Alfons Rosenberg, Christliche Bildmeditation, München 1975

Alfons Rosenberg, Einführung in das Symbolverständnis. Ursymbole und ihre Wandlungen, Freiburg 1984

Alfons Rosenberg, Kreuzmeditation. Die Meditation des ganzen Menschen, München 1976

Hannelore Sachs/Ernst Badstübner/Helga Neumann, Erklärendes Wörterbuch zur christlichen Kunst, Hanau o. J.

Jean Rudolf von Salis, Rilkes Schweizer Jahre, Frankfurt/M. 1975

Max Scheler, Die Stellung des Menschen im Kosmos, Bern 1962[6]

Heinrich Schipperges, Die Welt des Herzens. Sinnbild, Organ, Mitte des Menschen, Frankfurt/M. 1989

Heinrich Schipperges, Kosmos Anthropos. Entwürfe zu einer Philosophie des Leibes, Stuttgart 1981

Heinrich Schipperges, Welt des Auges, Freiburg 1978

Heinz Robert Schlette, Leib und Seele in der Philosophie, in: *Hans-Jürgen Schultz* (Hg.), Was weiß man von der Seele?, Stuttgart 1967

Wolfgang Schmidbauer, Im Körper zuhause. Alternativen für die Psychotherapie, Frankfurt/M. 1982

Gershom Scholem, Die jüdische Mystik in ihren Hauptströmungen. Frankfurt/M. 1980

Gershom Scholem, Von der mystischen Gestalt der Gottheit, Frankfurt/M. 1977

Gershom Scholem, Zur Kabbala und ihrer Symbolik, Frankfurt/M. 1973

Frithjof Schuon, Der Mensch als Bild, in: Initiative 46, Freiburg 1982

Gustav Siewerth, Der Mensch und sein Leib, Einsiedeln 1953

Yorick Spiegel, Glaube wie er leibt und lebt. Bd. 3, Bilder vom neu erstandenen Leben, München 1984

Alisa Stadler, Das Hohelied und das Buch Ruth, Salzburg 1990

Hermann Strehle, Mienen, Gesten, Gebärden, München 1954

Theophrast, Charaktere, München 1944[3]

Alfred A. Tomatis, Der Klang des Lebens, Reinbek 1990

Jutta Voss, Das Schwarzmond-Tabu. Die kulturelle Bedeutung des weiblichen Zyklus, Stuttgart 1988

Gerhard Wehr, Friedrich Christoph Oetinger. Theosoph, Alchymist, Kabbalist, Freiburg 1978

Carl Friedrich von Weizsäcker, Die Geschichte der Natur. Zwölf Vorlesungen, Göttingen 1962

Ingelore Welpe / Wolfram Bernhard, Homo, Bd. 39

Walt Whitman, Grashalme, Reinbek 1968

Walt Whitman, Hymnen für die Erde, Wiesbaden 1946

Maria-Gabriele Wosien, Sakraler Tanz, München 1988

Maria-Gabriele Wosien, Tanz als Gebet, Linz 1990

Carl Zuckmayer, Gedichte, Frankfurt/M.

Bildnachweis

Farbtafeln:

Seite 16, Tafel I: Albrecht Dürer »Adam und Eva«, 1507, Madrid, Museo del Prado. Foto: Joseph S. Martin – ARTOTHEK.
Seite 64, Tafel III: Gustav Klimt »Adam und Eva«, 1917–18, Österreichische Galerie, Wien. Foto: Verlag Galerie Welz, Salzburg.
Seite 80, Tafel IV: Wiedergabe aus der vollständigen und originalgetreuen Faksimile-Edition LES TRES RICHES HEURES DU DUC DE BERRY (1984), mit freundlicher Genehmigung des Faksimile-Verlages Luzern.
Seite 176, Tafel VI: Indische Stoffmalerei »Shiva Nataraja«. Foto: Claus Hansmann, Stockdorf.

Schwarzweißabbildungen:

Seite 71: Christus und Johannes (um 1310) im Münster Heiligkreuztal bei Riedlingen. Foto: Winfried Aßfalg, Riedlingen.
Seite 195: »Fu-te-cheng-shen«, Foto: Christoph/present.
Seite 202: Indien, Hinduistische Plastik »Stehender, ithyphallischer Shiva mit seiner Gemahlin Parvati als Liebespaar«. Fragment, Mathura-Stein, 4. Jh. Foto: Claus Hansmann, Kulturgeschichtliches Bildarchiv Claus & Lieselotte Hansmann, München.
Seite 204: Yoni-Lingam mit Inschrift. Chola, 13. Jh. Foto: Claus Hansmann, Kulturgeschichtliches Bildarchiv Claus & Lieselotte Hansmann, München.
Seite 220: »Die Kleine Seejungfrau« (Lille Havefru). Bronzestatue von Edvard Eriksen, um 1920. Foto: dpa/Koch.

Zahlen als Schlüsselworte der Weltdeutung.

Zahlen sind Grundformeln der Orientierung in Raum und Zeit. Von jeder Zahl her – Eins, Zwei, Drei oder Vier – ordnet sich das Weltbild neu: als Einheit, als Gespaltenheit, als neue Harmonie oder als Ganzheit. Diesen Geheimnissen spürt Otto Betz nach. Die Bibel, die Religionen, der Volksglaube, die Märchen, die Astrologie und die Philosophie haben je auf ihre Weise den einzelnen Zahlen bedeutsame Aussagen zugeordnet. Der Band enthält zu jeder symbolisch wichtigen Zahl von Eins bis Tausend je ein Kapitel.

> Otto Betz
> **Das Geheimnis der Zahlen**
> Buchreihe »Symbole«
> *178 Seiten, 4 Farbtafeln, kartoniert*

Esoterik als Vorläufer der Tiefenpsychologie:

Magie, Astrologie, Tarot, I Ging und Alchemie üben heute große Faszination auf viele Menschen aus. Zugleich warnen aufgeklärte Leute entschieden vor diesem Rückfall in vorwissenschaftliches Denken. Die Emotionen, die bei diesem Streit aufkommen, sind für den Psychotherapeuten Lutz Müller ein deutliches Indiz dafür, daß es sich bei den Geheimwissenschaften um mehr als nur eine vorwissenschaftliche Methode der Welterkenntnis handelt. Im Grunde, so seine These, handelt es sich dabei um Vorläufer der Tiefenpsychologie.
Der Autor unterscheidet in den einzelnen esoterischen Symbolsystemen, was darin psychische Wirklichkeit und was unzulässige Projektion psychischer Inhalte auf die Außenwelt ist.

> Lutz Müller
> **Magie**
> Tiefenpsychologischer Zugang zu den Geheimwissenschaften
> Buchreihe »Symbole«
> *270 Seiten, mit vier Farbtafeln, kartoniert*

KREUZ: Bücher zum Leben.

Das esoterische Geheimnis vom Kreuz Jesu.

In der Geheimlehre Jesu, die nur an Auserwählte weitervermittelt worden ist, war das Kreuz als Symbol der Todesüberwindung bekannt. Daß Jesus mit seinem Gang nach Golgatha einen im Grunde inneren Vorgang veräußerlichte und überhaupt deshalb den Tod fand, weil er esoterisch-mystisches Wissen öffentlich aussprach, wirft ein völlig neues Licht auf seine Passion. Paul Schwarzenau zieht für diese überraschende Studie bisher kaum bekannte jüdische und gnostische Quellen heran.

Paul Schwarzenau
Das Kreuz
Die Geheimlehre Jesu
Buchreihe »Symbole«
213 Seiten, 4 Farbtafeln, kartoniert

Auf der Suche nach dem Paradies.

In einer großen Zusammenschau der Weltreligionen führt Udo Tworuschka in die Räume und Richtungen, die sich der Mensch seit je erwandert hat. So weit die Füße ihn auf dieser Erde trugen: Reiselust und Sehnsucht trieben ihn auch in jenseitige Reiche. So ist zum Beispiel die Himmelsleiter Jakobs als Symbol der Grenzüberschreitung vom Diesseits ins Jenseits zu verstehen. Die Reise, der Weg ist zum übergreifenden Lebenssymbol des Menschen geworden, der nicht nur sein Erdenleben, sondern auch sein Woher und Wohin als eine Weltenreise begreift.

Udo Tworuschka
Sucher, Pilger, Himmelsstürmer
Reisen im Diesseits und Jenseits
Buchreihe »Symbole«
237 Seiten, über 30 Farbtafeln und mehrere Schwarzweißabbildungen, kartoniert

KREUZ: Bücher zum Leben.